内蒙古发展研究文库2016

2016
内蒙古经济形势与展望

NEIMENGGU JINGJI XINGSHI YU ZHANWANG

内蒙古自治区发展研究中心 /著
内蒙古自治区经济信息中心

人民出版社

2016 年内蒙古经济形势与展望
编 委 会

序

　　内蒙古自治区发展研究中心作为自治区党委、政府的重要政策咨询研究机构,以服务于自治区党委、政府和发改委的政策研究咨询为根本方向,围绕我区经济社会发展的热点、难点问题开展广泛而深入的调查研究,每年都承担着大量的课题研究任务并以各种形式转化研究成果。其中,有些重要成果的要点以内刊形式为自治区党委、政府宏观经济决策提供依据和参考,还有一部分成果通过各种媒体向社会公布。为了能够全面系统地介绍交流共享我中心的主要研究成果,近年来开展有计划有步骤地公开出版《内蒙古发展研究文库》(以下简称《文库》)。《文库》属于系列丛书,出版发行的主要目的是为了加强与同行的学术交流,充分发挥其在研究成果共享和思路交流等方面的作用。同时,为研究制定经济社会发展规划、重大政策以及相关政策咨询工作提供更深层次更加丰富的研究基础,以期更好地为经济管理部门、研究部门和社会各界提供智力服务和智库支持。

　　《文库》自 2008 年面世以来,已出版发行五套。第一套共出版五部,主要内容包括研究探讨政府财政如何更好地推进内蒙古"三化"问题、在工业化进程中始终伴随的生态环境可持续发展能力问题、推进内蒙古工业化和信息化融合问题、解析内蒙古奶业发展机制问题等方面的研究成果。2010 年推出了第二套共四部,包括内蒙古"十二五"发展战略研究、内蒙古发展报告(2009—2010)、内蒙古建筑业发展与战略研究、内蒙古产业集群战略等重点研究成果。2012 年出版了第三套,重点展示包括 2013 年内蒙古经济形势与展望、人均 GDP1 万美元的内蒙古区情再认识、内蒙古宏观经济监测与管理系统建设与应用等。2013 年出版了第四套,重点展示包括 2014 年内蒙古形势与展望、内蒙古"8337"发展思路的理论与实践等方面的内容。2014年出版了第五套，重点展示包括2015年内蒙古经济形势与展望、内蒙古适应气候变化战略评估等方面的内容。本套《文库》为第六套，重点展示包括2016年内蒙古经济形势与展望、决胜"十三五"：增长与创新发展、中蒙俄经济走廊建设等方面的内容。

由于水平和经验所限，本套《文库》的研究内容与编辑工作存在一些不足之处，敬请社会各界提出批评意见和建议，以期帮助我们不断提高课题研究水平和《文库》编辑出版质量。

《内蒙古发展研究文库》编委会

2016年1月

前　言

　　2016 年是我国全面深化改革的攻坚之年，是协调推进"四个全面"战略布局的关键之年，也是"十三五"规划的开局之年。内蒙古面临的形势依然严峻，但总体上有利因素多于不利因素，时和势于我有利。内蒙古自治区按照中央的部署和要求，紧密结合实际，牢固树立和贯彻落实创新、协调、绿色、开放、共享发展理念，把握和适应经济发展新常态，坚持稳中求进工作总基调，全面推进改革开放，统筹处理稳增长、转方式、调结构、惠民生、防风险的关系，着力加强供给侧结构性改革，在兼顾传统产业优化升级要求的同时，把提质增效作为主攻方向，落实去产能、去库存、去杠杆、降成本、补短板等重点任务，提高供给生产体系质量和效率，通过优投资、促升级，加快培育发展新动能、增强经济增长持续力，通过开启"双引擎"，努力向"双中高"迈进，实现"十三五"时期经济社会发展良好开局，为打造祖国北部边疆这道亮丽风景线而努力奋斗。

　　研判 2016，由内蒙古发展研究中心、内蒙古经济信息中心最新推出的《2016 内蒙古经济形势与展望》，依托内蒙古宏观经济监测预测平台，借助经济预测、景气预警等先进的数量分析工具，坚持定性与定量分析相结合，以全方位的视角、前瞻性的思维、敏锐的观察力对自治区经济发展、三大需求、三次产业、社会发展、人民生活等方面内容进行了综合分析，深入探析存在的突出矛盾和主要问题，密切结合经济发展新常态下国内外发展环境变化，预判未来走势，为自治区经济平稳健康发展建言献策。

　　本书共分导论、总报告、综合篇、盟市篇、专题篇、发展评价篇六部分。导论部分立足党的十八届五中全会确立的创新发展理念，全面分析创新发展对经济持续健康发展的战略意义，提出内蒙古传统优势正加快向创新优势转换，重点围绕加强创新能力建设、构建产业新体系、拓展发展新空间、创新增长路径等方面,谋划"十三五"时期内蒙古发展新路径。总报告部分,在分析总结2015 年内蒙古经济运行特征及主要问题基础上,深入分析 2016 年内蒙古发展环境、增长动力、经济支撑分析,提出全区经济发展的全局性、前瞻性研究思考。综合篇部分,重点对工业、服务业、农牧业、能源工业、投资、消费、物价等领域研究,提出 2016 年重点领域发展环境及走势判断,全方位展现内蒙古经济发展态势。盟市篇部分,通过对各盟市经济运行情况的分析,预判 2016 年各盟市经济发展环境和趋势,提出保持各地区经济持续健康发展的对策建议。专题篇部分,围绕内蒙古经济运行中的热点难点问题,从经济增长潜力动力、中蒙俄经济走廊建设、产业发展、民生改善、生态环境保护等多领域、多角度对内蒙古经济发展的各个层面进行审视,较为全面地分析新时期内蒙古经济社会发展情况,对推动全区经济持续健康发展的基本路径进行探讨,提出不同领域的发展思路、重点任务及相关政策。发展评价篇部分,通过对全区社会发展进行综合评价,对各省区市、各盟市主要经济指标进行对比分析,明晰内蒙古及各盟市经济社会发展水平,找出内蒙古经济发展中存在的问题,并提出相应的政策建议。

2016 年,内蒙古发展研究中心始终秉承"服务决策"的宗旨,围绕打造新型特色高端智库的目标,切实做好宏观经济运行的监测预测工作,深入自治区经济和社会发展中的热点和难点问题研究,更好地服务于自治区党委、政府决策,为促进全区经济平稳健康发展提供高质量的智库支持成果。

《内蒙古发展研究文库》编委会

2016 年 1 月

目　录

导　论

总　报　告

综　合　篇

盟 市 篇

专 题 篇

发展评价篇

导　论

以创新增长路径谋划"十三五"发展

杨 臣 华

  党的十八届五中全会确立的创新、协调、绿色、开放、共享五大发展理念，其中创新发展居于首位。自治区党委九届十四次全委会议提出，坚持把创新摆在发展全局的核心位置，把发展基点放在创新上，推动科技、要素、产业、产品、组织、管理、品牌、业态、商业模式全面创新，破除制约创新发展的体制机制障碍，发挥创新对拉动经济增长、推进结构优化、促进动力转换的乘数效应。面对新形势和经济发展新常态，我们必须通过改革创新，释放经济增长新的活力和动力。

  从全国看，"十三五"时期，创新驱动、激发全社会创新活力和创造潜能将成为经济持续健康发展的希望和动力所在。尤其是贯穿其中的"供给侧结构性改革"更加强调通过大力实施创新驱动发展战略，提高供给体系质量和效率、提高全社会生产效率和产品市场竞争力的方式来促进经济的可持续增长。这要求我们加强科技同经济对接、创新成果同产业对接、创新项目同现实生产力对接、研发人员创新劳动同其利益收入对接，以此增强科技进步对经济发展的贡献度，营造大众创业、万众创新的政策环境和制度环境。这将为我区构建传统产业竞争新优势、积极发展新产业以及培育发展新动能，加快形成促进创新的体制机制框架和以创新为引领支撑的发展模式带来新的动力和空间。

  从我区看，传统优势正加快向创新优势转换。一是我区原有传统产业靠能源、原材料工业支撑增长的自然优势正在向经济集聚、集约、多元发展新优势转变。这些年随着全区交通、物流、优势特色产业集群发展，加上转型升级创新意识增强，全区以工业开发区（园区）为支撑的集聚发展优势、以产业链延伸为核心的集约发展优势、以非资源型产业和战略性新兴产业为依托的多元发展优势正蓄势成规模。二是我区传统能源、土地、劳动力等要素低成本竞争优势正在向生产要素提升保障新优势转变。这些年自治区党委、政府紧盯企业生产要素需求，着力解决资金、技术、管理等瓶颈制约，全区要素保障能力不断提高。三是传统区位优势正向要素集聚新优势转变，并赋予了传统区位优势新的内涵。在国家实施"一带一路"、京津冀协同发展、西部大开发、振兴东北等一系列战略引领下，我区的传统区位概念由过去单纯的地理特征逐步转换为全国重点区域战略布局和经济腹地辐射的交汇点、结合部和过渡带，并且其重要性日益凸显。

我区经济总量的快速增长已持续十多年，人均地区生产总值已达到了10000美元以上收入水平，但是经济欠发达仍然是内蒙古的基本区情，经济结构性矛盾、创新创业内生动力不足等问题突出，实现经济可持续增长任务依然艰巨。这个时期如果没有技术创新和体制机制创新的引领和支撑，如果不加快资源型经济的创新、升级、转型，不通过创新驱动改善供需质量、提升供需效率、优化供需结构，提高资源的转化效率，我区经济增长就将停滞。因此，需要我们通过深入实施创新驱动发展战略，着力推动科技创新、产业创新、企业创新、市场创新、产品创新、业态创新、管理创新等，着力推动资源优势向产业配套优势转变，着力培育发展新动力和新兴产业，着力加快要素集约和优势整合步伐，着力培育新优势、拓展形成发展新空间，将比较优势转化提升为竞争优势。

建立创新驱动的发展模式，必须着眼于从科技创新到经济发展的全过程发力。自治区党委九届十四次全委会议提出实施创新驱动发展战略、加强创新能力建设、拓展发展空间、构建产业新体系、构建发展新体制等7个方面的创新驱动点。"十三五"时期，破解我区创新支撑力薄弱问题的关键，除了加快创新人才培育、提升创新的人力资源支撑外，更重要的是通过供给侧结构性改革，充分发挥市场配置资源的决定性作用，优化劳动力、资本、技术、管理等要素配置，调动市场主体的积极性和创造性，以此大力激发创新创业活力，营造良好创新生态，推动新技术、新产业、新业态蓬勃发展，实现发展动力转换。

一是加强创新能力建设，必须强化创新的制度和法治安排，打造形成技术、知识产权集聚区。围绕创新主体的培育和发展,以解决实际问题为导向,提高政策供给的精准度和因事施策,探索建立创新主体激励与保障等方面的地方性保护法规和制度,发挥政府在支持创新创业中的作用,为创新驱动发展提供完备的政策支撑,并形成有利于经济发展的市场环境、产权制度、投融资体制、分配制度、人才培养引进使用机制,以创新丰富供给侧模式,提升供给侧参与主体的"质与量"。同时,通过整合实验室、大型科学仪器等技术平台,优化创新公共服务资源,引导高等学校、科研院所、企业重点实验室、国家工程(技术)研究中心等创新平台的科研基础设施,面向社会特别是中小企业开放和提供创新公共技术服务平台,推动产业共性和关键技术开发,为创新驱动发展提供良好的公共服务技术支撑。学习借鉴成功经验做法,积极吸引天使投资、创新创业投资,培育发展适合我区实际的青年创新创业基金、重大技术创新基金等,推动发展投贷联动、投保联动等新模式,为创新驱动发展提供多元金融资本支撑。

二是构建产业新体系,促进产业迈向中高端水平。按照供给侧结构性改革的方向和要求,通过功能性的产业政策加以引导,推动和促进技术创新和人力资本投资,维护市场公平竞争等,努力摆脱传统单一路径依赖,实现结构优化和动力转换,有效破解制约产业发展的瓶颈,积极扩大有市场、有效益、高附加值的中高端供给。依托我区清洁能源、现代煤化工、有色金属、现代装备制造、绿色农畜产品加工等产业优势,加强延链强链,提升基础零部件、基础工艺、基础材料等配套水平,协同发展现代物流、资本市场、研发设计等配套生产性服务业,提高集群要素配置和信息化水平,建设智慧集群,着力构建"五大产业"迈向中高端的新体系。通过集群内分工合作和协同创新,培育壮大新材料、电子信息、先进制造、生物医药等战略性新兴产业,着力构建跨行业、跨区域的产业创新组织新体系。通过整合创新资源,加速产业链上关联企业、研发和科技服务机构聚集,结合产业规模和结构,建立健全技术创新体系,配套建设基础设施和公共服务平台,着力构建现代服务业发展新体系。围绕优势产业和大企业,发展一批主营业务突出、成长性好、协作配套能力强的专业化中小企业,采取专业分工、服务外包、订单生产等多种方式,发展协作分工,引导中小企业专注核心业务,提高专业生产、服务和协作配套能力,着力构建大企业与中小企业协同创新、合作共赢的新体系。

三是拓展发展新空间,挖掘区域发展潜能,激发区域经济活力。过去的十多年,我区经济高速增长靠的是以呼包鄂地区为主的城市经济带动实现。目前我区还有31个国家级和26个自治区级重点贫困县,全区第一大经济县域经济发展滞后。"十三五"时期,需要全面拓展改革的领域与维度,系统、协同推进区域发展,通过改革开放促使形成区域产业结构、投入结构等供给结构合理化的区域发展模式。围绕培育发展区域增长极,打造"呼包鄂乌"一小时经济圈,将"呼和浩特—包头—鄂尔多斯"协同发展与"乌兰察布—大同—张家口"长城金三角经济有机联为一体,加强基础设施互联互通和共建共享务实合作。加快"乌海及周边地区"产业转型升级,推动沿黄、沿线经济带建设,提升清洁能源、新型煤基化工、现代装备制造等产业集中区和工业园区发展水平。同时,着力打造"赤峰—锡林郭勒—通辽"城市经济带,深化与京津冀协同发展的产业互补和工业集中区建设,积极培育和承接发展具有竞争优势的战略性新兴产业,协力激发全区县域经济发展活力。

四是创新增长路径,着力提高发展质量和效益。我区与发达地区差距的核心问题就是发展不足,表现为供给和需求的两侧均存在结构性单一和不足,生产供应的大量是初级、低端、黑色和高排放、高耗能的产品,但同时也表明我区经济增长的潜力还有待广泛深入挖掘、加快生产侧的新陈代谢任务依然很重,我区生产和消费两侧转型升级潜力和发展空间还都很大,相应投资和消费的动能和需求也十分强劲。比如投资方面,我区民生性、公共消费型基础设施建设、已有产能的优化升级、教育、文化、健康、旅游等领域,以及生态环保建设等领域投资都具备较大增长潜力。比如消费方面,家政服务、网络消费、文化体育、健康食品和高质量、高水平消费等均未达到一个新的水平,依然面临一个时期潜在的和现实的供给短缺,由此将开拓出我区消费增长新的巨大空间。比如进出口方面,随着我区深度融入"丝绸之路经济带"建设,对外开放平台不断完善,环境不断优化,承接产业和要素转移优势趋向明显,我区的开放平台对周边区域产业和要素的吸引力明显增强,承接产业和要素转移的优势也将进一步显现,生产加工出口、装备制造产品的输出和进口等潜力将会进一步释放,进出口集聚区的功能将进一步提升。

总 报 告

第一章

2015 年内蒙古经济运行特征及主要问题

2015 年,国内外发展形势更趋复杂多变,经济结构深刻调整,经济增长动力接续转换。我区认真贯彻落实中央及自治区系列会议精神,继续坚持"稳中求进",密切关注"稳中有忧",力促经济在新常态下平稳过渡,预计全年地区生产总值同比增长 7.8% 左右,呈现"经济平稳、稳中向好"发展态势。

一、2015 年内蒙古经济运行特征

(一)积极作为,主动适应新常态,经济运行缓中趋稳

2015 年,受国内经济下行压力加大、新常态下周期性、结构性因素交织等因素影响,全区经济艰难开局。面对经济运行压力,全区主动调整适应新常态,精准发力促改革、强创新,以推动产业转型升级增加有效供给,以创新供给激发需求潜能,全区经济实现平稳增长。一季度、上半年、前三季度地区生产总值分别增长 7%、7% 和 7.5%,呈现"缓中趋稳、稳中有进"态势。后期,随着国内及自治区稳增长、保工业、稳投资、扩消费等政策落地增效,全区经济回稳态势将进一步巩固,预计全年经济增长 7.8% 左右。

(二)产业结构加快调整,工业企稳态势显现

工业经济渐趋回稳。1—10 月,全区规模以上工业增加值增长 8.6%,较一季度、上半年分别加快 0.4 和 0.5 个百分点,高于全国平均水平 2.5 个百分点,位列全国第 7 位,平稳向好态势显现。其中,装备制造、高新技术、农畜产品加工产业对工业增长的贡献率较上年同期提高 4.9 个百分点,工业内部结

构渐趋优化。后期,冶金建材、装备制造、高新技术产业将继续保持较快增长,预计全年规模以上工业增加值同比增长 8.8% 左右。

服务业支撑力稳步提高。前三季度,全区服务业增加值增速同比加快 0.8 个百分点,其中,旅游、金融等服务业提速明显。旅游业总收入同比增长 23.1%,带动服务业占比同比提高 2.4 个百分点。预计全年服务业同比增长 7.7% 左右。

农牧业保持稳定。全年粮食生产实现"十二连丰",粮食播种面积达到 8660 万亩,同比增长 2.1%;畜牧业实现"十一连稳",年度牲畜存栏同比增长 15.3%,连续 5 年稳定在 1 亿头(只)以上。

(三)内需动力亟待增强,消费潜力需进一步激发

投资"稳态"运行。在自治区加大停产企业复产和工业项目落地等措施带动下,全区投资增势平稳。1—10 月,500 万元以上项目固定资产投资增长 14.5%,较一季度、上半年分别加快 0.6 和 0.1 个百分点,高于全国平均水平 4.3 个百分点。后期,随着重大项目进入冲刺期,电力、基础设施投资逐步提速,预计全年固定资产投资同比增长 15% 左右。

消费低位回稳。受居民收入增势缓慢、新型消费业态供给滞后等因素影响,全区消费增速较上年回落 3 个百分点左右,放缓态势明显。但在扩大消费业态供给、优化消费环境等措施带动下,全年消费呈低位回稳态势。1—10 月,全区社会消费品零售总额同比增长 7.9%,较一季度、上半年、前三季度分别加快 1.1、0.6 和 0.1 个百分点。后期,居民消费品价格水平持续低位、节庆促销等因素,将支撑全年社会消费品零售总额增长 8.2% 左右。

进出口波动回落。1—10 月,受市场需求不振、资源品价格大幅走低等因素影响,全区与蒙古、俄罗斯主要贸易伙伴进出口额同比分别下降 12.4% 和 12.9%,拖累全区进出口总额同比下降 3.4%,较一季度、上半年、前三季度分别下降 12.1、2.3 和 4.1 个百分点,放缓态势明显。

(四)经济效益恢复艰难,发展质量有待提升

工业企业效益持续回落。受产能过剩、市场需求疲弱、主要工业品价格持续走低等因素影响,工业企业普遍亏损经营。1—10 月,全区规模以上工业企业利润同比下降 23%,降幅同比扩大 13.7 个百分点,亏损企业亏损额增长

39.8%,企业经营较为艰难。

财政增收步伐平稳。受资源税改革、电价补贴政策显效等因素影响,煤炭、有色金属、电力等主要行业税收增加,带动全区一般公共预算收入同比增长6.3%,较一季度、上半年、前三季度分别放缓0.8、0.6和0.3个百分点,预计全年全区公共财政预算收入增长7%。

城乡居民收入增长小幅放缓。受企业经营效益下滑、农畜产品价格回落等因素影响,前三季度,全区城镇、农村牧区常住居民人均可支配收入增速同比分别放缓1.3和3.8个百分点,较全国平均水平分别低0.3和0.7个百分点。预计全年城乡居民人均可支配收入分别增长8.3%和10.3%。

民生保障持续改善。全区城镇低保标准人均每月提高25元,农村牧区低保标准人均每年提高225元,城乡居民基础养老金人均提高5元/月,城镇居民医保财政补贴人均提高60元/年。前三季度,"十个全覆盖"工程完成计划投资的84.3%。截至11月底,全区各类棚户区改造开工率100.1%。全年用于扶贫开发的各类专项投入增长50%以上,完成41.98万人的减贫任务。

就业创业成绩显著。前三季度,全区城镇新增就业人员完成年度计划101.7%。创业带动就业作用显著,完成创业培训后成功创业率达77.5%,扶持大学生创业增长124%。

(五)物价总水平低位运行,工业品价格持续下跌

1—10月,全区居民消费价格同比上涨1.1%,涨幅同比收窄0.6个百分点,全区工业品出厂价格指数同比下降5.7%,跌幅同比扩大3.2个百分点,已连续40个月负增长。四季度,节庆、季节性因素对食品价格形成推涨压力,但国际大宗商品价格持续低位、总需求相对乏力、产能过剩局面持续将削弱物价上行动力,预计全年CPI同比上涨1.2%左右,PPI同比下降6%左右。

(六)改革红利持续释放,非公经济活力持续增强

前三季度,全区全面深化经济、社会和生态等各领域改革,累计完成改革成果161项,经济发展活力进一步释放。加大简政放权力度,截至11月,自治区本级、12个盟市、102个旗县全部公布了权力清单,精简幅度达到45%,政府定价项目缩减58.3%,进一步取消下放投资审批权限20项,自治区层面核准事项减少29.9%。全面清理不合理收费,1—10月,共取消11个部门共18项行政事业性收费项目,降低4个部门7项行政事业性收费项目征收标准,大工业电度电价每千瓦时降低2.65分。市场主体活力增强,前三季度,全区新登记市场主体同比增长7.9%,非公有制工业增加值高于全区规模以上工业增加值增速2.9个百分点。

(七)生态文明建设持续推进,节能减排成果显著

生态文明建设成效明显。自治区出台《关于加快推进生态文明建设的实施意见》,继续实施天然林资源保护工程、退耕还林还草工程、三北防护林建设工程、重点区域绿化工程,预计全年完成林业生态建设任务1000万亩以上,重点区域绿化200万亩。

节能减排工作扎实推进。2015年前三季度,全区单位GDP能耗同比下降4.24%,高于全年下降2.2%的目标,全社会能源消费总量同比增长2.93%,低于全年3.45%的控制目标,全年节能减排目标任务能够确保完成。

二、需要关注的问题

(一)新旧动力转换尚未完成,经济下行压力不减

进入三季度,全区经济运行呈企稳态势,但回稳势头尚不稳固,经济增长更多依靠传统动力,虽然新动力加快孕育,但体量尚小,短期内难以弥补传统动力下降带来的影响,经济下行压力较大,主要经济指标与年初预期均有较大差距。前三季度,内蒙古地区生产总值增速低于全年预期目标0.5个百分点;1—10月份,规模以上工业增加值、社会消费品零售总额增速分别低于全年预期目标1.4和3.1个百分点,均处2001年以来较低水平。从内蒙古(DRC)宏观经济景气预警系统数据看,10月份,经济预警指数及工业、消费等主要分项指数继续保持过冷状态,全区经济景气度仅相当于经济运行平稳期景气标准值78%的水平,除此,经济先行指数持续回落,表明后期全区经济运行仍存在较大下行压力。

(二)有效供给滞后,供给需求脱节矛盾加剧

随着传统投资品市场趋于饱和、国家产业政策趋严和环保政策趋高,工业

品市场需求由传统"三高一低"产品向清洁型、技术型、品质型产品转换。同时，随着居民生活水平提高及其消费理念转变，消费市场需求由生存型、传统型、物质型向发展型、现代型、服务型转变。但受前期产能持续释放、投资品市场低迷以及能源需求结构加快变革等因素影响，全区传统投资品产能过剩格局尚无实质缓解。1—10月，高热值动力煤、螺纹钢、A00铝、水泥、一级多晶硅价格继续处于下行通道，同比分别下降30.5%、29.4%、16.8%、16.4%和26.3%。同时，鉴于市场调节机制不完善，投融资、科技创新体制不健全等要素制约，社会资本向战略性新兴产业和服务消费领域流动尚有较多限制，新型工业品和新兴消费领域供给跟进滞后，实际产能与市场有效需求较为脱节，进一步加大了经济下行风险。

（三）企业造血功能持续减弱，经营环境愈加艰难

2015年以来，主要工业品产品价格持续回落，企业经营困境不减，全区工业企业利润各月同比降幅均在20%以上，企业"造血"功能大幅下降。同时，主要产品产销不畅致企业销售资金回笼周期延长，上下游企业采取承兑票据方式结算的比例进一步提高，应收账款结算时间由过去3个月延长至6个月，资金周转压力致企业"贫血"症状加剧。另外，企业盈利能力下降、市场预期持续回落、银行风险管控趋严等因素使金融机构对风险控制力度进一步加大，多数企业承受银行"惜贷、慎贷、抽贷、停贷"的"抽血"之痛，企业"融资难、融资贵"问题更为凸显，小微企业从商业银行贷款实际成本达到12.5%，从小额贷款公司获得贷款综合成本最高达到30%。除此，财政压力致部分地区对已停收收费项目重新开始征收，企业利润空间被进一步压缩。

（四）主导产业增长空间受限，产业支撑力趋弱

由于国内经济下行压力不减，传统产品市场需求持续低迷，产品转型和技术升级压力持续加大，全区主导产业市场空间受限，支撑力明显减弱。10月中旬，我区监测的30种主要工业品价格中，环比、同比下降的分别达到18种和27种，占比分别高达60%和90%。其中，对全区工业增长贡献率较高的原煤、粗钢、水泥产量增速仍在下降，对工业运行带来持续冲击。主导行业"量价齐跌"，对工业增长的支撑力明显减弱，1—10月，煤炭、电力、化工行业增速继续维持低位，三行业增加值占工业比重达到42.9%，对规模以上工业增加值增长的贡献率仅为 14.9%,同比回落 19.1 个百分点。除此,化工、有色金属加工、装备制造等主导产业面临转型发展的迫切要求,但受制于资金压力、发展技术人才缺乏,企业转型能力和自主转型意愿明显不足,主导产业市场空间拓展短期难改善。

中心"形势分析"课题组

执笔:付东梅　田晓明　田洁

第 二 章

2016 年内蒙古发展环境及增长动力

2016 年,内蒙古经济发展面临的外部环境依然复杂多变,经济下行压力不减,困难不容低估,但随着结构调整步伐加快、改革开放持续深化以及创新驱动深入实施,经济稳中向好的基本面没有变,经济发展的内生动力逐步增强。下阶段,需要坚持稳中求进工作总基调,以加强结构性改革提高发展驱动力,以扩大内需释放发展带动力,以改善民生夯实发展保障力,以对外开放提升发展集聚力,推动全区社会生产力水平整体改善,努力实现"十三五"时期经济社会发展的良好开局。

一、2016 年内蒙古发展环境分析

2016 年,国际经济总体缓慢复苏,我国仍具备保持稳定增长的基本条件。国际方面,世界经济仍将延续温和低速增长态势,主要经济体经济状况持续分化,发达国家保持温和复苏态势,新兴和发展中经济体经济仍存在下行压力。国际资本市场和地缘政治格局依然复杂,能源和大宗商品价格低位震荡趋势难改,但总体而言,国际权威机构对世界主要经济体 2016 年的增长预期普遍高于 2015 年,预计 2016 年世界经济增长 3.6% 左右,我国经济面临的外部环境整体将有所好转。

国内方面,2016 年,我国仍处于外部经济下行压力和内部周期性、结构性调整交织作用期,结构性产能过剩矛盾突出,行业去产能减亏损、企业去库存增投资、金融机构去杠杆控风险等任务艰巨,经济运行面临的挑战不亚于

2015 年。基于此,国家经济工作将更偏重于"稳、实、改、松"。一是"稳中有进"大基调不会变。经济工作重点仍将是调动一切积极性来稳定增长,尤其在稳定工业增长、促进消费升级、优化经济结构等方面将继续出台一系列鼓励性政策。二是供给侧改革将出实招。以宏观、产业、微观、改革、社会五大政策支柱配合推进供给侧结构性改革,针对去产能、去库存、去杠杆、降成本、补短板五大任务的改革举措将进一步细化。三是国企、财税、金融改革将继续深化。重点领域改革成效在过去两年已经得到集中体现,未来国家稳定经济增长政策会更多寓于改革之中,重点领域改革将继续为经济增长注入强大的新动力。四是宽松政策将继续加码。2016 年,"积极财政+稳健货币"政策组合概率依然较大,积极财政政策重点将是大力推进基建项目、民生工程和加大减税清费力度。货币政策更倾向于加大对小微企业、科技创新、"三农"、基础设施等领域的长期流动性支持,为经济结构调整与转型升级营造中性适度的货币金融环境。总体看,我国经济发展的韧性、空间、动力仍具备支撑中高速增长的条件,预计 2016 年经济增速在 6.8% 左右。

二、2016 年内蒙古经济增长动力分析

(一)经济向好基本面牢固,保持经济平稳增长具备强支撑

虽然 2016 年我区经济发展仍将面临较大的下行压力,但向好的基本面没有变,保持经济持续平稳增长具备较强支撑。一是新增长点加快培育。国家和自治区仍处于工业化、信息化、城镇化、农业现代化和绿色化深度推进阶段,这一过程对于我区蕴含着巨大发展机遇,顺应"新五化"推进过程中的产业结构调整、消费结构升级、创新驱动发展等趋势,清洁能源、新型化工、高端装备、绿色食品、文化旅游等产品需求日趋旺盛,这些供给侧形成的需求导向,与我区"五大基地"建设的产业定位高度契合,新增长点正在加快培育。二是新增长极逐步形成。国家提出协调发展理念,着力促进经济要素在更大范围、更高层次、更广空间顺畅流动与合理配置,构建以城市群、经济带、重点经济区等为支撑的功能清晰、分工合理、协调联动的区域发展格局。我区东西部发展不均衡,区域发展回旋余地较大,以增长极为突破口推动区域协调发展大有可为。

自治区稳增长27条中明确提出加快推进呼包鄂协同发展,同时促进乌海及周边地区"小三角"、霍乌哈等区域协同发展,打造新的增长极。随着区域基础设施互联互通、公共服务一体化、产业协作分工的加快推进以及人口、资金等要素的不断集聚,各区域增长极将迎来新一轮发展动力,区域增长潜力将得到进一步激发。三是对外开放潜力将逐步释放。随着我区建成国家向北开放的重要桥头堡和充满活力的沿边开发开放经济带与国家"一带一路"战略的有效对接,全区对外开放将驶入快车道。前三季度,我区对"一带一路"相关国家贸易额占全区进出口总额比重达到60%。同时,《内蒙古自治区建设国家向北开放桥头堡和沿边经济带规划》已获得国家批复,要求我区充分发挥联通俄蒙的区位优势,发展口岸经济,加强基础设施建设,完善同俄罗斯、蒙古国相关方面的合作机制,深化各领域合作,将进一步助推我区发挥比较优势,找准定位,提高开放发展水平。

(二)供给侧结构持续优化,产业转型升级步伐更为稳健

新型工业体系加快构建。随着结构调整持续推进,我区高耗能、资源性传统产业比重持续下降,低污染、高附加值产业比重不断上升。前三季度,全区高新技术、装备制造、有色和农畜产品加工业对工业增长的贡献率达到47.1%,同比提高16.7个百分点,煤炭工业对经济增长的贡献率同比回落17.4个百分点,"一煤独大"的产业格局加速转变。同时,自治区推进"宽带内蒙古"工程和"宽带乡村"示范工程建设,制定云计算创新发展行动方案,成立国内首家省区级"互联网+高效物流"的物流云平台,推动"互联网+"与工业深度融合,增加新兴产业项目储备,"传统产业新型化、新兴产业规模化、支柱产业多元化"的产业发展格局正在加快形成。

服务业现代化、新兴化发展势头良好。2015年以来,自治区出台《加快发展生产性服务业促进产业转型升级实施意见》,研究编制《自治区服务业三年行动计划》,推动设立服务业股权投资基金,组织实施服务业集聚区建设和服务业改革创新试点,服务业保持较好发展势头,占地区生产总值的比重持续提升,其中,旅游、金融、信息等新兴服务业增势明显。前三季度,金融业同比增长14.6%,较上年同期提高4.5个百分点;旅游业实现总收入1268亿元,同比增长23.1%,成为服务业领域最具活力的增长亮点。目前,我区正大力推进新能源、新材料、生物医药、高端设备制造等战略性新兴产业发展,加快实施云计算发展规划,工业规模的不断扩大和非资源型产业、战略性新兴产业的发展将带动我区金融、信息等生产性服务业进入新的发展阶段。随着收入分配改革的推进和居民消费需求的升级,以及我区旅游业"夏热冬冷"局面的改善,旅游休闲、健康、养老和文体娱乐等生活性服务业的增速也有望提高。

(三)需求侧结构继续改善,内需动力更趋增强

投资结构持续优化,投资环境趋于改善,投资后劲仍较充足。从投资结构看,围绕需求结构变化,自治区积极扩大转型投资规模,推动煤炭就地转化、高新技术和非资源型产业项目落地,有效对接市场需求,投资在规模继续扩大的同时实现结构优化,前三季度,全区改建和技术改造项目同比增长46.9%,占投资比重达15.9%,高技术产业、装备制造业投资增速高于平均水平,更高于高耗能行业。投资结构的优化和转型投资规模的扩张,将进一步推动我区投资效益提升。从项目支撑看,投资百亿元的中核汇能太阳能光伏发电项目落户我区,加速了全区支柱产业多元化和打造清洁能源输出基地的步伐;年产50万吨煤焦油轻质化、年产60万吨亿鼎煤化合成氨等一批大项目建成投产,为我区进一步延伸煤化工循环产业链和打造现代煤化工生产示范基地增添动力;内蒙古电子商务产业园等3个电商产业园升格为国家级电子商务示范基地,使我区依托"互联网+"加快发展现代服务业的步伐更加稳健;投资200亿元的首府快速路投入运营,投资300多亿元的首府地铁项目正式开工,呼包鄂城际铁路加紧规划建设,呼包鄂立体交通体系对城市经济发展的支撑进一步增强。通辽、赤峰至京沈高铁连接线,"引绰济辽"调水工程等重大基础设施建设项目,将进一步拉动投资增长。从投资环境看,多重利好有助于支撑我区投资平稳增长。一是作为"十三五"规划的开局之年,国家和自治区规划中的重大建设项目将逐步启动。二是国家调低投资项目最低资本金比例,将大幅降低投资门槛,提高社会资本投资能力,保证投资规模。三是国家将加大重大交通、水利等基建项目专项建设资金投放,减少地方配套资金,有助于缓解我区地方财政压力。四是固定资产加速折旧优惠范围扩大,将提高我区装备制造、轻工、汽车等行业新增投资意愿。五是国家降低企业债发行门槛,有利于我区进一步扩大企业债券融资规模,拓宽企业融资渠道,增强企业投资动力。

消费热点不断涌现,消费环境持续改善,消费内生增长基础渐趋稳固。近年来,自治区积极贯彻国家扩大消费的一系列政策举措,全区消费市场规模不断壮大,消费环境持续改善,新的消费热点不断涌现,2016年,消费潜力有望得到进一步释放。一是政策支持优化消费环境。国家加快推进重大消费工程,努力扩大住房、养老、旅游、教育、信息、绿色消费,加快消费基础设施建设,这与我区的消费发展需求高度契合。下阶段,自治区将在着力提高居民消费能力的同时,进一步完善相关消费政策,规范和促进消费信贷发展,加快个人诚信体系建设,营造更为良好的消费环境,进一步激发消费潜力。二是消费热点加快培育。随着我区服务业大区建设力度的加大,培育消费热点步伐也将进一步加快。除衣食住行等传统消费外,自治区将积极开发以信息、休闲旅游、养老健康家政、教育文化体育等为代表的新兴消费热点,推动全区消费提质升级。

(四)创新驱动战略深入实施,内生增长动力加快形成

在经济结构调整任务艰巨、经济形势严峻的背景下,针对欠发达的区情实际,自治区深入实施创新驱动战略,为发展动力转换蓄能充电。一是双创环境不断优化。响应国家创新驱动战略,自治区陆续出台《关于大力推进大众创业万众创新若干政策措施的实施意见》《关于加快发展众创空间的实施意见》等政策,通过加大财税、金融扶持力度,优化创业创新融资环境,完善普惠性税收措施等,加快构建有利于大众创业、万众创新蓬勃发展的政策环境、制度环境和公共服务体系。前三季度,全区新登记注册市场主体26.09万户,比上年同期增长26.8%,大众创业、万众创新的氛围正在形成。二是科技创新环境不断优化。出台《内蒙古科技体制改革实施方案》《关于深化科技计划管理改革加强科技项目和资金管理的意见》《关于推进大型科研仪器及科研基础设施开放共享的若干意见》等政策,在整合科技计划布局、改革科研项目和资金管理、创新科技投入方式,优化科技创新环境、推进大型科研仪器和基础设施开放共享等方面进行了大力度改革和整体部署,为科技创新体系建设奠定了坚实基础。新兴产业创投基金快速发展,3只新兴产业创投基金获得国家批准,已有两只基金正式设立并开展投资业务。三是科技创新能力不断提升。国家级平台建设实现重大突破,新认定 3 个国家地方联合共建工程研究中心、2 个国家级企业技术中心,国家级企业重点实验室实现了零的突破,科技创新的平台支撑进一步增强。企业创新主体地位进一步巩固,目前,全区已组建 38 家以企业为主体、产学研结合的新型研发机构,22 家以企业为核心的产业技术创新战略联盟,科技重大专项经费的 87.6% 投入到企业,以企业为主体的科技创新能力显著增强。同时,围绕"五大基地"和"两个屏障"重点领域的技术需求,自治区实施关键共性技术研发与集成示范工程和实用高新技术成果转化工程,攻克了一批关键技术难题,转化了一批技术成果,将进一步助推我区产业综合竞争力提升。

（五）政策调控精准发力,护航经济平稳增长

为缓解中短期经济下行压力、增强经济长远发展能力,政策调控将更加强调预调微调和精准发力,并将转化为战略转型升级的实质性动力。一是国家经济政策的发力点仍是稳增长,一系列重大利好政策出台为发展增添新动力。2015 年,国家 5 次降息降准、下调固定资产投资项目资本金比例,在创新创业、工商登记制度改革、"互联网+"等方面出台了相关政策,这些政策效应会进一步释放。二是供给侧结构性改革为经济发展带来新需求。目前,全区服务业、先进制造业、生态环保产业、基础设施和公共服务等供给严重不足,具有很大发展空间。补齐这些短板,将释放巨大的投资和消费需求。三是"一带一路"、中蒙俄经济走廊建设深入推进,我区基建、能源、旅游等多个产业迎来新的发展契机。京津冀协同发展战略实施,为乌兰察布、赤峰、锡林郭勒南部等地区承接北京非首都功能转移拓展了新空间。国家实施新一轮西部大开发和东北振兴等战略,在发展现代农牧业、资源型城市转型、保障改善和民生等方面给予支持,为我区补齐短板、加快转型发展提供了重要政策保障。四是各领域改革有计划、有步骤、有配合地推进,为经济发展注入新动力。全面深化产权制度、要素市场、财税体制、社会组织等基础性改革,将为我区经济社会发展提供制度保障;简政放权、投融资体制、商事制度改革将进一步提高政府效能、激发社会发展活力。

三、对　策　建　议

（一）扩大有效需求,持续释放经济发展带动力

一是围绕优结构、增效益,提升有效投资规模。围绕经济建设中的短板和缺口,优化政府投资结构,加大对农村牧区基本公共服务体系、现代产业体系和基础设施建设领域投入力度。大力推广公私合营（PPP）模式,鼓励民间资本进入公共基础设施、科技创新、环境治理等领域,引导社会资本强化新型消费领域投资。科学有效推进重大项目建设,加紧落实三级重点项目三年推动计划,加快启动一批"十三五"重大工程项目,及时解决重点项目建设面临的土地、环评等问题,切实取消和下放投资审批权限,提高投资效率。建立政府履约约束机制,提高地方政府信用,推动 PPP 模式落到实处。二是加快新型消费业态供给。落实好《国务院关于积极发挥新消费引领作用　加快培育形成新供给新动力的指导意见》,以扩大新型消费产品供给为核心,以创新体制机制、优化消费环境为保障,努力扩大服务消费、信息消费、绿色消费、时尚消费、品质消费等新型消费领域的供给规模,稳定汽车、住房等大宗消费,增加中高端消费。大力实施"互联网+流通"行动计划,加强城市共同配送网络和农村商贸物流网络建设,构建"互联网+产业+流通"新模式,促进消费便捷化、低成本化。

（二）以改革创新助推供给侧结构调整,加快提升经济发展驱动力

一是有效化解产能过剩。推动电解铝、钢材、甲醇、乳制品等区外有需求、我区有优势的产业延伸发展,加快优化产品结构,提高特色产品、深加工产品比重,确立市场竞争优势地位。引导企业主动调结构,促进社会资本流向有前景新兴行业。加快推动产能"走出去",加快对境外新兴行业投资并购力度。完善淘汰落后产能的指标体系,更好发挥能耗、排放、质量等标准在淘汰落后产业中的作用。坚决清理处置"僵尸"企业,减轻供给压力。二是增加有效供给。围绕现代产业体系建设,以市场需求为导向,引导优势行业企业通过并购重组和产业链重塑等方式,调整产品结构,进一步拓展市场空间。完善新材料、装备制造、新型化工、生物制造、云计算等领域政策配套和推进机制,力促

新兴产业规模化,支柱产业多元化。大幅放宽服务业市场准入,尤其在财税、土地、资源价格等方面给予更多支持,带动现代金融、现代物流、信息服务业,以及健康养老、文体教育等新兴服务业加快发展。围绕农村牧区基本公共服务体系建设,以脱贫攻坚、"十个全覆盖"等工程为主要抓手,加大资金、政策、工作等投入力度,加快推进城乡基本公共服务均等化。围绕基础设施建设,提高投资的有效性和精准性,集中推进交通运输通道、能源外送通道和水利工程建设,全面推进各领域基础设施网络建设,加快构建适应发展、适度超前的基础设施保障体系。三是降低企业成本。落实国家即将出台的简政放权改革措施,探索研究投资项目网上核准和并联核准、加快制定中介服务机构收费标准等新的改革措施,降低制度性交易成本。落实国家普遍性降费政策,加快清理市政、铁路、交通、邮政、电信、银行等垄断性行业的服务收费,加大价格监督检查与反垄断监管力度,推进普遍性降费。四是加快消化房地产库存。推进户籍制度和住房制度改革,加快转移农牧民市民化进程,扩大公租房覆盖面,大力发展住房租赁市场,打通供需通道,释放有效住房需求。五是激发创新活力。围绕产业结构调整和转型升级,加快科技创新,强化模式创新,促进科技创新与产业发展深度融合。大力推动万众创新,促进创新创业资源对接聚合,科技创新向生产力转化。加强对产权特别是知识产权的保护,营造有利于激励创新的制度环境。

(三)兜牢民生底线,进一步夯实经济发展保障力

一是千方百计促进居民增收。加大减税清费力度,大幅降低企业经营成本,稳定企业生产,力促城镇居民工资性收入稳步增长。推动"互联网+农畜产品"新模式,畅通农畜产品产销对接,提升农牧民经营性收入。二是增强社保托底力度。整合城乡居民基本养老保险制度和基本医疗保险制度,推动流动人群、非公企业职工和农民工全部纳入参保范围,推进大病医疗保险、城乡最低生活保障制度全覆盖。着力解决社会保险关系跨地区、跨制度转移接续问题,提高社会保障制度适应流动性。三是紧抓民生工程不放松。继续实施各项民生工程,加大"十个全覆盖"工程投入力度,办好"三个一"民生实事,全面完成各项目标任务。加快推进保障性安居工程建设和棚户区改造,深入推进扶贫攻坚,为贫困群众早日脱贫夯实基础。

（四）构筑全方位对外开放新格局，大力提升经济发展集聚力

一是深度融入国家大开放战略。立足国家"一带一路"战略，全方位参与中蒙俄经济走廊建设，加快形成"临空""临港"和"临边"多层次对外经济合作新格局。全面提升跨境合作区、重点开发开放试验区等对外开放合作平台软硬件建设水平，构筑适应大加工、大流通、大市场的经济聚集区。加快交通、跨境管道皮带、信息等六大通道基础设施互联互通建设，共同推动信息互换、监管互认、执法互助等海关合作，以及检验检疫、认证认可、标准计量等多双边合作，提升贸易自由化便利化水平。二是努力形成宽领域、深层次、多领域、全方位合作格局。加强产业与产能合作，支持优势领域骨干企业走出去，重点在农畜产品加工、电力、资源开发、装备制造、物流、跨境旅游等方面取得新突破。大力推动跨境电子商务发展，建设一批跨境电子商务平台和企业，加快形成"互联网+外贸"新型贸易方式，带动货物贸易、服务贸易转型发展。进一步深化智能技术、物联网、新能源、新材料等领域的国际科技合作，推动科研创新能力上水平。加大文化、环境保护等领域合作与交流，拓展合作领域。三是加强区域合作。主动融入环渤海区域发展，全面对接京津冀协同发展和长江经济带战略，在保持特色产业合作规模基础上，全力挖掘新能源、新材料、装备制造、生物制药等领域合作潜力，进一步强化科教文卫、旅游等方面交流，努力拓展合作空间。以乌兰察布市、赤峰市等产业转移示范基地建设为重点，承接北京市优先重点疏解的三类非首都功能。

中心"形势分析"课题组

执笔：付东梅　刘军　田晓明

第 三 章

2016 年内蒙古经济增长支撑点

2016 年,国内外经济下行压力仍然较大,内蒙古经济面临更为复杂严峻的形势。综合考虑经济发展的外部环境和内在条件,运用"内蒙古宏观经济年度计量模型",根据不同的外部环境和政策取向,对 2016 年内蒙古经济增长趋势提出两种情景方案。报告建议以地区生产总值增长 7.5% 的目标作为基准方案。

一、地区生产总值增长7.5%的支撑分析

2016 年,世界经济延续低速不均衡复苏态势。发达经济体经济前景略有改善,但增长分化局面持续,经济增长总体仍显乏力。新兴市场国家资本加速外流,内部结构性矛盾或将更加突出,加之国际大宗商品价格持续低迷态势,影响能矿等初级产品出口国家经济增长,新兴经济体将继续承压。在此背景下,预计 2016 年世界经济约增长 3.3%,我国外部需求总体变化不大。同时,考虑到企业效益低迷、新动力尚难完全对冲传统动力下降影响等因素,我国经济下行压力仍然较大。基于此,国家将继续坚持"稳中求进"的工作总基调,着力加强供给侧结构性改革,实施"宏观政策要稳、产业政策要准、微观政策要活、改革政策要实、社会政策要托底"五大支柱政策,加大积极财政政策力度,适度提升稳健货币政策的灵活性,在区间调控的基础上,加大定向调控的力度,强化预调和微调方式,推动经济平稳增长。预计 2016 年全国经济增速为 6.5% 左右。

在这一国内外环境和国内政策假设情景下,我区经济可实现 7.5% 的增速。从工业看,我区主要工业行业仍处于去产能、去库存周期,煤炭、电力、化工、冶金行业市场需求继续维持低位,预计分别增长约 5.3%、5.5%、10.3% 和 15%,规模以上工业增加值增长 8.5% 左右;从投资看,我区将强化重点工业项目建设和调度,保持优化特色产业领域投资力度,大力推进基础设施项目建设,同时,加大装备制造、电子信息和服务业等领域投资强度,全社会固定资产投资增速有望保持在 14.5% 左右。从消费看,居民收入稳步提高,消费空间不断拓展,消费市场继续平稳运行,预计社会消费品零售总额增长 8% 左右。

二、地区生产总值增长8%的支撑分析

2016 年,世界经济持续温和复苏态势。主要经济体货币金融政策分化将积累全球金融风险,但总体上,经济复苏势头更趋稳固,经济增长动力明显增强。新兴经济体经济增长总体仍快于发达国家,结构性改革取得成效,应对经济冲击的能力有所增强。在此背景下,预计 2016 年世界经济增长 3.6% 左右,对于改善我国外需状况具有积极的促进作用。基于此,国家将继续保持宏观调控政策连续性和稳定性,在统筹"稳增长、促改革、调结构、惠民生、防风险"的基础上,大力推进行政、国企、金融、财税、土地等关键领域改革,着力提升发展的内生动力。协调推进供给侧改革和需求侧管理,出台一系列既利短期增长、又利长远发展的政策措施,着力构建经济社会持续健康发展的体制机制。随着各项改革举措落地实施,我国市场环境更加公平、透明,民间资本参与竞争更加充分,投资效益和质量明显提升,消费环境进一步改善,消费空间拓展和消费结构升级对产业升级的带动作用增强。预计 2016 年全国经济增速达 7% 左右。

在这一国内外环境和国内政策假设情景下,我区经济可实现 8% 的增速。从工业看,外部市场对我区工业品需求有所恢复,主要工业品产销状况好转。随着产业结构调整步伐的进一步加快,优势特色产业延伸升级取得新成效,新兴产业支撑力进一步增强,工业经济总体呈企稳向好态势,煤炭、电力、化工、

冶金增加值可分别增长约 5.6%、5.8%、10.8% 和 16%,规模以上工业增加值增长 9% 左右;从投资看,我区优势特色产业领域投资稳定增长,装备制造、新能源、新材料等新兴产业投资占比进一步提高,产业投资增长的新支撑加快形成。投融资体制改革进一步深化,民间资本投资活力得到有效释放,投资意愿明显提高,预计全社会固定资产投资增长 15% 左右。从消费看,消费环境进一步优化,农牧民消费占社会消费品零售总额比重有所提高,教育、文化、信息、医疗等新兴消费领域快速发展,预计社会消费品零售总额增长 9% 左右。

中心"形势分析"课题组

执笔:付东梅　杜勇锋　徐盼

附表:**2015 年、2016 年内蒙古主要经济指标增速预测(初步测算,%)**

指　　标	2014 年实际值	2015 年预测值	2016 年预测值(基准方案)	2016 年预测值(高方案)
地区生产总值	7.8	7.8	7.5	8.0
第一产业	3.1	2.8	2.13	2.8
第二产业	9.1	8.2	8	8.5
第三产业	6.7	7.7	7.4	8.0
规模以上工业增加值	10.0	8.8	8.5	9
全社会固定资产投资	15.7	15.0	14.5	15.0
社会消费品零售总额	10.6	8.2	8.0	9.0
公共财政预算收入	7.1	7.0	6.8	7.2
进出口总额	21.4	1.2	1	3
全体居民人均可支配收入	10.0	9.2	8.8	9.5
城镇常住居民人均可支配收入	9.0	8.3	8.0	8.7
农村常住居民人均可支配收入	11.0	10.3	9.9	10.6

附件:2016年内蒙古主要经济指标预测说明

一、地区生产总值及三次产业预测说明

根据全区三次产业支撑情况,预计2016年我区地区生产总值增速为7.5%—8%。

农业。2016年,国家和自治区继续加大对农牧业的扶持力度,农牧业基础设施不断完善,综合生产能力进一步提高。若气象条件与2015年基本相同,我区全年粮食产量可达550亿斤以上,农业有望实现"十三连丰";牲畜存栏达1.3亿头(只),畜牧业有望实现"十二连稳"。预计第一产业增加值增长2.2%—2.8%,支撑经济增长约0.2个百分点。

第二产业。我区工业对第二产业增长的贡献率在90%以上,因此,第二产业增长主要取决于工业的增长情况。从工业内部看,能源方面,受经济增速放缓、能源结构调整和进口煤炭冲击等因素影响,煤炭行业产能利用水平仍将维持低位,预计2016年我区煤炭产量同比下降3%左右,煤炭工业增加值增长5.3%左右。同时,由于电解铝、化学等主要耗电行业产能过剩问题短期内难以有效缓解,电力需求仍将维持低位。综合看,2016年,我区能源工业增加值增速约7%。

冶金方面,2016年,随着"一带一路"战略的深入实施,国家将加大相关基础设施互联互通建设力度,同时,"十三五"规划确定的重大项目建设也将加快推进,我区冶金产品下游需求疲弱的情况有望缓解。预计2016年钢铁产量增长12%,钢材产量增长13%,铝产量增长16%,锌增长17%。综合看,2015年我区钢铁行业增加值增长11%,有色工业增加值增长14%。

化工方面,2016年,受传统化工行业产能过剩影响,我区主要化工产品产量仍将维持低位,预计甲醇产量增长4%,聚氯乙烯增长5%,尿素增长16%。综合看,全区化工行业增加值增长7%左右。

农畜产品加工业方面,随着居民消费结构不断升级,绿色、无公害、特色农畜产品的市场需求持续增长,我区农畜产品市场空间有望得到进一步拓展,主要产品产量稳中略升。但受进口同类产品影响,部分农畜产品价格将维持基本平稳。预计 2016 年农畜产品加工业增加值增长 10% 左右。

综上判断,我区主要工业行业总体呈平稳增长态势,预计 2016 年工业增加值增速为 8.5%—9%,第二产业增加值增长 8%—8.5%,支撑经济增长约 4.7—5 个百分点。

服务业。2016 年,自治区将继续实施服务业三年行动计划,加大服务业集聚区建设力度,扎实推进服务业产业结构调整,全区服务业增加值占地区生产总值比重继续提高,对经济发展形成有力支撑。房地产业方面,由于国家降准降息、二套房认定放宽、公积金政策进一步放松、全面放开二孩等政策出台,房地产业政策环境宽松向好。同时,随着以建立购租并举为主要方向的住房制度改革深入推进,住房供应结构进一步改善。在多重政策利好的叠加作用下,房地产业逐步回暖。但受城镇化率趋缓、老龄化加速等因素的影响,未来住房市场的刚性需求将逐渐减少,一定阶段内去库存仍是我区房地产业发展的主基调。预计 2016 年我区房地产业增加值增长 3%—5%。

旅游业方面,随着居民旅游休闲生活方式的逐步形成和"十大旅游工程"深入实施,我区旅游业"草原文化、北疆特色、休闲度假"的主题更加突出,作为旅游目的地的竞争力和吸引力进一步增强,预计 2016 年我区旅游总收入同比增长 22%—25%。

物流业方面,从社会物流总额构成看,我区工业品物流总额和批发业物流总额构成占社会物流总额的 75%。2016 年,受煤炭、工业品等大宗产品需求放缓影响,我区工业品物流增速将继续放缓。但随着现代物流体系的逐步完善,我区批发业物流增速将继续保持平稳增长态势。综合来看,预计 2016 年我区货运量与 2015 年基本持平,物流业总体保持缓中趋稳态势。

金融业方面,随着 IPO 的重启、注册制的落地、新三板的分层、股指期货交易的常态化,我区融资渠道将得到进一步拓展。预计 2016 年我区金融业增加值增长 13.5%—15.5%。

综合来看,预计 2016 年我区服务业增长 7.4%—8%,支撑经济增长约 2.6—2.8 个百分点。

二、投资、消费和进出口预测说明

根据各方面情况,预计2016年我区固定资产投资增长14.5%—15%,社会消费品零售总额增长8%—9%,进出口保持平稳增长。

投资方面。我区投资空间主要集中在工业、服务业、基础设施和社会事业领域。2016年,我区将围绕供给侧结构性改革,进一步加大有效投资力度,充分发挥投资对经济增长的关键性作用。工业投资方面,随着国家投资定向加力,我区优势特色产业改造升级及战略性新兴产业领域投资继续保持较快增长,预计2016年我区工业投资增长17.5%—19.5%,支撑投资增长约6—7个百分点。

服务业投资方面,随着"四化"融合发展、消费结构升级步伐加快,我区信息、物流、金融、旅游、健康、商务及文体娱乐等相关服务业投资实现较快增长,预计2016年我区服务业投资增长14.5%—16.5%,支撑投资增长约5—6个百分点。

基础设施和社会事业投资方面,随着"一带一路"、京津冀协同发展等国家战略的稳步推进,以及国家对中西部地区基础设施投资力度的加大,我区基础设施互联互通及能源输出通道建设投资力度将进一步加大。同时,随着人口城镇化的推进,市政公共基础设施及民生基础设施需求进一步扩大,共同带动基础设施及社会事业领域投资稳步增长。

消费方面。2016年,就业形势基本保持稳定,居民收入进一步增加,居民消费能力有望提高。同时,新型城镇化持续推进,将进一步释放出消费潜力,消费总体呈现缓中趋稳态势。

从消费内部结构看,商品零售方面,一是吃、穿、用等刚性消费需求继续保持平稳增长;二是以住房、汽车为代表的传统支柱消费继续处于调整期,2016年国家出台的房产调控政策及新能源、小排量汽车补贴政策将对房地产、汽车行业增长形成利好。三是以信息、健康、养老为代表的新兴消费热点将持续发力,体验式消费、旅游文化、健康养老等新兴消费热点逐渐形成,"互联网+"、大数据、云计算、物联网等新技术在三次产业中广泛应用,智能家电、通信、信息等消费热点持续升温。预计2016年商品零售增长6.5%—7.5%,拉动消费增长约5—6.5个百分点。

餐饮方面,高端餐饮业继续向大众化、特色化、产业化和信息化转型,大众餐饮成为消费主体,行业总体发展有望企稳回升。预计2016年餐饮收入增长9.5%—11.5%,拉动消费增长约1.5—3.5个百分点。

进出口方面。2016年,我区将全面贯彻落实国家"一带一路"发展战略,稳步推进与蒙古和俄罗斯在基础设施互联互通、经贸人文的交流合作,进一步加强满洲里及二连浩特国家重点开发开放实验区和中俄蒙合作先导区规划建设力度,加快落实《内蒙古自治区建设国家向北开放桥头堡和沿边经济带规划》,预计2016年我区进出口保持平稳增长。

综合篇

第 四 章

内蒙古工业运行特征及 2016 年展望

2015 年以来,内蒙古工业总体呈逐月与累计增速小幅止跌回升态势。前三季度,全区工业增加值累计增速由上年同期的 9.8% 降至 8.6%,但仍高于全国平均水平 2.4 个百分点,在全国各省区市中的位次由上年第 14 位升至第 8 位。全区工业增长虽显乏力,但在全国工业增长整体乏力的大环境下,内蒙古工业增长攻坚保卫战仍取得了较好成效。

一、内蒙古工业运行特征

(一)重工业经济带动力趋弱

重工业仍是内蒙古工业主导力量,占工业增加值比重达 70% 以上。根据 2011—2015 年轻、重工业与全区工业增加值累计增速曲线可看出,全区工业趋势走向与重工业曲线高度拟合,表明全区以重工业为主的工业结构特征尚无明显改变。2015 年前三季度,全区轻工业增速明显快于工业增速,但由于规模较小,对工业增长拉动作用有限,全区工业增长依靠重工业拉动的情况尚未改观,重工业增速回落极大程度地拖累全区工业。前三季度,重工业增加值累计增速仅为 8.2%,较上年同期下降了 1.4 个百分点,对工业增长放缓拖累较为明显。

(二)主要行业发展态势分化明显

通用设备、通信设备、计算机及其他电子设备制造呈明显上升态势。受国际第四次工业革命影响,以及我国工业制造 2025 战略的推动,2015 年前三季度,我区通用设备、通信设备、计算机及其他电子设备制造行业呈现井喷式发展态势。前三季度,通用设备制造业同比增长18.3%,比上年同期加快7.4个百分点;通信设备、计算机及其他电子设备制造业提速更为明显,同比增长27.6%,高于上年同期21个百分点。

能源化工相关行业增长态势下行明显。受能源重化行业部分产品产能过剩,以及煤炭、原油价格持续低迷影响,2015年前三季度,我区煤炭开采洗选业、电力热力的生产和供应业、化学原料及化学制品制造业呈明显下行趋势。煤价持续下跌致煤炭开采洗选业开工不足,前三季度,煤炭开采洗选业增加值增速已降至3.6%,低于上年同期2.8个百分点;电力热力的生产和供应业增加值增速降至-0.6%,较上年同期回落13.1个百分点;化学原料及化学制品制造业增加值增速降幅更为明显,由上年同期23.2%降至5.3%。

金属矿采选业趋势好于金属冶炼加工业。随着"一带一路"等国家战略的逐步落实,支撑行业利好因素增加,固定资产投资预期加强,优质矿山开采领域的投资积极性有所提高。前三季度,黑色金属矿采选业、有色金属矿采选业增加值增速上升趋势明显,同比分别增长21.3%和19.9%,较上年同期分别加快11.7个百分点和13.1个百分点。同期,黑色金属冶炼及压延加工业、有色金属冶炼及压延加工业虽有利好因素支撑,但受制造成本和环境压力影响,其增加值同比分别增长8.6%和18.9%,与上年基本持平。

农畜产品加工和食品制造业错峰发展。2015年,农副产品价格止跌回升,保持持续上涨势头。9月份全区农业生产资料价格指数同比下降1.5%,农副产品加工类企业成本有所下降,利润空间略有扩大,前三季度,农副食品加工业同比增长16.1%,较上年同期加快7.7个百分点,呈持续回升态势;2015年,全区居民消费价格指数以及生产生活资料工业品出厂价格指数持续下降,9月份食品类工业品出厂价格指数降幅达到4.4%,受此影响,食品制造业呈明显下行趋势,前三季度同比增长11.8%,较上年同期大幅放缓9.8个百分点。

(三)工业企业效益低迷,流动资金状况略有好转

当前,工业经济进入中高速增长阶段已成共识,虽然"稳增长,调结构,转方式"的政策在不断推进,但全区工业企业经营效益依然不振,止跌回升拐点尚未出现。前三季度,全区工业企业主营业务收入达到13358.53亿元,同比下降0.7%,低于上年同期8.9个百分点。同期,工业企业亏损额进一步扩大,达到383.52亿元,同比增长34.1%,仅较上年同期减少2.1个百分点;工业企业应收账款和产成品资金占用额同比分别增长-0.3%和4.3%,企业债权变现加速,产成品资金占用趋缓,表明我区工业企业流动资金状况有所好转。

表1 内蒙古工业企业经营情况对比 （单位:亿元、%）

	2015年前三季度	2014年前三季度	2013年前三季度
主营业务收入	13358.53	13745.54	13957.4
增　速	-0.7	8.2	8.5
应收账款	1784.28	1773.53	1640.35
增　速	-0.3	11.4	21
亏损额	383.52	247.2	173.12
增　速	34.1	36.2	10.6
产成品资金占用额	671.53	649.73	591.01
增　速	4.3	12.9	5.8

（四）盟市增速小幅普降,东西部增速差距进一步拉近

2015年前三季度,全区12盟市工业增加值延续下滑趋势,但下降态势趋缓,9个盟市工业增加值增速下降幅度小于2个百分点,其中,呼和浩特增速下降幅度最小,与上年同期持平,乌海增速下降幅度最大,达到4.2个百分点。12盟市工业增速较为均衡,基本保持在9%左右的平均水平,其中,呼和浩特、包头、兴安盟增速最高,达到9.7%,高于全区平均水平1.1个百分点,乌海与阿拉善增速最低,分别为7.1%和7.5%。蒙东地区增速跌幅较大,增速跌幅普遍高于区内其他地区(除乌海、阿拉善),已失去近年同期增速优势。

表 2　2015 年前三季度各盟市工业增加值变化情况表　（单位:%）

	2011 年前三季度	2012 年前三季度	2013 年前三季度	2014 年前三季度	2015 年前三季度
全　区	19.2	14	12.2	9.8	8.6
呼和浩特	16	2.1	17.1	9.7	9.7
包　头	18	14.9	12.2	11.3	9.7
呼伦贝尔	25.3	22.6	13	10.7	8.2
兴安盟	20.8	24.1	14.5	11.6	9.7
通　辽	21.2	17.4	12.1	10.8	8.9
赤　峰	22	22.1	12.1	10.8	8.9
锡　盟	14	13.5	13	9.7	9.1
乌兰察布	19.1	13.5	13.3	10.8	9.4
鄂尔多斯	20.7	14.3	13.3	10.7	9.4
巴彦淖尔	15.1	14.8	12.5	10.8	8.9
乌　海	21.2	15.5	13.4	11.3	7.1
阿拉善	23.4	16	12.1	10	7.5

二、2016 年内蒙古工业形势与展望

（一）2016 年内蒙古工业面临的形势

需求疲软致工业增长动力持续减弱。我区工业产能供大于求格局短期不会改变。从工业主要行业出厂价格看,非金属矿制品、化学原料制品、燃料动力工业品价格持续下降,显示生产者对基础原材料类工业品需求低迷,内需不足与产能过剩将共同导致工业经济在一定时期内呈增长乏力态势。从投资需求看,我区投资增速下行趋势短期难以改变,房地产市场低迷、传统产业产能过剩、财政收入增速放缓、融资平台监管趋严等情况在一定阶段内继续影响全社会投资的积极性。从消费需求看,生活必需品虽呈平稳增长态势,但中高端消费受经济增速回落、居民收入放缓以及反腐加码等因素影响增势短期难以大幅提高。网络零售虽增长迅猛,但鉴于我区电商发展滞后,这部分消费大多流向区外,对区内消费贡献较为不足,总体看,我区社会消费品零售总额短期

内不会有大幅回升。

供给结构失衡抑制工业发展内生动力。从产品供给看,受经济下行压力较大、固定资产投资逐步放缓等因素影响,我区部分工业产品产能过剩、部分工业产品供应量不足现象将进一步加剧。同时,由于全区工业供给体系不适应消费侧多样化、个性化、高端化需求现象越来越明显,下阶段着力推进供给体系结构调整将成为工作重点。从要素供给看,经济下行环境中我区普通劳动力进一步过剩,失业率逐步增加,但高端人才与优秀企业家供给难以满足市场需要。同时,受银行贷款意愿减弱影响,资金要素供给面逐步收紧,部分企业资金需求迫切,而部分资金难寻合适投资项目,导致投资效率持续下降,工业增长内生动力进一步受到抑制。

工业过剩产能化解风险逐步凸显。一是产能过剩导致银行不良贷款风险增加,我区煤化工、钢铁等重化行业资产负债率远高于工业平均水平,在经济下行环境中,产能过剩行业财务压力显著增加。二是债务违约可能导致产能过剩企业司法纠纷、资金链断裂、负债外逃、职工下岗失业等一系列系统性风险。三是产能过剩行业是我区税收主要来源,推进去产能化的同时如没有等量接续产业进入,将直接导致我区财政税收减少。

产业结构升级对创新提出更高要求。随着劳动力成本上升和资源环境约束强化,传统工业增长持续扩张潜力不断缩小。新常态下,工业发展对自主创新能力和原创技术的需求和要求越来越高,但由于区内工业企业自主创新能力与新常态下产业结构升级要求存在较大差距,全区创新体系建设尤为迫切。

(二)2016 年内蒙古工业发展趋势判断

展望 2016 年,虽然经济面临较大下行压力,但是深入推进改革、促进结构调整的决心未动摇,促进工业平稳增长的利好因素也层出不穷。一是十八届五中全会明确提出要保持经济中高速增长目标,我国进入中高速增长期已达成共识,经济发展重心向提高发展质量转变,为我区工业发展提供了夯实、稳定的宏观环境。二是国家加快实施供给侧改革,着力解决现存的供需关系结构性失衡问题,加速消化过剩产能,将为工业减轻旧包袱,提供新动力。三是国家进一步深化行政改革,以行政审批制度改革为突破口,加快转变政府职能,同时,金融、税制、价格等领域改革不断推进,将为企业提供更宽松的发展环境。四是"一带一路"战略实施有利于扩大出口，为工业产品开辟新市场，从需求端加快去产能。五是中国制造 2025 战略的实施开启了制造强国的序幕，通过政府引导、整合资源，有望进一步提振工业经济信心及综合竞争力。六是我区战略性新兴产业在工业中比重逐年提升，2014 年占到地区生产总值的 5.26%，成为拉动我区工业增长的新动力。七是我区正在积极构建工业多元支撑体系，大量新竣工业项目将填充工业增量，随着涉企减税降费、支持"双创"方面政策力度加大，政策红利不断释放，为我区工业市场主体提供了良好发展空间。八是中央及自治区经济工作会议的召开，为自治区工业企业去产能、降成本、抓创新、补短板，更好地适应和引领经济新常态发展，提供了明确的政策指引。

总体上，现阶段工业增长下行不仅是周期变化，更具有发展阶段转换带来的趋势性减速特征，初步预测，2016 年我区工业增速下行的可能性较大，但跌幅将进一步收缩并趋近于拐点，预计 2016 年我区工业增加值增速将维持在 8% 左右。

三、对 策 建 议

围绕"稳增长、调结构、惠民生、防风险"的总要求，全面贯彻五中全会提出的"创新、协调、绿色、开发、共享"五大发展理念，深入领会中央及自治区经济工作会议精神，依照自治区"8337"发展思路，通过推进自治区工业发展的五大战略、四项引导、三种结构、两大抓手，实现自治区工业的去产能、去库存、去杠杆、降成本和补短板，提高工业产品供给体系质量和效率，力促全区工业经济平稳增长。

（一）推进工业发展五大战略

一是推进我区产业集群发展战略。着力推进我区产业集中集聚程度，加强产业集聚区与特色工业园区建设，整合产业资源，提高产业关联度，延伸产业链条，加快我区产业集群化发展。二是推进我区战略性新兴产业发展战略。依托我区资源优势与产业基础，进一步推进我区八大战略性新兴产业发展，着力提高战略性新兴产业在工业中的比重。三是推进我区工业项目带动战略。

进一步加强我区项目招商、项目引进、重点项目建设力度,加快推进项目的前期、储备及投资管理工作,积极落实项目建设资金,通过项目带动企业做大做强,进一步发展壮大园区经济。四是推进我区工业绿色发展战略。加快构建工业资源节约循环利用体系建设,发展工业循环经济,鼓励创建环境友好型企业活动,推进工业节能减排降碳,将节能目标任务分解落实到盟市,发布节能晴雨表,加强节能预警,积极应对气候变化。五是推进我区工业开放发展战略。围绕"一带一路"战略与中俄蒙经济走廊建设,加快推进沿边开发开放,积极开拓我区工业产品市场,不断深化工业领域区域合作,积极融入京津冀,推进乌大张长城金三角建设,加强京蒙帮扶合作与津蒙合作。

(二)加强工业发展四项引导

一是加强市场引导。以市场需求为依托,统筹我区工业生产,完善市场准入制度,优化市场供给环境,以创新带动新需求,积极开拓新市场,加强我区工业供给侧改革力度,提高工业产品品质,加强供给侧管理水平。二是加强政策引导。积极适应中高速增长目标,加强"稳增长"政策导向,保持投资增长基本稳定,通过财政和税收政策调整投资结构,带动需求结构和产业结构调整,促进工业经济平稳运行。三是加强规划引导。以顶层规划为统领,以地方工业园区规划为切入点,加强统筹协调和督促落实,对相关部门明确工作目标和落实工作责任,合力推进自治区工业发展。四是加强法律制度引导。完善工业企业退出的法律法规体系,加强工业企业破产法律规范,健全产业退出援助体系与社保制度体系,降低企业退出产生的社会影响。完善化解工业过剩产能的激励和约束政策,积极探索能耗和排放指标交易,利用市场机制淘汰落后产能。

(三)优化工业发展结构

一是优化工业产业结构。加大生物制药、稀土新材料、石墨新材料等战略性新兴产业在工业经济中的比重,持续改善自治区以能源和资源为主的产业结构,加快优化产品结构,提高特色产品、深加工产品比重,打造完整产业链,推进产业由中低端迈向中高端水平。加快推进行业重组,提高产业集中度,积极承接产业转移,努力降低企业成本,调整优化产业布局,大力发展生产性服务业。二是优化工业供给需求结构。推进工业领域供需结构改革,着力加强供给侧改革,提高供给体系质量和效率,加大先进制造业、生态环保产业、生产性服务业等新兴产业的供给力度,积极推动去产能工作,加大钢铁、煤炭等特困行业过剩产能化解力度,通过化解产能过剩来推动产业优化布局与转型升级。三是优化工业投资消费结构。营造良好的投资环境,着力提高工业领域企业的投资意愿与投资能力,加强政府投资引导,充分发挥投资对我区工业经济的拉动作用。同时,着力提高国民收入水平,推进工业化和城市化,促进产城融合,大力推动消费水平提高和消费结构升级,使我区主要依靠投资拉动工业经济的局面得到改善,增强消费对工业经济的拉动作用,实现投资与消费协调拉动。

(四)强化工业发展两大抓手

一是构建科技创新体系。围绕现代工业发展的科技需求,加强技术研发投入力度,加强工业化与信息化深度融合,鼓励建立新型研发体系与信息化综合服务体系。加强科技创新平台建设,强化工业科技成果转化力度,优化工业科技创新环境,强化科技人才、财税支持、知识产权保护等保障。加强工业技术对外交流合作,积极承接高端工业产业转移,积极搭建与知名高校、中科院、工程院开展工业科技合作的平台,完善工业科技合作机制。二是构建金融支持体系。对政府投资进行优化整合,加强产品和服务供给等薄弱环节投资,着力弥补工业企业资金缺乏短板,拓宽融资渠道,以地方政府为主导,以参股形式设立工业发展基金,鼓励民间资本进入工业投资领域,大力扶持民营工业企业,引导和支持外资投向工业产业。改善企业融资环境,构建不同类型工业企业平等准入、公平竞争的市场环境,健全金融服务体系,完善投融资担保制度,鼓励有条件的企业开展上市融资。

中心"形势分析"课题组

执笔:司咏梅 张捷

第 五 章

内蒙古服务业运行特征及 2016 年展望

2015 年以来,内蒙古以中央和自治区经济工作会议精神为指导,认真贯彻落实"四个全面"战略布局,主动作为,顶住下行压力,经济实现平稳发展,服务业在国民经济中的地位逐步提高。前三季度,服务业同比增长 7.4%,高于上年同期 0.9 个百分点,创 2015 年以来服务业增速新高,预计全年服务业发展平稳向好,同比增长 7.5%。

一、内蒙古服务业运行特征

服务业发展稳中有进。前三季度,全区服务业实现增加值 5029.69 亿元,增长 7.4%,为今年以来最高增速。服务业固定资产投资完成 4900.89 亿元,占全区固定资产投资的 43.6%,较上年同期提高 1.1 个百分点。全区服务业发展总体平稳,但发展动力仍较疲弱,服务业发展基础需进一步巩固,预计全年服务业增加值同比增长 7.5%,快于上年 0.9 个百分点。

服务业贡献率有所提高。2015 年,服务业占全区 GDP 比重逐季提高,与第二产业差距不断缩小。前三季度,第三产业增加值占 GDP 比重达 41.59%,较上年同期提高 2.39 个百分点;同期,服务业增加值占第二产业增加值比重由 2014 年的 70.08% 上升至前三季度的 77.95%,与第二产业在总体规模上的差距不断缩小。与全国水平相比,我区服务业增速仍低于全国服务业平均增速 1 个百分点;与周边省份相比,全区服务业发展总量虽处于较高水平,但发展速度相对较低。

表 1   内蒙古与周边省份前三季度第三产业增加值与增速

(单位:亿元,%)

	内蒙古	陕 西	山 西	甘 肃	宁 夏
增加值	5029.69	5245.5	4633.29	2012.13	849.05
增 速	7.4	8.9	9.8	9.0	6.5

服务业内部结构渐趋优化。2015 年,全区服务业结构调整有序推进,转型发展取得一定进展。前三季度,全区批发和零售业、住宿和餐饮业、交通运输业、仓储和邮政业、房地产业、金融业 5 个主要服务业领域共完成增加值3425.75 亿元,占全区服务业增加值的 68.1%。虽然批发和零售业、住宿和餐饮业、交通运输业、仓储和邮政业等传统服务业较一季度分别回落 0.5、6.5、1.3 个百分点,但新兴服务业发展较快,尤其是金融业实现增加值 590.7 亿元,增长 14.6%,高于上年同期 3.4 个百分点,拉动第三产业 11 个百分点。同期,旅游、文化等产业均实现较快增长,对经济发展的带动作用明显增强。

服务业区域结构呈集聚发展趋势。从服务业总量看,前三季度,呼包鄂三市服务业增加值达 3921.78 亿元,占全区服务业增加值的 78.0%。其次,赤峰市、呼伦贝尔市和通辽市服务业增加值均在 400 亿元以上。除此,其余 6 盟市服务业增加值相对较少。从服务业增速看,呼伦贝尔市服务业增加值增速为全区各盟市最高,达到 8.9%,呼和浩特市、呼伦贝尔市、赤峰市、乌兰察布市、兴安盟和乌海市 6 盟市服务业增加值增速超过全区平均水平。从服务业增加值占比看,呼和浩特市服务业增加值占全市生产总值的 69.2%,位居第一;包头市、呼伦贝尔市、兴安盟以及赤峰市的服务业增加值占该地区生产总值的比重均高于 40%,其余地区服务业占比重均低于全区平均水平。

二、2016 年内蒙古服务业形势与展望

2016 年是全面深化改革的关键之年,是"十三五"开局之年,面对国内外错综复杂的经济形势,内蒙古将主动认识新常态、适应新常态、引领新常态,全区经济稳健发展,服务业渐成全区经济发展新动力。但同时,也应当看到我区

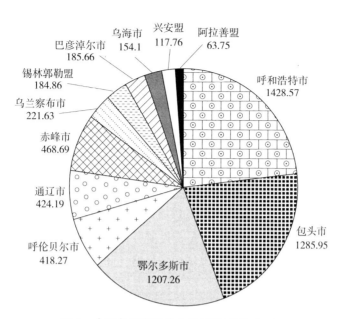

图 1 全区各盟市服务业增加值(单位:亿元)

服务业的发展还处于起步阶段,仍面临诸多挑战。

(一)2016 年促进服务业发展的利好因素

当前,我国经济进入由高速增长向中高速增长的新常态,经济增长开始由工业主导向服务业主导转变,服务业将成为新常态下驱动中国经济增长的新活力。对于内蒙古,经济的平稳发展为服务业提供了良好的环境,而服务业的发展也成为推动经济的一个新引擎,加快服务业发展成为新常态下引领全区经济的新方向和新动力。

一是服务业发展环境趋于改善。近年,国家、自治区高度重视服务业发展,出台多项政策鼓励措施。2014 年以来,国务院相继出台了《国务院关于加快发展养老服务业的若干意见》《国务院关于促进健康服务业发展的若干意见》《国务院关于加快发展现代保险服务业的若干意见》《国务院关于促进旅游业改革发展的若干意见》《国务院关于加快发展生产性服务业促进产业结构调整升级的指导意见》等多项政策,相应的自治区也出台多项配套政策,加大对服务业支持力度,在全区掀起了服务业发展的热潮。

二是服务业具备较大发展空间。当前,全区服务业增速与占比均低于全国平均水平,服务业发展滞后,与全国相比,我区服务业还处于相对初步发展阶段,还有很大的发展空间。目前,内蒙古服务业占 GDP 的比重约为四成,同国家 2020 年服务业占比达到 55% 存在不小差距。城镇化是服务业发展的载体,城镇化水平高低决定了服务业发展速度。随着城镇化步伐加快,特别是"十个全覆盖"工程的不断推进,将有利于释放服务业发展潜能。另外,"一带一路"战略的不断推进,全区贸易开放水平将随之提高,服务贸易发展空间将越来越大。

三是服务产品的需求日益旺盛。工业转型升级、消费结构升级、城镇化步伐加快,都将给服务业带来巨大发展机遇。而且,制造业的信息化、服务化和数字化进程的不断加快,提升了对生产性服务业的需求。在新技术的支撑下,电子商务、移动医疗等的服务业也将加速发展,同时也释放了巨大的生活性服务业消费需求。除此,人口老龄化加速以及全面放开二孩的社会背景下,服务型社会需求将更加旺盛,带动服务业规模扩大。

(二)2016 年影响服务业发展的主要制约因素

一是服务业投入不足。前三个季度,全区服务业投资增速低于全部固定资产投资增速 2.8 个百分点。从投资结构看,交通基础设施、社会事业、公共服务设施及房地产业投资占服务业总投资的 76%。同期,新兴服务领域投入尚不足,服务产品供给不能满足市场需求,不利于服务业规模扩大。同时,政府购买第三方服务的种类少、比重低,也制约了服务业的发展。

二是政策落实不到位,工作力度有待加强。国家和自治区出台的政策措施没有完全落实到位,营业税改增值税尚未覆盖服务业全部领域,服务业税费负担重、融资难、融资成本高的问题仍然突出。各盟市没有真正做到将服务业摆上重要议事日程,工作推动力度较小。自治区成立的三产办,各项基础工作和综合协调工作没有完全到位。

三是生产要素价格上涨,专业人才的短缺。相对于第一、二产业,服务业对劳动力的依赖程度很强,劳动力价格的上涨必然会导致服务业成本的上涨,从而对服务业的发展带来较大的挑战。

(三)2016 年内蒙古服务业发展趋势判断

2016 年,全区服务业发展环境日益改善,有望给服务业发展提供新动力,推动服务业提质升级。生活性服务业方面,居民收入水平提高将促进消费结构升级,从而给教育、卫生、医疗、养老、娱乐等行业的发展创造更多机遇;生产性服务业方面,产业结构转型升级以及产业分工不断细化将给产品研发、设计、营销、咨询、金融保险、信息服务等高端服务业发展带来广阔空间。从主要行业来看,国内经济增长放缓,各地对能源、原材料的需求下降,影响我区交通运输与物流业快速增长;受经济增速放慢、通胀压力以及家电、住房等消费品零售额下降因素影响,2016 年商贸流通业增速放缓的局面将不会有大的改善;住宿餐饮、旅游、房地产等行业因经济与政策的双重影响将回归理性化发展轨道;金融、商务、信息和家庭服务业因其满足产业调整、升级和居民的生活需要而进一步加快发展。综上分析,预计 2016 年全区服务业增加值增长速度将有可能为 7.5% 左右。

三、对　策　建　议

(一)优化服务业发展环境,完善服务业支撑体系

优化政策支持。进一步明确工作任务、目标及配套政策措施,降低服务业准入门槛。从供给侧改革促进服务消费的增长,平衡供需,降低服务产品的价格,进一步扩大服务产品的消费,促进服务业加快发展。用足用好各种促进服务业发展的相关政策,进一步完善税收减免、奖励扶持政策,减轻企业负担,努力营造服务业发展良好环境。加快服务业市场的开放,促进形成以社会资本为主体的有竞争、有效率的服务市场。建立健全社会信用体系、加强服务业信用管理、实施服务业标准,促进现代服务业快速、健康、有序发展。改革传统的人才培养方法,引进高层次人才,促进企业、高等院校、科研机构、中介组织等社会力量开展复合型、技能型人才的学习和培训。

(二)深化服务领域改革,开放服务业市场

做足做好深化开放合作这篇大文章。积极稳步实施"走出去"战略,提高对外开放水平,激发服务业发展活力。一是深化服务领域改革。加快组建自治区金融控股公司和水务投资公司,推动农牧业生产资料集团、旅游集团、新华发行集团、出版集团、电影集团、日信集团、机场集团、华宸信托公司、交通投资公司等通过联合、兼并、重组做大做强。支持商贸、物流、金融、信息、旅游、

文化、健康、养老、家政等领域企业联合重组,提高市场竞争力。扩大政府向社会购买公共服务范围,引导工业企业分离和外包非核心业务,促进服务业向专业化、社会化方向发展。继续抓好呼和浩特市国家服务业综合改革试点工作,加快自治区服务业改革创新试点,在体制机制、政策环境、服务模式、项目管理等方面积极创新,为全区服务业加快发展探索和积累经验。二是积极融入"一带一路"战略,进一步扩大服务业利用外资领域,优化结构,丰富方式,不断提高利用外资质量和水平。鼓励引进设计、研发和营销等方面先进技术和管理经验,鼓励设立外商投资研发中心。鼓励服务企业"走出去",在境外设立分支机构,拓展市场空间。

(三)增强服务业创新能力,满足消费需求

更加重视对服务业的技术及其创新。更加重视加快技术创新、业态创新、模式创新,形成服务业发展新优势。加快形成服务业市场创新创业的制度环境,实现服务业领域的创新驱动。一是支持中小企业创新创业。与传统的大型企业相比,中小企业在创新创业上的优势更加明显,从而在推动产业创新中发挥着更大作用。因此,自治区应搭建中小企业创新创业的制度平台,积极扶持中小企业的发展。二是推动大型企业向创新型企业转型。"十三五"能否推动国有企业优化升级,建立现代企业制度,提升国有企业的创新能力,很大程度上决定着工业转型升级的成败。国企只有做强服务业才能成为创新型企业,因此要以服务业为重点推动我区国企混合所有制改革。三是鼓励服务业从业人员创新创业。随着全区城镇化进程的加快,对家政服务、健康服务、养老服务、体育服务等生活性服务业的需求呈井喷状,因此应当鼓励人员更多的投入到这些行业中,实现大众创业,万众创新的新局面。

中心"形势分析"课题组

执笔:张永军　佟成元

第 六 章

内蒙古农牧业运行特征及 2016 年展望

2015 年以来,在自治区党委、政府的正确领导下,全区上下认真贯彻习近平总书记、李克强总理考察我区重要讲话精神,全面落实自治区"8337"发展思路和农牧业发展的各项工作部署,积极把握新常态,努力适应新常态,农牧业经济继续保持稳定发展的态势,农牧民收入保持较快增长。预计 2016 年农牧业发展形势总体向好,农牧业经济将保持稳中有增,农牧民收入增长可望继续跑赢经济发展速度。

一、内蒙古农牧业运行特征

(一)农业生产稳中有进

"稳"主要表现在种植面积稳,粮食产量稳。农作物总播面积和粮食播种面积已经连续 12 年分别稳定在 1 亿亩和 8000 万亩以上,2015 年分别达到 1.1 亿亩和 8660 万亩,粮食播种面积较上年增加 183.5 万亩。在全区秋季初霜偏晚,未出现大面积自然灾害的利好形势下,粮食丰收已成定局,预计全年产量 556 亿斤,增产近 5 亿斤,增幅 0.9%,玉米、水稻、小麦等主要作物继续增产增收。"进"主要表现在基础设施不断改善,生产能力得到提高。各级政府部门整合农业开发、现代农业、千亿斤粮食增产工程、节水增粮工程、"四个千万亩"节水工程等项目,认真组织实施全国新增千亿斤粮食生产能力规划,不断加大高标准农田建设力度,前三季度,累计新增节水灌溉面积 220 万亩,基础条件进一步改善,农业综合生产能力得到有效提高。

（二）畜牧业产量保持增长

总体看,牲畜存出栏均呈平稳增长态势,特别是农区和半农半牧区畜牧业产量增长较快。前三季度,全区猪、牛、羊存栏达到 7558.8 万头（只）,增长 2.8%。由于接羔保育工作好于常年,牧业年度牲畜存栏达到 1.36 亿头（只）,同比增长 5.4%,连续 11 年超过 1 亿头（只）,其中,羊存栏 1.07 亿只,同比增长 6.4%,牛存栏 1126 万头,增长 4.4%,生猪存栏 1490.9 万口,减少 1.67%。据农情统计,前三季度,全区肉类产量 209.1 万吨,同比增长 2.3%,禽蛋产量 32.9 万吨,同比增长 2.5%,牛奶产量 589.2 万吨,同比增长 2.6%。

（三）农牧业发展水平进一步提高

加快推进现代农牧业发展,补齐农牧业发展短板,是实现"四化"同步发展的时代要求和客观趋势。近年来,全区各地积极探索多种形式的规模化经营,在坚持和完善农村牧区基本经营制度的基础上,加快建立完善流转服务机构,制定流转规则和标准合同文本,对流转土地进行备案,最大限度地保护流转双方的利益和积极性,家庭农牧场、专业大户、农牧民合作社等新兴规模经营主体大批涌现。全区家庭承包经营耕地流转总面积达 2885 万亩,占家庭承包经营耕地总面积的 29.2%,基本接近全国平均水平。涵盖种养殖、加工、储藏、运输、信息服务等七大重点领域的农牧民专业合作组织迅猛发展,工商部门登记注册的合作社达 6.67 万家,有 1381 家合作社注册了商标,有 370 家合作社通过了无公害、绿色、有机等产品质量认证,有 71 家建立了农畜产品质量追溯系统。有 300 多家合作社以不同形式参与了"农超对接""农社对接""农校对接",合作社的产品已经走入了我区各大超市、高校食堂及百姓社区,同时也提升了我区农畜产品的影响力和市场竞争力。

（四）农牧业产业化经营扎实推进

受宏观经济下行压力加大、消费需求疲软等因素影响,农牧业产业化发展速度稳中趋缓。上半年,全区销售收入 500 万元以上农牧业加工企业实现销售收入 1580 亿元,同比增长 7.2%,增速下降 2 个百分点;实现增加值 460 亿元,同比增长 7.1%;实现利润总额 108 亿元,同比增长 6%;实际上交税金 50 亿元,同比增长 6%。乳产业持续向好,伊利、蒙牛等龙头企业大力推进规模化奶源基地建设,加强与国际乳品企业战略合作,在海外投资建设乳业基地和加工厂,大力优化产品结构,高端产品比重持续提高,生产经营形势良好。目前,伊利已跻身全球乳业 10 强,蒙牛成为乳业 20 强。肉羊产业"三五"工程建设初见成效,年加工 30 万只以上肉羊加工企业近 10 家,小尾羊、蒙羊已经提前实现 10 亿元领军企业发展目标;好鲁库德美羊业、赛诺草原羊业等企业牵头的羊联体,肉羊养殖规模不断扩大,预计也将如期达到 100 万只肉羊养殖规模。杂粮杂豆市场不断拓展,清谷新禾、正隆谷物、三主粮等企业生产的杂粮杂豆产品被区内外越来越多的消费者所熟知和青睐。

(五)农村牧区改革顺利推进

一是全区 12 个盟市中的 10 个旗县、2 个镇开展土地承包经营权确权登记颁证试点,其中奈曼旗被确定为国家级试点。截至 10 月底,12 个试点地区已完成了二轮土地延包方案、承包合同、土地台账、测绘招技标等工作,试点地区开展工作的行政村达到 1609 个,占全部行政村的 88.7%。二是确定 10 个旗县开展草原承包经营权确权试点工作基本完成,全区 33 个牧业旗和 21 个半农半牧业旗县的草原确权承包工作已经启动,年底前全部完成。三是开展农村牧区集体土地、建设用地、宅基地使用权确权登记。农村牧区集体土地所有权确权登记发证工作已全部完成;集体建设用地使用权确权登记率达到 78.6%,宅基地使用权确权登记率达到 85.1%。四是开展农村牧区土地征收制度改革试点。和林格尔县被国家确定为农村土地征收制度改革试点县,试点方案已经国土资源部批复。

(六)农牧民持续增收

在各项支农惠农、支牧惠牧政策带动下,上半年,农牧区常住居民人均可支配收入 4346 元,增长 8.3%,其中,工资性收入 1191 元,增长 9.5%;经营净收入 2139 元,增长 12.4%;财产净收入 256 元,增长 12.4%;转移净收入 760 元,下降 4.4%。根据农牧业部门预测,2015 年我区农牧民人均收入预计达到 11170 元,增幅为 12%。受经济下行影响,我区外出务工人数呈下降趋势,1—8 月份全区转移就业人数 239.5 万人,同比减少 1.5%,其中,稳定转移 6 个月以上的人数 182.6 万人,下降 4.2%,30.3 万人在外出前接受培训,同比减少 11.1%。

二、2016 年内蒙古农牧业形势与展望

（一）2016 年内蒙古农牧业面临的形势

总体上,2016 年我区农牧业经济运行宏观形势利大于弊,有利于农牧业稳步发展。

国家继续加大惠农惠牧政策实施力度。党的十八届五中全会提出:统筹城乡协调发展,加快"五位一体"建设,努力实现"四化"同步发展;2015 年底,中央经济工作会议也特别强调:要继续抓好农业生产,加强农业现代化基础建设,落实藏粮于地、藏粮于技战略,把资金和政策重点用在保护和提高农业综合生产能力以及农产品质量、效益上;国家一系列战略部署为加快补齐农牧业现代化这块短板,推动农牧业弱势产业快发展、可持续带来了有利的政策环境。同时,今年以来,国家出台了《中共中央国务院关于加快推进生态文明建设的意见》,自治区出台了《内蒙古党委政府关于加快推进生态文明建设的实施意见》,推动我区加快建立生态文明制度,健全生态环境保护体制机制,营造绿色发展环境,为把我区加快建成绿色农畜产品生产加工输出基地创造良好的发展条件。自治区党委九届十四次全委会提出:"推进农牧业现代化,加快转变农牧业发展方式,走产出高效、产品安全、资源节约、环境友好的农牧业现代化道路"。国家和自治区一系列决策部署,有利于我区加快建成绿色农畜产品生产加工输出基地,构建新型农牧业经营体系,促进农牧业一二三次产业融合发展,赋予农牧民更多财产权利,推进城乡要素平等交换和公共资源均衡配置,加快健全消除城乡二元结构的体制机制。自治区在认真贯彻实施各项惠农惠牧政策的同时,将深入实施"8337"发展思路,加快推进农村牧区"十个全覆盖"工程建设,加大对"三农三牧"的财政投入和政策扶持力度,特别是,2016 年是我区"十个全覆盖"工程的决胜年、收官年,自治区党委政府高度重视,努力推动,在完成今年近 600 亿元投资的基础上,明年的资金投入力度将不会减少,让一大批农牧业"产业村""亮点村"继续巩固发展成果,完善发展模式,提高发展质量和效益,让农牧业强起来、农牧民富起来、农牧区美起来的梦想正在全面实现,目前,我区广大农牧民群众在党和政府的扶持带动下,

盼发展、想发展的激情高涨、干劲十足,广大农村牧区到处洋溢着齐心协力奔小康的激情与活力。因此,我区农牧业产业发展迎来了新的、巨大的发展机遇。

(二)2016 年内蒙古农牧业发展趋势判断

生产经营能力得到加强。随着改革的不断深入,农牧区土地草牧场确权登记颁证工作的全面推进,农牧民承包土地的财产权利得到有效保障,会极大地提高农牧民的生产积极性,放心地将土地经营权流转入市,发展适度规模经营,加快现代农牧业发展。同时,国家和自治区将继续加大对农牧业的扶持力度,继续实施好节水灌溉、百亿斤粮食增产工程、中低产田改造、小流域治理、草原生态建设保护等工程,进一步夯实农牧业发展基础,提高农牧业综合生产能力,出台更加有利于转变生产经营方式的体制机制性举措,推动农牧业向规模化、集约化、标准化、产业化方向发展。如果不出现大的自然灾害,预计2016 年粮食产量稳定在 550 亿斤以上,牲畜存栏将稳定在 1.2 亿头(只)以上。

产业化水平不断提高。在自治区"8337"发展思路的指引下,我区深入实施《关于支持农牧业产业化龙头企业发展的意见》和《绿色农畜产品生产加工输出基地发展规划》,农牧业产业化发展将会等到更多的资金扶持、项目申报、招商引资、土地使用等方面政策优惠,对于壮大农牧业龙头企业,提高农畜产品加工转化能力和水平发挥更加重要的推动作用。预计 2016 年,销售收入500 万元以上农牧业产业化加工企业达到 2000 家左右,销售收入和实现增加值增长均在 9%左右。

农牧民稳步增收。在国家和自治区惠农惠牧政策的持续给力,"十个全覆盖"工程的全面深入实施,农牧业生产条件逐步改善,生产经营方式良性转变等有利环境下,促进农牧民增收的基础更加牢固。虽然农牧业生产会面临一些不确定、不稳定因素,受整体经济下行的影响,农牧民工工资性收入增幅下降,但农牧区常住居民人均可支配收入稳中有增的趋势仍然占主导。预计2016 年农牧民来自转移性收入和家庭经营收入保持较快增长,工资性收入增长趋缓,农牧区常住居民人均可支配收入将增长 10%左右。

三、对策建议

（一）进一步夯实农牧业发展基础

一是继续加大农业基础设施建设力度。大力开展以水为中心的农田基本建设，重点推广以喷滴灌为主的高效节水种植技术，提高水资源利用率，解决好农田灌溉"最后一公里"问题，为粮食稳产高产奠定基础。继续实施好"高产创建示范工程"等旨在提高农业生产科技含量的项目，建立粮油作物高产创建示范出，带动玉米、大豆、马铃薯、小麦和向日葵五大作物多项核心技术的推广应用。加大设施农业特别是蔬菜产业发展步伐，积极开展标准园创建活动，提高设施蔬菜的种植水平和效益。

二是扎实推动畜牧业重点项目工程建设。按照"禁牧不禁养、减畜不减肉、减畜不减收"的总体思路，按照牧区生态家庭牧场和农区标准化规模养殖建设标准，继续完成好生态家庭牧场和标准化规模养殖场创建任务。配套建设暖棚、畜圈、节水饲草料基地、人畜饮水井、储草棚等基础设施，有效解决牲畜"吃"和"住"问题。在实施畜牧业"双百千万高产工程"的基础上，继续推动国家畜禽标准化建设、"菜篮子"畜产品生产和"振兴奶业苜蓿行动"等重点扶持项目的落实。

（二）做好农牧业生产的引导和服务

确保农牧区繁荣稳定的重要基础就是落实好国家、自治区各项惠农惠牧政策，做好农牧业生产的引导和服务，保证农牧业继续丰收。一是稳定农业种植面积。强化耕地管理，稳定粮食播种面积，确保粮食作物播种面积稳定在8500万亩以上，农作物播种面积稳定在1亿亩以上，粮食产量保持在550亿斤以上。二是继续做好明年的管、护、防工作。"管"就是要按照农时进度，积极开展田间管理和畜牧养殖管理各项工作，保证农牧业生产稳步有序。"护"就是要保护农牧民的合法权益不受损害，健全自然灾害应急预防体系，尽可能地减少受灾农牧民的灾情损失，加大赈灾救助力度，保障农牧民生产生活正常有序，进一步提高农牧民的生产积极性。"防"就是要牢固树立抗灾减灾意识，加大农牧业灾害监测预警，提前做好各项防范措施。三是不折不扣地落实好惠农惠牧政策。惠农惠牧政策是保生产、稳民心、促增收、惠民生的有力举措,必须不折不扣地及时兑现给农牧民,让他们切身感受到生产有保障、丰收有希望、增产能增收。

(三)提升农畜产品市场竞争力

龙头企业和产品品牌是农畜产品市场竞争力的主要体现,我区要加大龙头企业和产品品牌引进和培育力度。龙头企业培育、引进方面,既要本着有进有出、动态管理的原则,按照自治区、盟市、旗县三级总体规划和分工,在引进和培育国家级、自治区级和盟市级重点龙头企业数量上下功夫;更要树立绿色发展理念,打好草原、绿色、有机品牌,大力推行标准化生产,加快农畜产品标准体系建设,从源头上保证农畜产品质量安全,在提升龙头企业和产品质量上下功夫。在品牌建设方面,启动实施农牧业品牌建设工程,实施"大品牌"战略,以龙头企业为依托,对具有内蒙古区域优势的产品进行品牌整合,共同打造区域品牌。支持龙头企业申报、创建中国驰名商标、自治区著名商标、自治区名牌产品、原产地标记、农畜产品地理标志,支持龙头企业申请商标国际注册,积极培育出口产品品牌。在质量安全方面,继续深入开展专项整治活动,逐步将专项整治活动变成常态化的监管工作;加强各类检测机构和乡镇监管机构的建设,深化监管示范县创建和拓展工作,并逐步建立起产地准出、质量追溯的监管机制;认真组织开展重大动物疫病集中免疫,重点开展牛羊布病免疫工作,继续完成动物疫情监测、免疫效果监测和流行病学调查等各项工作。

(四)推动农牧业发展方式转变

转变发展方式是提高农牧业生产效益,增加农牧民收益的根本举措。一是努力发展适度规模经营。继续推进农牧区土地草牧场确权登记颁证工作,在坚持农村牧区土地集体所有,坚持依法自愿有偿,保护农牧民承包权益的基础上,引导和鼓励农牧民以互换、租赁、入股等多种形式长期流转承包地,发展土地草牧场适度规模经营,解决土地细碎化、草原碎片化、生产低效化的问题。二是加强农牧业新型经营主体培育。鼓励和扶持种养大户、家庭农牧场、农牧业合作社、农牧业龙头企业等新型经营主体加快发展,在政府项目建设、资金扶持等方面向农牧业新型经营主体倾斜,允许资金扶持形成的资产转交合作社持有和管护,推动其不断发展壮大,逐渐成为农牧业创新引领、推动发展的主要力量。三是建立健全农(牧)企利益联结机制。加快发展合同制利益联结机制,农牧民与企业签订农畜产品收购合同,通过规定农畜产品的品种、质量、时间、价格、农牧民义务以及龙头企业承诺的服务内容和项目等实现利益分享,逐步发展成为"订单种养业"。大力发展股份制利益联结机制,农牧民以土地、草牧场、牲畜、资金、设备、技术等要素入股,在龙头企业中拥有股份,明确农牧户与企业各自义务,参与经营管理和监督,按股分利。鼓励发展合作性质的联结机制,农牧民以专业合作社、专业协会、股份合作社等形式合作办企业,对农畜产品进行统一加工、统一销售,延长产业链条,农牧户直接从加工或销售环节分得利益。

(五)加快生态文明建设

认真贯彻落实国家"关于加快推进生态文明建设的意见"和自治区"关于加快推进生态文明建设的实施意见",推动生态文明建设。一是做好重点生态工程建设。抓住国家实施京津风沙源治理、三北防护林、天然林资源保护、退牧还草等工程的有利时机,加大林业、草原等生态重点工程建设,为农牧业发展创造良好的生态环境。二是进一步落实和完善草原基本保护制度。结合落实国家草原生态奖补政策,进一步完善、实施禁牧、休牧、划区轮牧和草畜平衡制度,做好禁牧、草畜平衡、牧草良种补贴、牧民生产资料补贴的监督检查和落实工作,同时总结好前五年草原生态补奖机制政策落实经验,为建立保持草原资源可持续利用长效机制打牢基础。三是强化生态保护与建设执法监督检查。重点抓好乱开滥垦草原、乱采乱砍树木、非法征占用林地、草地等执法工作,选择重点地区开展执法检查。进一步强化对开垦草原的查处力度,依法规范征占用草原行为。四是加强生态文明制度建设。按照国家和自治区生态文明建设要求,健全自然资源资产产权制度,开展自然资源资产状况调查评价工作,建立自然资源资产核算体系,启动编制自然资源资产负债表;将国家重点生态功能区、生态敏感区和脆弱区、禁止开发区、生物多样性优先保护区等重要区域划入生态保护红线;按照"谁开发谁保护"和"谁受益谁补偿"的原则,完善生态补偿制度;建立和完善以农田、草原、森林等为重点的自然资源资产保护制度,健全矿产资源开发保护管理和生态修复制度。

中心"形势分析"课题组

执笔:张志栋

第 七 章

内蒙古能源工业运行特征及 2016 年展望

2015 年,在严峻的市场环境下,内蒙古积极淘汰落后产能、化解过剩产能、深入调整能源结构,全区能源工业呈现缓慢增长、平稳运行态势。2016 年是"十三五"的开局之年,也是我区能源工业优化升级的关键时期。国家和自治区一系列重大发展举措落地增效,将对我区能源工业产生积极影响,但化解产能过剩仍需较长过程,经济下行、能源结构优化调整压力依然较大,需加大能源结构调整力度、积极推进供给侧结构性改革、促进能源工业转型升级,率先走出一条能源大省绿色转型之路,推动能源工业绿色、稳定增长。

一、内蒙古能源工业运行特征

2015 年以来,全区能源行业总体呈现缓慢增长、平稳运行,前三季度,规模以上能源工业增加值同比增长 5.1%。

(一)煤炭行业

煤炭产销基本平衡。煤炭供给方面,全区煤炭产量继续收窄,2015 年前三季度,煤炭产量继续低位运行,全区原煤产量 6.79 亿吨,同比下降 7.2%,回落势头有所放缓,预计全年原煤产量约在 9 亿吨左右。煤炭消费方面,全国经济增速放缓对我区煤炭市场产生较大影响。受市场需求减弱等因素影响,火电、水泥等高耗能产品的产量累计同比下降 2.5% 和 1.9%,尤其是火力发电等高耗煤行业的负增长,直接影响了煤炭消费,导致煤炭库存持续攀高。煤炭采选业产品销售率低位徘徊,2015 年 1 — 7 月煤炭采选业累计产品销售率 93.76%,与上年基本持平。总体来看,前三季度煤炭产销基本平衡,运行较为平稳。

煤炭价格继续下滑。受全国经济增速放缓、替代能源发展迅速、关联性行业需求低迷、下游采购信心不足等因素影响,国内煤炭需求持续低迷,为争取市场份额,一些大型煤炭企业和贸易商相互攀比降价促销,导致煤炭价格持续下降。据内蒙古煤炭工业局统计,九月份我区主要煤种平均价格大面积下行,仅无烟原煤平均价格 520 元/吨,同比上涨 20 元/吨,焦煤价格同比下降 50 元/吨,高、低热值动力煤价格继续下行。9 月 25 日鄂尔多斯动力煤价格指数到港指导价格为 425 元/吨(5500 大卡热值),同比下降 23.14%,高于环渤海价格指数秦皇岛港同热值规格品区间价格上限 25 元/吨,蒙煤外运市场压力较大。

煤炭行业投资下跌。在煤炭价格持续走低的情况下,煤炭企业的利润明显下滑,据统计,1—9 月份,煤炭行业实现利润 250.28 亿元,比上年同期下降 20.4%;亏损企业亏损额 56.64 亿元,比上年同期增长 16%,38%的煤炭企业处于亏损状态。企业利润下降,行业前景不容乐观,投资者对煤炭行业的信心不足,导致煤炭行业投资增速明显下降。2015 年前三季度,煤炭采选业固定资产投资累计完成 427.8 亿元,占同期固定资产投资总额的 3.8%,累计增速同比下降 14.6%,比同期固定资产投资总额增速低 29.3 个百分点。

煤炭采选业累计增加值增速继续下降。由于北方冬季供暖期的到来,煤炭工业增加值有所回升,2015 年 9 月,煤炭采选业规模以上工业增加值增速为 7.2%,较上月增加 4.6 个百分点。2015 年前三季度,煤炭采选业规模以上工业累计增加值增速 3.6%,比上年回落 2.8 个百分点,降幅较上年扩大 0.5 个百分点。

(二)电力行业

电力行业供需基本平衡。受国内经济增长下行压力的影响,电力工业也逐步进入调整阶段,2015 年前三季度,全区电力行业全年运行总体平缓,供需

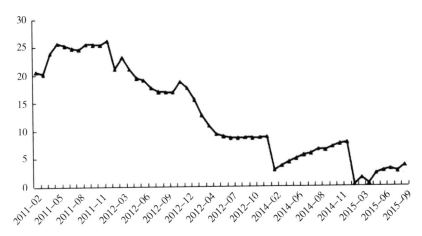

图 1　2011—2015 年前三季度煤炭采选业增加值累计增速变化(单位:%)

基本平衡。电力供给方面,2015 年前三季度,全区总发电量 2765.36 亿千瓦时,比上年降低 1.2 个百分点。电力消费方面,前三季度,全区全社会用电量 1859.32 亿千瓦时,同比增长 5.5%。三次产业和居民生活用电结构由 2014 年年末的 1.6∶88.8∶4.5∶5.1 调整为 2.0∶88.2∶4.7∶5.1,第二产业依然是全社会用电量的主导力量,但比重有所下降,而第一、三产业用电量的占比略有上升,用电结构的调整也反映出我区经济结构也在逐步优化的过程中。受电力市场需求减弱等因素影响,据内蒙古电力工业协会统计,今年前三季度全区外送电量 1057.3 亿千瓦时,同比下降 3.36%,我区送东北、华北、宁夏、陕西电量都较上年降低,但送蒙古国电量同比增加 10.9%。

电力行业投资保持较快增长。2015 年前三季度,全区电力、燃气及水的生产和供应业累计投资 1418.2 亿元,占同期固定资产投资总额的比重由 2014 年的 9.8% 提高到 12.6%。电力、燃气及水的生产和供应业累计投资增速同比增长 47.7%,仅次于 2005 年和 2009 年同期,比同期固定资产投资总额增速提高 33 个百分点,已连续 3 年高于固定资产投资增速。

电力设备运行小时数下降。受工业增速趋缓,尤其是部分重化工生产明显下滑的影响,电力消费增速回落,同时全区电力供应能力充足,导致电力设备运行小时数下降。2015 年前三季度,全区 6000 千瓦及以上发电设备平均利用小时为 3022 小时,比上年同期减少 243 小时。其中,火电设备平均利用

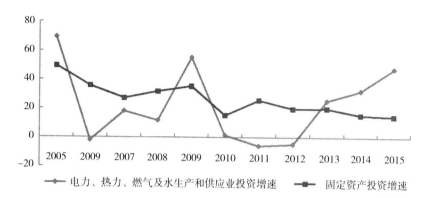

图 2　2005 年以来前三季度内蒙古固定资产投资增速与电力、
燃气及水的生产和供应业投资增速变动情况(单位:%)

小时数为 3700 小时,比上年同期减少 183 小时,下滑幅度较大。

电力结构进一步优化。一是电源结构得到优化,据内蒙古电力工业协会统计,2015 年前三季度,全区 6000 千瓦及以上电厂装机容量 9784.20 万千瓦,其中火电占 70.9%,风电为 22.3%,光伏发电占 4.2%,可再生能源所占比重比 2014 年提高 4%。前三季度新增电力装机(正式投产)435.8 万千瓦,其中,火电占 40.1%,风电占 17.7%,光伏发电占 27.5%,水电生产能力 14.7%。与 2014 年相比,可再生能源新增装机容量占比提高 28%,尤其是光伏发电比上年提高 22.7 个百分点。二是风力发电比重提高,据内蒙古电力工业协会统计,2015 年前三季度,全区风力发电量为 296.9 亿千瓦时,同比增长 15.8%,占总发电量的比重达到 10.2%,比上年增加 1.2 个百分点。

表 1　2014 年与 2015 年累计和新增电力装机结构　(单位:%)

	累计装机				新增装机			
	火电	风电	光伏发电	水电	火电	风电	光伏发电	水电
2014	75.0	22.0	1.7	1.3	68.1	24.0	4.8	3.1
2015	70.9	22.3	4.2	2.5	40.1	17.7	27.5	14.7

二、2016 年内蒙古能源工业形势与展望

（一）2016 年内蒙古能源工业面临的形势

煤炭产能过剩问题突出。从煤炭供给看，目前全国煤炭产能已超过 40 亿吨，在建项目规模超过 10 亿吨，随着新增产能的逐步释放，未来我国煤炭产能将超 50 亿吨。从消费需求看，我国钢铁、水泥、化工等高耗能行业产能过剩，对煤炭需求增长拉动力减弱，雾霾治理不断推进，控制煤炭消费总量政策实施力度也将不断加大，预计 2016 年我国煤炭需求约 35 亿吨，未来化解煤炭产能过剩的压力十分严峻。

火电过剩风险加剧。我国电力供需形势已从 2014 年之前的总体平衡转向总体宽松格局，2015 年以来，部分地区已出现供应能力过剩。到 2015 年三季度，全国 6000 千瓦及以上火电装机达到 9.47 亿千瓦，约有 3.5 亿千瓦的火电项目在建或备建，随着火电审批权的下放这一数值未来将会继续增加。电力消费方面，受宏观经济及工业生产增长趋缓的影响，我国电力消费增速明显回落，目前已降至 2009 年三季度以来的季度最低水平，预计 2016 年全国用电量将达到 5.7 万亿千瓦时左右，同比约增长 3%。

可再生能源并网消纳矛盾突出。尽管我区在风能、太阳能发电方面取得了长足进步，但由于受到电网消纳能力有限、可再生能源外送通道建设滞后、可再生能源远距离外送经济性差等因素的制约，绿色清洁能源的外送受到阻碍，弃光、弃风形势突出。同时，随着资源环境约束的加大，东中部地区在可再生能源电力方面的缺口进一步扩大，但西部地区外送可再生能源能力并不能满足我国对可再生能源电力的需求，供需矛盾突出。

能源产业发展环境约束不断强化。面对资源约束趋紧、环境污染严重、生态系统退化的严峻形势，国家不断加大生态文明建设的推进力度，新《环保法》已经发布实施，并相继出台实施了《大气污染防治行动计划》《水污染防治行动计划》以及新环保法等法规，从能源消耗、水资源消耗、污染物排放等方面对能源工业提出了更高要求。

（二）2016 年内蒙古能源工业趋势判断

面对复杂严峻的能源发展形势,我国将坚定不移地推进能源生产与消费革命,采取有效措施,促进能源产业转型升级、推动能源结构优化。一是《能源发展"十三五"规划》《能源发展战略行动计划(2014—2020 年)》《能源安全发展战略》《能源生产和消费革命战略(2015—2030)》等一系列规划的出台和实施,将从更高的层面引导能源工业发展。二是大力推动能源体制改革,还原能源商品属性,促进能源市场化,营造公平竞争的市场环境,逐步形成由市场决定能源价格的机制,打破关键领域的垄断。三是我国将继续稳妥有序推进电力体制改革,加快电力市场平台建设,发挥价格在市场分配和分配方面的决定作用。四是我国供给侧改革的实施,将推动煤炭兼并重组、促进煤炭产业向清洁化利用方向发展、引导能源发展的主体由产能过剩的传统能源转向活力十足的新能源。

总体看来,2016 年我区能源工业发展机遇与挑战并存,整体呈现稳中略降的趋势,保持我区能源工业稳定增长的压力较大,化解产能过剩、调整能源结构压力继续加大。

三、对　策　建　议

"十三五"时期是我区能源产业优化升级的关键时期,面对能源革命带来的一系列发展机遇,以及市场需求空间、环境容量、水资源承载能力等多方面的约束和挑战。我区必须顺应形势变化,加快调整发展战略,推进能源产业科学转型。

（一）积极稳妥化解煤炭过剩产能

一是大力淘汰落后过剩产能。以供给侧为重点,加快能源革命进程,处置僵尸企业,大力淘汰能耗高、污染重、技术水平较低的煤炭开采等落后产能,积极整合煤炭资源,促进煤炭企业兼并重组、加强煤炭产业与相关产业之间的衔接,合理控制煤炭开采量,提高煤炭整体利用水平。二是严控煤炭增量。坚持淘汰落后与发展先进产能并举,推进煤炭安全高效绿色智能化开采,推广填充开采、保水开采等先进技术,发展煤矸石、瓦斯等综合利用,提高矿区资源综合利用率,做到煤炭产能的有进有退和有序发展。

(二)大力推动煤炭清洁高效利用

一是科学有序发展煤电。有效控制煤电产能规模,提高燃煤发电机组准入标准,发展高效、清洁的燃煤电厂,对现有燃煤机组全面实施超低排放和节能改造,降低燃煤发电机组供电煤耗、二氧化碳排放量,以及烟尘、二氧化硫等污染物排放水平。推进煤电用一体化和煤电联营,提高资源就地转化效率。二是加快焦化、煤化工等煤炭相关行业技术升级改造。延长煤炭产业链条,形成煤炭生产—化工转化—电力—建材循环经济产业链,实现能源梯级利用、污染物近零排放,提高煤炭清洁利用水平,变"黑煤"为"绿煤"。

(三)构建高效智能的能源体系

一是着力加快清洁能源输送通道建设。围绕锡林郭勒、鄂尔多斯、呼伦贝尔三大煤电基地、蒙西和蒙东两大清洁燃料基地,加快清洁能源输出通道的建设,推进蒙西至天津南、锡盟至山东以及上海庙至山东等输电通道及其配套电源项目建设,提高清洁能源外送能力。二是大力提高可再生能源的消纳能力。着重提高电力系统的整体调峰能力,依托与火电打捆的方式,扩大大规模可再生能源电力的送出规模,分布式太阳能发电则采取就地消纳的方式予以利用。三是加快智能电网建设。加快推动区域范围内的智能微网试点,推动可再生能源电力的大规模接入,形成以清洁煤电为主体,新能源发电为补充的区域微电网,提高区域内可再生能源的消纳和供电的安全可靠和经济性。

(四)推动能源供给多元化发展

一是积极稳健发展可再生能源。以国家能源供给革命、建立多元供应体系为契机,依托我区拥有丰富的风能、太阳能资源,积极发展风能和太阳能发电,大力推动风光互补发电和分布式发电的应用。二是创新风能、太阳能利用方式。积极探索风能、太阳能在农业、城镇集中供热等方面的应用,推动光伏大棚、风电清洁供暖等产业的发展,促进风电、光电就地消纳。三是推动新能源行业技术创新。加快太阳能光热发电的研究与示范,加快煤层气开发利用,推动页岩油和页岩气的勘探开发。四是推动新能源相关产业的全面发展。支持行业内技术领先的多晶硅、单晶硅等光伏材料和太阳能组件生产企业在我区落地生根,打造全产业链光伏产业集群。推动逆变器、风机叶片、太阳能光热发电聚光设备和储能材料等的方面的研发,全面促进我区能源结构优化,能源产业转型升级。

(五)深化能源领域改革

一是深化电力体制改革。以蒙西电网输配电改革试点为契机,积极推动在发电侧和售电侧引入竞争机制,建立购售电竞争新的格局,进一步扩大电力多边交易、大用户直供电范围,并积极借助于互联网技术、能源数据流,积极探索企业售电、用电一体化发展新模式,增加电力系统活力。二是破除能源市场的垄断。实行统一的市场准入制度,在制定负面清单基础上,鼓励和引导各类市场主体依法平等进入负面清单以外的领域,推动能源投资主体多元化。三是推动用能权、用水权、排污权和碳排放交易市场的建立,推动企业在用能权、用水权等方面的交易。

(六)加强与俄蒙之间的能源合作

以中蒙俄经济走廊和欧亚经济联盟建设为契机,加强与俄蒙之间的能源合作。一是深化能源领域合作。依托我区与蒙俄各自的资源和技术优势,以成立合资公司等方式组建煤炭、石油、天然气开发公司,进行能源的勘探、开采以及下游化工产品生产,保障我国能源需求,并为周边国家甚至全球提供产品。二是加强电力领域合作。支持我区企业参与蒙俄电厂建设和输电线路建设以及可再生能源方面的合作,建立煤电基地和可再生能源基地,构建中蒙俄智能大电网,探索大电网向中蒙俄三国以及周边国家输送电力的新模式。三是推动新能源和环保领域合作。鼓励我区企业与俄蒙在光伏组件、逆变器、风机叶片等新能源技术方面开展合作,加强与蒙俄在煤电方面提供脱硫环保、洁净燃煤发电等清洁环保技术支持。四是积极鼓励我区能源相关企业走出去。推动我区企业开展与俄罗斯能源产业技术交流与合作,学习先进技术、管理理念,进一步使自身技术水平优化升级。

中心"形势分析"课题组

执笔:司咏梅 吴露露

第 八 章

内蒙古投资运行特征及 2016 年展望

2015 年以来,内蒙古以中央和自治区经济工作会议精神为指导,深入贯彻习近平总书记系列重要讲话精神,认真落实"四个全面"战略布局和自治区"8337"发展思路,在自治区党委、政府的正确领导下,以加快转变经济发展方式为主线,全区主动作为,创新调控手段,加大固定资产投资力度,投资总量超万亿,增速稳中有升,充分发挥了投资在"稳增长、促改革、调结构、惠民生、防风险"中的重要作用,推动了全区经济实现平稳增长。

一、内蒙古投资运行特征

固定资产投资增速小幅回稳。2015 年前三季度,全区城乡 500 万元及以上项目(不含农户)固定资产投资完成 11246.04 亿元,同比增长 14.7%,创 2015 年以来月份累计增速新高,快于上半年增速 0.3 个百分点,高于全国平均增速 4.4 个百分点,增速居全国各省区市第 12 位,扭转了上半年增速回落态势。从三次产业看,第一产业完成固定资产投资 711.14 亿元,同比增长 12.4%,低于全国增速 15 个百分点;第二产业完成固定资产投资 5634.03 亿元,同比增长 17.6%,高于全国增速 9.6 个百分点;第三产业完成固定资产投资 4900.87 亿元,同比增长 11.9%,高于全国增速 0.7 个百分点。从项目隶属关系来看,地方项目投资较快增长,中央项目投资下降。中央项目投资 515.55 亿元,同比下降 10.0%,占全部投资的 4.6%,地方项目投资 10730.49 亿元,同比增长 16.3%,占比达 95.4%。

　　固定资产投资结构基本稳定。三大基础设施（包括电力、燃气及水的生产和供应业，交通运输、仓储及邮政业，水利、环境和公共设施管理业）、制造业和采矿业投资合计占比近 70%，依然是支撑投资的主要行业。前三季度，三大基础设施完成投资 3774.49 亿元，占投资总额的 33.6%，增速均高于投资平均增速；制造业完成投资 3241.77 亿元，占投资总额比重近 30%，占全区工业投资的 59.1%，对工业投资增长的贡献率达 51.1%；采矿业完成投资 827.0 亿元，投资占比达 7.3%；信息传输、软件和信息技术服务业，金融业，科学研究和技术服务业、居民服务、修理和其他服务业、卫生和社会工作等高新技术和公共行业固定资产投资占全部固定资产投资总额比重较小。

表 1　内蒙古固定资产投资结构表 （单位：亿元，%）

	2014 年前三季度各行业固定资产投资总额	各行业占比
制造业	3241.77	28.8
水利、环境和公共设施管理业	1434.64	12.8
电力、燃气及水的生产和供应业	1418.16	12.6
交通运输、仓储和邮政业	921.69	8.2
房地产开发	865.76	7.7
采矿业	827.00	7.4
农林牧渔业	711.14	6.3
批发和零售业	341.17	3.0
公共管理、社会保障和社会组织	247.04	2.2
建筑业	147.10	1.3
教　育	116.42	1.0
文化、体育和娱乐业	110.18	1.0
卫生和社会工作	91.65	0.8
租赁和商务服务业	87.19	0.8
住宿和餐饮业	83.25	0.7
信息传输、软件和信息技术服务业	70.66	0.6
科学研究和技术服务业	69.85	0.6
居民服务、修理和其他服务业	62.96	0.6
金融业	28.03	0.2

房地产开发投资下降。2015 年以来,房地产市场低迷,房地产开发投资持续下降,对全区投资支撑力减弱。前三季度,全区房地产开发完成投资 865.76 亿元,同比下降 17.3%。其中,住宅投资 609.66 亿元,同比下降 14.3%,占房地产开发投资的 70.4%;房地产开发企业房屋施工面积 12975.59 万平方米,同比下降 11.5%;房屋竣工面积 882.71 万平方米,同比下降 16.3%,降幅收窄 5.1 个百分点。保障房建设推进顺利。截至三季度末,全区各类城镇保障房开工 24.9 万套,开工率 87.6%,完成投资 484.7 亿元。其中,已实施各类棚户区改造 22.5 万套,开工率 93%,完成投资 461.7 亿元;筹集公共租赁住房 2.4 万套,开工率 56.6%,完成投资 23 亿元。

各盟市投资增速较为均衡。从投资总量看,前三季度,全区各盟市固定资产投资均保持不同程度增长,鄂尔多斯市、包头市、呼和浩特市、通辽市和赤峰市投资额超过千亿元,分别完成投资 2411.31 亿元、2216.81 亿元、1222.84 亿元、1055.70 亿元和 1010.84 亿元;包头和鄂尔多斯二市分别完成投资超两千亿元,占全区的 41.2%。从增速看,除兴安盟固定资产投资额增速较快,达到 18.1% 外,其余盟市增速较为均衡,均在 14.6%—15.8%。

表 2　2015 年前三季度内蒙古各盟市投资总额及增速(单位:亿元,%)

地　区	前三季度投资额	投资额位次	增　速	增速位次
内蒙古自治区	11246.04		14.7	
呼和浩特市	1222.84	3	14.6	11
包头市	2216.81	2	15.5	5
乌海市	324.01	11	15.5	5
赤峰市	1010.84	5	15.6	4
通辽市	1055.70	4	15.8	2
鄂尔多斯市	2411.31	1	14.7	10
呼伦贝尔市	809.46	6	15.5	5
巴彦淖尔市	587.49	7	14.6	11
乌兰察布市	532.27	8	15.4	9
兴安盟	346.27	10	18.1	1
锡林郭勒盟	411.78	9	15.8	2
阿拉善盟	283.61	12	15.5	5

开工项目数量增速放缓。从投资项目数量看,新开工项目接续不足。前三季度,全区在建施工项目数 15260 个,同比增长 6.9%,较上年同期回落 2.8 个百分点。其中,新开工项目 11320 个,同比仅增长 1.7%,低于上年同期 6.3 个百分点,项目新开工率为 74.2%,低于上年同期 3.8 个百分点。前三季度,实现投产项目 9059 个,同比增长 17.4%,比上年同期提高 3.1 个百分点。项目建设规模扩张趋缓,全区固定资产投资项目计划总投资 32732.64 亿元,同比下降 1.1%,其中,本年新开工项目计划总投资 8797.34 亿元,同比下降 13.4%,较上年同期回落 16.5 个百分点。项目平均投资规模 2.14 亿元/个,低于上年同期 0.18 亿元/个。由于一般新开工项目对投资的影响周期在 2 年左右,新开工项目数量和计划总投资增长低迷,对投资增长支撑不足的影响将会持续,后续投资增长动力不足。

重大项目投资增长缓慢。前三季度,全区亿元以上项目共 1725 个,同比下降 11.5%,降幅较上半年扩大 3.9 个百分点,其中,新开工项目 676 个,下降 26.1%。亿元以上项目计划总投资 19594.94 亿元,同比下降 5.9%,降幅较上半年扩大 4.6 个百分点,其中,新开工项目计划总投资 3336.18 亿元,下降 35.8%。亿元以上项目完成投资 4691.86 亿元,同比增长 5.3%,增速较上半年回落 2.0 个百分点,其中,新开工项目投资 1436.60 亿元,下降 25.9%。亿元以上项目投资占全部投资的 41.7%,比重较上半年低 0.9 个百分点,对投资增长的支持作用减弱。

二、2016 年内蒙古投资形势与展望

(一)2016 年投资不利因素分析

2016 年全区经济发展面临的宏观形势仍然复杂严峻。

从国际看,发达国家经济温和复苏、新兴经济体仍存在下行压力,世界经济仍将延续疲弱复苏态势,国际货币基金组织秋季报告预计 2016 年世界经济增长 3.6%,略高于 2015 年。但受发达国家再工业化替代部分进口、"贸易保护主义"等因素影响,全球贸易增速仍然较低。大宗商品价格中低位徘徊,通货紧缩风险加剧,债务危机蔓延情况仍未好转,地缘政治风险不断积聚,美联

储加息可能引发新一轮国际资本流动和金融市场动荡。

从国内看,我国经济发展长期向好的基本面没有变,但随着经济发展进入新常态,速度变化、结构优化、动力转换成为经济新常态下的基本趋势。

从区内看,结构性问题仍然是我区经济发展面临的主要问题。近些年,我区产业结构逐步优化,但能源和资源产业占比仍然较大,在全球能源资源市场低迷、价格普遍走低的情况下,这些产业回升乏力,投资增长缓慢甚至呈下降态势。新兴产业投资增长较快,但所占比重较低,短期内难以弥补能源资源产业投资增速放缓带来的影响。此外,由于传统工业产能依然过剩,煤炭、钢铁、水泥等企业经营效益不断下滑,导致企业投资能力和投资意愿不断下降,同时也给财政增收带来压力,在一定程度上影响了政府的投资能力。

在当前经济继续处于新旧动能转换的情况下,我区传统产业投资趋于饱和,房地产、制造业等旧动能不断弱化,民间投资增速放缓。

一是房地产投资由于库存较大,回升还需要一个较长的过程。基础设施投资面临资金紧张、融资渠道不畅等多方面制约。

二是制造业投资增长乏力。前三季度,制造业增速低于全社会固定资产投资增速 0.4 个百分点,采矿业投资同比下降 7.8%,较上年同期降低 10.7 个百分点。前三季度,全区制造业项目共完成投资 3241.77 亿元,同比增长 14.3%,增速比 1—8 月回落 0.4 个百分点。制造业投资规模缩小,新开工项目不足。全区制造业施工项目共 3172 个,同比增长 3.6%,其中,本年新开工项目 2314 个,下降 0.2%。制造业投资项目计划总投资共 10395.33 亿元,同比下降 6.1%,其中,本年新开工项目 2081.89 亿元,下降 26.5%。制造业施工项目平均投资规模 3.28 亿元/个,低于上年同期 0.34 亿元/个。制造业投资项目资金来源紧张。全区制造业投资项目本年实际到位资金 3285.88 亿元,同比仅增长 3.4%,低于完成投资增速 10.9 个百分点。

三是民间投资动力不足。前三季度,全区民间投资建设项目计划总投资共 21040.05 亿元,同比下降 2.6%。民间投资项目完成投资 6180.39 亿元,同比增长 10.8%,增速较上半年回落 3.5 个百分点,低于全部投资增速 3.9 个百分点。民间投资项目完成投资占全区 500 万元及以上固定资产投资项目的 55.0%,比重较上半年低 1.5 个百分点。民间投资项目中,第一产业投资

249.06 亿元,同比增长 13.7%,低于全部投资增速 1 个百分点,第二产业投资 4021.05 亿元,增长 16.6%,第三产业投资 1865.28 亿元,同比下降 0.4%。综合分析当前形势和下一步走势,在结构调整没有完成之前,需求弱化和动力转换的不利影响还将惯性延续较长一段时间。

（二）2016 年投资有利因素分析

一是众多重大利好政策出台。2015 年,国家五次降息降准、下调固定资产投资项目资本金比例,在创业创新、工商登记制度改革、"互联网+"、新兴产业发展、推广 PPP 模式等方面出台了相关政策,这些政策效应会进一步释放。特别是国家将在去产能、去库存、去杠杆、降成本、补短板等方面出台一系列政策措施,这些都将为稳定经济和促进投资增长方面提供有效的政策保障。

二是重大工程项目开工建设。电力外送通道项目、铁路项目、重大水利工程项目等陆续开工建设,农村牧区"十个全覆盖"工程持续推进,脱贫攻坚工程力度加大,自治区计划实施的国家重大工程包等项目建设,都将有力拉动全区投资增长,形成新的增长点。

三是重大战略的实施。"一带一路"战略的实施,将加快各类开发开放试验区以及与俄蒙互联互通基础设施投资建设。"京津冀协同发展"战略的实施,为乌兰察布市、赤峰市、锡林郭勒盟南部等地区带来新的发展和投资机遇。新型城镇化战略的实施,推动农牧民工在城镇定居落户,将大大拉动城镇公共服务设施投资建设。2016 年是"十三五"开局之年,在以上多重利好因素的作用下,全区继续以"调结构"为重要抓手,依然有可能实现全区投资的平稳较快增长,保持投资对经济增长的带动作用。

从发展动力看,一方面,全社会大众创业万众创新、重大产业计划持续推进,金融体系加速改革完善,计划生育政策作出重大调整,中蒙俄经济走廊建设及加强与蒙俄的经济合作、全力拓展自治区对外开放格局,都将开创新的经济增长动力。另一方面,以清洁能源、现代服务业、网购与快递业、生物和健康服务、现代农业、新型材料等新型产业和业态为代表的新增长点正在加速发展。以风力发电和太阳能发电为例,今年以来,全区太阳能发电、风力发电等清洁能源建设项目投资高速增长。前三季度,太阳能发电和风力发电投资共完成 462.39 亿元,同比增长 1.3 倍,占电力行业投资的 45.8%,对全区电力行业投资增长的贡献率高达 68.6%。目前,内蒙古西部和东部地区并网的风电装机已达 2094 万千瓦,随着新一批风电项目陆续投入运营,预计全区并网风电装机总容量今年将超过三峡电站 2250 万千瓦的装机容量,风电等新能源产业发展步入快车道。尽管这些产业目前在经济中的比重尚不太大,但其生命力强,发展速度快,而且很多传统产业在科技创新和信息技术等推动下正在进行脱胎换骨的转型升级。

从产业格局看,2015 年以来,全区在经济转型探索中,大力推进结构调整,产业格局加快转变,非煤产业不断发展壮大,活力不断提高。全区煤炭工业占规模以上工业的比重由去年同期的 28.8% 下降到 24.5%,对经济增长的贡献率由 18% 下降到 8.5%,"一煤独大"的产业格局加速转变。全区经济结构升级取得实效,高新技术、装备制造、有色和农畜产品加工业对工业增长的贡献率已经达到 47.3%,同比提高 12.6 个百分点。2015 年前三季度,全区高技术产业投资 508.30 亿元,同比增长 33.2%。与此相关的计算机、通信和其他电子设备制造业同比增长 110.63%,远高于全社会固定资产投资增速。在国家实施"互联网+"行动计划及大数据战略的背景下,未来我区信息化领域的投资占比也将逐渐提升,以互联网为代表的新技术经济将快速发展。智能制造、互联网、物联网、战略新兴产业等战略规划的逐步实施将对我区制造业升级产生积极影响,预计 2016 年我区产业结构调整和产业升级仍将继续向好。

从创新驱动看,一大批新技术、新成果助推着全区经济、产业转型升级。例如,大数据、云计算应用领域不断拓展,目前,全区云计算应用领域已涵盖电子政务、电子商务、智能电网、传统产业信息化改造、中小企业信息化服务等。以呼和浩特市为例,云计算产业基地初具规模,吸引包括三大运营商在内的 8 家大数据企业入驻,计划投资 700 亿元以上,建成后机架柜数可达 23.7 万个,各类服务器数量可达 300 万台以上。目前累计完成投资近 50 亿元,已安装 1 万个机架 15 万台服务器。

2016 年是"十三五"规划的开局之年,是完成党的十八大提出的"到 2020 年国内生产总值和城乡居民人均收入比 2010 年翻一番宏伟目标"的关键一年,是经济和社会发展的变革之年、创新之年和转型之年,总体上,发展的机遇与挑战并存。预计 2016 年我区固定资产投资增速仍将延续平稳运行态势,预期增长 12% 左右。

三、对 策 建 议

(一)推进投资结构优化调整

加大薄弱环节投资力度,把有限资金精准投向对补短板、调结构、增后劲、惠民生等具有重要作用的领域,稳定和扩大有效投资。配合国家供给侧结构性改革,着力提高供给体系质量和效率。目前,自治区先进制造业、生态环保产业等供给严重不足。此外,基础设施、公共产品和服务供给不足是我区最大的短板,交通、水利等基础设施薄弱,城市基础设施欠账很多,医疗、教育、养老等社会急需的服务供给也不足,补齐这些短板,都会给我区带来巨大的投资需求,并形成新的经济增长点。加大优势行业投资力度,更多投向事关我区经济转型与产业升级大局的重点领域。以国家制造业梯度转移和产业承接为契机,加强高新技术、有色、高端装备、生物、信息技术、新能源、农畜产品加工等产业投资力度,加强对主导产业和市场占有率高的项目投资,支持传统产业优化升级;加大现代服务业、民生和公共消费型基础设施、市政基础设施、"三农三牧"与创新等领域投资力度。进一步优化投资区域结构,继续加大基础设施相对薄弱的东部地区和发展相对滞后的贫困地区的投资力度,加强农村牧区基础设施建设、农牧业现代化领域投资。

优化组合政府投资,突出加强公共产品和服务供给等薄弱环节投资。重点支持保障性安居工程、粮食水利、铁路、科技创新、节能环保和生态建设、社会事业、老少边贫地区建设等。同时,充分发挥好专项建设基金拉动带动作用,把专项建设基金与地方政府债券拼盘使用,在城市停车场、地下综合管廊、"双创"孵化、战略性新兴产业等方面,加大企业债券发行力度,发挥组合效益。充分释放民间投资潜能,持续推进投资改革,努力打通社会资本参与重点领域建设的投资渠道,让社会资本"愿进来、敢进来、待得住"。研究制定基础设施和公用事业特许经营政策,充分发挥新兴产业创投基金、服务业引导资金、现代服务业股权投资基金等的投资引导作用,进一步扩大基金规模。

（二）继续重视服务业投资

实施服务业集聚区建设工程，抓好自治区服务业改革创新试点工作。设立现代服务业股权投资基金，开展基金投资业务。重点加大对农村牧区学前教育、初中校舍改造、中等职业教育、旗县级医院、苏木乡镇卫生院以及社会养老、残疾人康复和托养设施、足球基础设施等建设投资力度。抓住自治区工业快速发展对生产性服务业需求旺盛的有利时机，优化服务业内部投资结构，壮大生产性服务业规模。加大对云计算数据中心和光缆网的投资，建设自治区云计算大数据交易平台。引导投资向金融、物流、信息、保险、快递等现代服务业等领域倾斜，鼓励发起设立自担风险的民营银行，积极推动服务业对外开放，吸引区外资金对我区生产性服务业投资。

（三）加大战略性新兴产业投资力度

推进战略性新兴产业聚集区建设，建设一批战略性新兴产业基地，培育一批产业集群。加快发展特色产业链条。加大对战略性新兴产业基地和集聚区科技研发、产品中试、产业化生产、标准体系建设等产业链关键环节投资力度。鼓励引导以集成创新和引进消化吸收为创新重点，积极支持相关企业向国家申报各类专项资金项目，对创新项目给予经费支持。围绕我区战略性新兴产业的关键领域和核心技术难题，加大生物产业、新材料产业、煤炭清洁高效利用等主导产业投资力度，重点支持节能环保产业、信息产业，突出新能源、先进装备制造业、高技术服务业等行业投资，在现代煤化工、铝后加工、新能源、新材料、生物等特色优势领域加快培育形成一批具有战略性和支柱性的特色产业链，促进产业向下游、向高端延伸升级，实现高水平集聚发展。实施一批科技重大专项和重点项目，重点扶持一批高成长性企业和特色产业基地，为发展战略性新兴产业提供投资支撑。扩大自治区新兴产业创业投资引导基金，鼓励各盟市设立创业投资引导基金，引导社会资本投向战略性新兴产业。引导和鼓励有条件的国有企业、政府投融资平台公司参与新兴产业创业投资基金，设立国有资本创业投资基金，引导保险资金参与创业投资基金，拓宽战略性新兴产业发展投融资渠道。

（四）大力提高投资效益

一是抑制低水平重复建设。严格控制高耗能行业投资，抑制高耗能产品产能的无序扩张和重复建设,通过高耗能行业建设项目土地使用、项目环境评估、信贷投放以及对能耗超限额企业实施惩罚性电价等措施,加强对高耗能行业项目的投资管控力度,严格控制钢铁、水泥、铁合金、电石、平板玻璃等产能过剩产品新增产能。二是加大科技投入。通过技术创新,变资源优势为经济优势,提高经济增长科技含量。三是甄别选择好投资项目。选择项目时,充分考虑建设项目的经济效益和社会效益,体现先进性,做到设备先进、技术先进、产品先进、管理先进;坚持可持续发展,做好环境保护和资源的有效利用,不能只顾眼前利益,甚至为完成任务而盲目投资;要围绕发展短板和民生领域,集中力量谋划、建设一批具有一定规模、符合我区产业结构调整方向的大项目,争取更多项目列入国家各领域"十三五"规划,增强投资对经济增长的拉动力。

中心"形势分析"课题组

执笔:张永军 康磊

第九章
内蒙古消费运行特征及 2016 年展望

2015 年以来,面对国内经济形势的影响,我区积极采取应对措施,着力扩大消费需求。2015 年我区消费品市场呈运行平稳、增速缓中有降态势。

一、内蒙古消费运行特征

(一)运行特征

消费规模进一步扩大,消费增速缓中有降。2015 年前三季度,全区社会消费品零售总额 4311.3 亿元,同比增长 7.8%,增速比上年同期回落 2.8 个百分点。

城乡消费平稳增长,乡村消费增速较快。2015 年前三季度,全区城镇社会消费品零售总额 3909.1 亿元,同比增长 7.5%,乡村社会消费品零售总额 402.1 亿元,同比增长 10.5%。从消费规模来看,我区城镇居民消费仍然占据主体地位,所占比重达到 90.7%,绝对量比 2014 年同期增加 412.3 亿元,总量持续壮大。随着国家各项惠农政策的落实及"万村千乡市场工程"的实施,农村牧区市场体系建设逐步完善,消费环境进一步改善,农牧民收入水平持续增长,农牧民消费观念、消费层次发生了很大变化,乡村消费品市场增长仍快于城镇消费增速。

批发零售业占据主导地位,住宿业增速较快。面对近年消费市场变化,全区批发零售企业以市场为导向,积极拓宽消费领域,创新市场营销方式,总体保持了持续向好发展态势,在流通领域依然占据主导地位。2015 年前三季度,全区批发和零售业实现销售额 10822.9 亿元,同比增长 12.6%。在全区会展业、旅游业带动下,2015 年前三季度,住宿和餐饮业实现营业额 857.8 亿元,同比增长 17.9%,增速同比提高 1.8 个百分点。

限上企业销售增幅趋缓,限下增速大幅提高。受经济下行压力及油价连续下调的影响,成品油销售增速放缓。在集团消费和商业预付卡销售大幅锐减的冲击下,大型百货超市等零售业销售增幅下滑,我区限上企业销售增速进一步放缓。2015 年前三季度,全区限额以上企业实现社会消费品零售额 1467.0 亿元,同比增长 4%。从 2015 年前三季度限额以上企业零售类值看:一是吃、穿、用刚性消费需求回升。粮油、食品类同比增长 12.1%,饮料类增长 15.4%,烟酒类增长 9.2%。服装鞋帽类同比增长 9.3%,增速同比提高 7.1 个百分点;化妆品类增长 10.4%,增速同比提高 3.7 个百分点。二是建筑及装潢材料类商品零售额快速增长拉动居住类商品零售额稳步增长。建筑及装潢材料类商品同比增长 25%,家具类商品同比增长 17.3%。三是占比较大的煤炭及制品类、石油及制品类、汽车类商品降幅收窄,以上三类商品分别同比下降 8.8%、6.1%、0.8%。

在"大众创业、万众创新"作为经济新引擎的背景下,落实民营经济等有关优惠政策的指引下,全区中小企业得到稳步发展,以中小企业为主体的限额以下社会消费品零售总额达到 2844.3 亿元,同比增长 9.8%,增幅高于限额以上企业 5.8 个百分点,占全区社会消费品零售总额的比重达到 66%。

(二)影响消费品市场的因素分析

随着我国经济进入以深化改革、优化结构、加快创新、减速提质为特征的新常态,2015 年以来内蒙古消费品市场也在发生一系列变化。

一是消费品市场增长率由高速转向中高速。消费市场的发展与宏观经济高度正相关。随着内蒙古经济进入新常态,经济下行压力加大、经济增速放缓,导致居民收入增长的减速,致使居民消费欲望和消费预期进一步削弱,对消费市场的支持力趋弱。2015 年前三季度,全区地区生产总值增速为 7.5%,比去年同期下降 0.2 个百分点;社会消费品零售总额增速为 7.8%,比去年同期下降 2.8 个百分点;城镇居民人均可支配收入增速为 8.1%,比去年同期下降 1.3 个百分点;农村牧区常住居民人均可支配收入增速为 8.8%,比去年同期下降 3.8 个百分点。伴随着商品消费增幅逐步降低,全区城乡居民新增消费更多地表现在服务性消费上,而服务性消费绝大部分没有统计到社会消费品零售总额中。2013 年,全区城镇居民用于服务性消费(交通通信、教育文化娱乐和医疗保健)支出 5997 元,比 2010 年提高 1461 元。

二是物价水平对消费名义增速影响明显。物价水平也是社会消费品零售总额增速的重要影响因素。由于社会消费品零售总额增速为名义数据,名义增速是实际增速与物价水平之和。2012 年以来全区 CPI 涨幅回落明显,2015 年全区 CPI 更是迈入"1"时代。物价指数的低位运行,对消费名义增速的影响较为明显。

三是传统消费热点消退,新的消费热点尚未形成。目前我区消费正处于动力转换期,原有汽车、石油及制品、住房等热点消费增长受到较大冲击,信息、养老、文体等新兴消费领域消费需求仍待挖掘。汽车、石油及制品类依然是支撑我区消费品市场的主导力量,两者占限上零售额的比重保持在 60% 左右。同时,由于全区消费性服务的规模、种类和质量不能适应社会消费水平提高的形势,有些领域服务供给明显欠缺,限制了即期消费;新消费热点培育需要一定周期,全区消费市场保持消费快速增长难度较大。全区消费需求呈现趋势性回落,消费对经济增长的支撑力明显不足。

四是"互联网+"消费模式发展滞后。以呼和浩特市为例,目前呼和浩特市通过网络销售的限上批零企业有 5 家,2015 年前三季度网销零售总额仅为 0.33 亿元。限下电商大部分都在创业摸索阶段,零售额微乎其微。在网络购物省会城市中,呼和浩特市网购金额和频率的排名都较为靠前,由于本地电商企业和快递业发展滞后等原因,呼和浩特市网购基本处于货物内流,资金外流的状态,对当地零售额分流严重。2015 年 11 月 11 日,呼和浩特市商家通过阿里、京东等国内第三方电商平台和本地电商平台及企业线上销售渠道完成网络零售额 2790 万元。11 月 11 日呼和浩特市网购交易额达到 2.6 亿元,比 2014 年的 1.6 亿元提高了 1 亿元。

二、2016 年内蒙古消费形势与展望

2016 年,随着国家提振"新消费"政策效应逐步释放,以人为本的城镇

化、户籍制度改革深入推进,社会保障体制日趋完善,全区消费潜能将得到进一步释放。同时,由于宏观经济下行压力仍然较大、城乡居民收入增长放缓和耐用品消费不景气等多重因素影响,全区消费市场运行将延续温和增长态势。

（一）2016 年内蒙古消费面临的形势

以新消费引导新供给新动力。十八届五中全会提出,发挥消费对增长的基础作用,着力扩大居民消费,引导消费向智能、绿色、健康、安全方向转变,以扩大服务消费为重点带动消费结构升级。2015 年 11 月 22 日,国务院发布《关于加快发展生活性服务业促进消费结构升级的指导意见》,提出增加服务有效供给,扩大服务消费需求,加快发展生活性服务业。2015 年 11 月 23 日,国务院发布《关于积极发挥新消费引领作用加快培育形成新供给新动力的指导意见》,部署消费升级来引领产业升级,并通过制度创新、技术创新、产品创新来增加新供给,满足创造新消费,形成新动力。国务院连续两天发文提振"新消费",一方面是政府对市场需求的灵活反应,另一方面也表明今后一个时期我国消费结构升级是大势所趋。《新消费指导意见》提出消费升级的六大重点领域,即服务消费、信息消费、绿色消费、时尚消费、品质消费、农村消费;并提出从推进重点领域制度创新、全面改善优化消费环境、创新并扩大有效供给和优化政策支撑体系四个层面实现突破具体的路径。在引导消费增长方面,国家更加注重供给侧改革,更加注重新消费模式供给以及消费环境改善等。今后一个时期,消费结构升级将引领消费供给,并且将促进以服务业为主导的产业结构的形成。

目前,我区有效消费需求不足,除了需求本身的原因外,还有供给方面的原因。从内蒙古消费市场来看,供给结构存在着明显的偏差,主要表现为有效供给不足,特别是消费性服务规模、种类和质量不能适应社会消费水平提高和需求结构变动中物质产品需求比重下降而服务产品需求比重上升的需要,使一部分购买力无法实现在消费者合意的商品和劳务上。尤其是我区文化教育娱乐、养老、医疗保健等服务性消费及其配套商品供给不足,使此类消费增速缓慢,消费潜力无法释放。随着国家促进新消费政策逐步贯彻落实,带动全区消费结构升级、有效供给增加,必将释放巨大的潜力。

激发旅游业对促进消费的潜力。2014 年,国务院印发《关于促进旅游业改革发展的若干意见》,对旅游业未来的发展方向提出了明确目标,更为重要的是,把旅游购物作为一项重点工作来推进,进一步扩大旅游购物消费,发挥旅游对促进消费的积极带动作用。近年来,自治区党委、政府十分重视旅游业发展。2014 年,内蒙古旅游业总收入 1805.3 亿元,相当于自治区 GDP 的 10.2%、第三产业增加值的 27.2%、社会消费品零售总额的 32.1%。综合性强、关联度高、产业链长,使旅游业成为我区经济社会发展的重要支撑之一。在全国旅游业进入大众化、社会化、国际化背景下,自治区应更好把握党中央和国务院高度重视旅游业发展、国内旅游消费升级的机遇,进一步挖掘旅游业发展后劲,加强旅游基础设施建设,提升服务能力,发挥旅游业在促进消费增长、满足人民群众多样化需求的重要作用。

同时,针对我国信用消费发展滞后,不能与消费市场发展的新形势匹配的状况,国家在 2014 年下发了《关于印发社会信用体系建设规划纲要(2014 — 2020 年)的通知》,积极推进征信系统发展,夯实信用消费的基石。自治区先后出台《自治区社会信用体系建设 2014 — 2015 年行动计划》《自治区公共信用信息管理办法》《自治区社会法人失信惩戒办法》等相关文件,旨在促进信用消费市场建设,这将有利于刺激消费意愿,降低消费门槛,特别是提高中低消费者的消费水平。

社保体制加快完善,增强居民消费能力。长期以来,制约我国居民消费水平提高的一个重要因素是社会保障体制不健全,居民预防性储蓄过多,消费难有大增长。2015 年 12 月,中央经济工作会议提出要完善个人账户,坚持精算平衡,提高统筹层次,同时还要加快医药卫生体制改革,解决好群众看病难看病贵问题。社保体制的健全将更好地解决我国居民消费的"后顾之忧",增强居民消费能力。2014 年以来,国务院及相关部委出台了《社会救助暂行办法》《关于建立统一的城乡居民基本养老保险制度的意见》《关于建立统一的城乡居民基本养老保险制度的意见》《城乡养老保险制度衔接暂行办法》,以及《关于全面实施城乡居民大病保险的意见》《关于进一步完善医疗救助制度全面开展重特大疾病医疗救助工作的意见》等。2015 年,内蒙古下发了《关于进一步完善城乡居民基本养老保险制度的意见》(内政发〔2015〕21 号)。从多个角度促进建立更加公平、可持续的社会保障制度,完善个人账户制度,健全多缴多得激励机制,整合城乡居民基本养老保险制度、基本医疗保险制度,推进城乡最低生活保障制度统筹发展。

新型城镇化深入推进,有利深挖消费潜力。以人为本的新型城镇化加速推进,将进一步撬动内需。新型城镇化已上升为国家重大发展战略,随着《国家新型城镇化规划(2014—2020 年)》发布,进一步明确了未来我国城镇化的发展路径、主要目标和战略任务。2014 年 7 月,自治区印发《自治区党委、自治区人民政府关于推进新型城镇化的意见》,旨在加快推进我区新型城镇化建设。2015 年 12 月,中央经济工作会议提出,化解房地产库存,通过加快农民工市民化,推进以满足新市民为出发点的住房制度改革,扩大有效需求,稳定房地产市场。可以看出,在一定程度上国家把"加快农民工市民化"作为了房地产去库存的着力点;通过财政补贴、退税或者税收减免方式,帮助农民工在城市里购房。2015 年 9 月,自治区政府印发《内蒙古自治区人民政府关于进一步推进户籍制度改革的实施意见》,标志着我区户籍制度进入全面实施阶段。随着户籍制度改革迈出坚实一步,将进一步加快内蒙古农村牧区人口向城市转移速度,使有能力在城镇稳定就业和生活的常住人口有序实现市民化,有助于带动相关消费增长。近十年来,全区城乡居民支出水平比值在 2—3 之间,2013 年全区城乡居民消费支出分别为 19243 元和 8985 元,城镇居民消费支出是农村牧区的 2.1 倍。随着城镇人口规模不断增加,带来巨大的教育、医疗等消费需求,并为生活性服务业释放巨大的市场空间,全区的总体消费水平必然会得到提升,也将带来消费结构的不断升级。

(二)2016 年内蒙古消费趋势判断

2015 年以来,全区经济增长下行压力较大,居民收入增速趋缓,扩大消费需求、培育消费领域的外部环境较为复杂。但也要看到,稳步增加收入和促进消费健康发展等利好因素也在增多,我区消费市场保持平稳增长的基础依然坚实。2016 年,随着自治区逐步落实国务院重点推进信息消费、绿色消费、旅游休闲消费、教育文体消费和养老健康消费等领域消费的政策措施,将助推我区消费结构升级,改善消费预期,进一步释放城乡居民消费潜力。预计 2016 年内蒙古社会消费品零售总额增速将在 8%—9%。

三、对策建议

（一）创新消费供给，加大消费供给力度

一是加大服务消费供给力度。扩大服务消费供给的规模，满足社会不断增长的服务消费需求。在合理调整重化工业投资的同时，鼓励各类资本投向服务业。加大个性化、多样化的新型消费供给力度，满足新型消费需求。二是改善消费供给的质量。适应消费者消费标准和消费要求不断提高的趋势，要加快推进教育、文化、医疗等服务领域的改革，提高供给主体的竞争程度，改善和提高服务质量，使这些需求能够留在区内。

（二）改善消费环境

一是形成强有力的消费监管体系，完善消费市场监管的法律法规。坚持不懈地打击制售假冒伪劣商品、商业欺诈等非法活动，努力创造健康安全的消费环境。二是形成有效的消费者权益保护体系。尽快建立起内蒙古范围内统一完备的个人信用体系，大力支持信用评估机构的发展，完善信用监管制度和失信惩戒制度。三是加强城市交通、住宅等的配套建设，拓宽城市道路，增加地铁、轻轨、高架等交通设施建设。进一步加大财政对农村义务教育和水利、电力、交通、通信等基础设施的投入，改善农村消费环境。使农民有余力、有条件扩大消费。

（三）尽快形成高标准产品与服务质量体系

尽快制定符合国际标准的产品与服务标准，使自治区消费品质检标准提高到与欧美国家相近水平上。建立消费品的溯源体系。一旦出现产品出现质量问题，可立即倒查产品生产的各个环节，并且追究相关责任人的责任。

中心"形势分析"课题组

执笔：张永军　赵秀清

第 十 章

内蒙古物价运行特征及 2016 年展望

2015 年,受经济增速放缓、国际大宗商品价格下行等因素影响,我区居民消费价格温和上涨,工业生产者价格持续下降,生产领域通缩态势明显。2016 年,国际大宗商品价格低位运行、总需求相对乏力、产能过剩局面持续等因素将继续削弱物价上行动力,但猪肉价格上涨、资源价格改革将形成物价上涨推力。预计 2016 年,全区物价水平将继续保持温和运行态势,CPI 同比上涨 2% 左右,PPI 仍处下行通道。为此,内蒙古应把握有利时机,主动撬动价格杠杆,通过供给侧改革,加快要素流动和市场出清,促进供需平衡,确保全区价格平稳运行,为经济提质增效提供良好价格环境。

一、内蒙古物价运行特征及走势判断

(一)运行特征

2015 年,我区消费领域价格涨幅较低,生产领域价格持续下降。前三季度,CPI 同比上涨 1%,低于上年同期 0.9 个百分点,低于全国 0.4 个百分点。同期,全区工业品出厂价格和原材料、燃料动力价格分别下降 5.5% 和 3.9%,降幅较上年同期分别扩大 3 个和 2.7 个百分点,工业品市场持续不振。

食品类价格以温和上涨为主。前三季度,食品类价格涨幅继续收窄,同比增长 1.4%,低于上年同期 1.9 个百分点。主要监测的农副食品中,粳米、面粉价格同比分别上涨 0.66% 和 1.57%,鸡肉、鸡蛋价格同比分别下降 2.3% 和

16.9%,鲜牛奶价格同比下降 4.58%,蔬菜价格同比上升 17%,猪肉价格同比上涨 13.7%,牛羊肉价格同比分别下降 1.9%和 10.5%,大豆调和油价格同比下降 4.4%。受水果滞销价跌的影响,鲜果类整体价格涨幅明显放缓,前三季度干鲜瓜果类价格涨幅较上年同期缩窄 13.5 个百分点。受蛋类价格回落,粮食、干鲜瓜果类价格涨幅明显收窄等影响,主要食品价格对 CPI 上涨助推作用减弱。

居住类价格小幅走低。今年以来,全区新建住宅价格涨幅回落明显。前三季度,呼和浩特市、包头市新建住宅价格同比分别下降 6.9%和 4.6%,环比分别下降 2.3%和 0.2%,自 2014 年 7 月开始,呼包两地新建商品住宅价格环比 13 个月未出现上涨。新建住房价格低迷对全区居住类价格形成影响,前三季度,全区居住类价格指数同比下降 0.2%。

工业品价格以降为主。9 月份,全区监测的主要工业产品中,钢材价格继续回落,圆钢、建筑钢材、普通板材价格同比分别下降 23.3%、24.5%和 22%。有色金属价格继续滑落,铜、铝、铅的价格同比分别下降 13.3%、12.24%和 5%。化工类产品价格以降为主,乙醇、聚氯乙烯价格同比分别下降 1.16%和 14.78%,纯碱价格同比增长 5.68%。水泥价格波动回落,三种硅酸盐水泥平均价同比下降 4.5%。玻璃价格小幅上升,普法玻璃同比上升 4.7%,浮法玻璃同比持平。煤炭价格继续小幅下跌,10 月份,全区煤炭平均售价 120 元/吨,同比下降 40 元/吨,其中,西部高热值动力煤、焦煤价格降幅最大,同比分别下降 64 元/吨和 60 元/吨。

(二)全年走势判断

受需求不足、产能过剩、国际大宗商品价格下降等因素影响,我区居民消费价格指数自 2014 年以来持续走低,工业品、原材料价格已连续 45 个月处于下行通道。物价水平的整体回落,既与经济增速放缓密不可分,也进一步暴露出结构性供给过剩的深层次问题。消费领域方面,2015 年以来,全区居民消费价格指数同比涨幅较小,但呈逐月扩大趋势,3 月、6 月、9 月分别为 0.5%、0.9%和 1%。进入冬季,蔬菜价格将呈季节性上涨。同时,受进入产蛋期,上半年补栏增加等因素影响,鸡蛋价格将继续走低,肉类市场需求回落使猪肉、牛羊肉价格将延续小幅回落走势,总体支撑物价上涨的因素较弱,预计全年全区居民消费价格指数同比上涨 1.2% 左右。生产领域方面,国际油价、铜价先后创近七年新低,钢材价格创近 20 年新低,国际大宗商品价格低位运行短期难改,企业仍处于去库存阶段,采购意愿较弱,工业品价格将延续下行态势,预计全年全区工业品出厂价格指数同比下降 6% 左右。

二、2016 年内蒙古物价运行影响因素分析

(一)国际大宗商品价格下降,对物价形成下行压力

受新兴经济体经济低迷、市场需求疲弱、美元持续走强等因素影响,多数大宗商品价格均创 2009 年以来低点。10 月中下旬以来,纽约原油、布伦特原油期价分别跌至 40 和 44 美元/桶,逼近 2005 年以来低位,全年累计跌幅分别达 22.6% 和 21.8%。2014 年以来,铁矿石、铜价、铝价价格分别同比下降 55%、30% 和 29%;大豆、小麦、玉米价格分别同比下降 40%、29% 和 26%。后期,美元升值预期加强,国际大宗商品价格将维持低位震荡。除此,国际货币基金组织(IMF)将 2016 年全球经济增长预期由 3.8% 调降至 3.6%,大宗商品价格保持低位预期增强。根据相关测算,如果年均油价下跌 10%,我国年均 CPI 涨幅会下降 0.2—0.3 个百分点。全球大宗商品价格低位运行,将继续对我区物价形成下行压力。

(二)总需求不足,削弱物价上涨动力

近年,我区经济下行趋势渐趋明显,总需求不足加剧物价涨幅放缓态势。消费方面,居民收入增长放缓与刚性支出成本形成的"双向挤压"抑制了消费需求,消费领域价格涨幅回落。前三季度,我区社会消费品零售额增速同比回落 2.89 个百分点,为 2003 年以来最低。后期,居民消费能力不足、消费意愿不强仍将对消费增长形成较强制约。投资方面,2011 年以来,我区投资增速呈逐年递减态势,2015 年前三季度回落至 14.7%,为 2005 年以来最低增速。投资增速放缓,全区原材料和工业品价格持续回落。后期,投资增速放缓仍对市场需求形成制约,进而影响原材料、工业品价格回升步伐。

(三)产能过剩持续,工业品价格继续走低

在经济增速放缓、市场需求乏力背景下,产能过剩持续发酵将加剧供大于

求矛盾,进一步压低全区原材料、工业品价格。由于前期过度投资,当前,产能过剩已具有普遍性,煤炭、化工、冶金建材等传统产业,以及部分战略性新兴产业均存在严重产能过剩。2014 年,我国粗钢、电解铝产能利用率仅为 70.7% 和 74.1%,风电设备产能利用率低于 60%。后期,产能过剩局面短期难改善,仍将对原材料、工业品价格形成向下压力。

(四)要素价格对物价成本推动力减弱

2015 年,我区再次上调最低工资标准,但因经济下行压力不减、企业经济效益不振等因素影响,前三季度,全区城镇单位就业人员劳动报酬同比下降 0.1%,较上年同期放缓 12.1 个百分点,表明劳动力成本略有降低。且农村常住居民人均可支配收入中工资性收入增速较上年同期回落 1.6 个百分点,表明务农用工成本涨幅有所减小,有助于缓解价格上涨压力。另外,为帮助企业脱困,我区进一步降税清费、下调部分企业电价,实行输配电价改革,一系列措施有助于降低企业生产成本,减轻物价上行压力。

(五)生猪价格对物价形成一定推涨作用

2014 年 8 月末至 2015 年 3 月中旬,全区生猪出场价格连续 27 周持续下跌,跌幅达 22.35%。2015 年 4 月份以来,受前期生猪养殖亏损的影响,养殖户持续淘汰生猪产能,减少能繁育母猪数量,生猪供给过剩局面有所缓解,全区"猪周期"进入上升通道。后期,综合"猪周期"规律、生猪存栏数量下降等因素,预计 2016 年,生猪供应总体处于偏紧平衡状态,价格存一定上涨空间。由于肉禽价格在 CPI 权重约为 7.6%,猪肉价格在 CPI 中的权重约为 2.8%,猪肉价格上涨将对物价上涨形成一定推力。

(六)资源价格改革推升物价涨幅

近年,内蒙古积极推进能源、交通、医疗服务等重点领域价格改革。推进大用户直购电改革,在蒙西地区先行先试,实施电力多边交易政策;放开部分铁路运输价格,降低了车辆通行收费,推动公路交通收费改革等一系列改革降低了运行成本,对稳物价形成支撑。但部分价格的推进也将对物价形成一定的推涨作用,地级城市实行阶梯水价和气价;实行更加严格的差别电价,根据电解铝企业单位耗电情况适当提高电价,提高淘汰类水泥企业用电价格,提高非居民存量天然气价格;提高铁路货运价格,将铁路货运价格提高 1.5 分/吨公里。总体看,资源价格改革将推动物价上涨。

三、2016 年内蒙古物价趋势判断

2016 年,世界经济低速不均衡复苏态势仍将延续,国际大宗商品价格继续维持低位。受经济增速下行、产能过剩、房地产市场调整等因素影响,市场需求总体上仍处低迷态势,我国物价大幅上涨的可能不大。但资源产品价格改革、猪肉价格上涨等因素将推高物价涨幅。预计,全年我区居民消费价格指数保持在 2%以内温和上涨区间,工业品出厂价格指数降幅将逐步收窄。

（一）**食品价格稳中有升**

粮食方面,国际低粮价与国内库存积压对我区粮食价格形成降价压力,但国家最低收购价、临储收购等粮食收储政策的实施将对其形成支撑,粮食价格将保持稳定。猪肉方面,由于中小养殖户退市形成的产能缺口短期内难以弥补,猪肉供给略显紧张状态仍将延续。但考虑到能繁母猪存栏降幅逐步收缩将推动生猪产能回升,猪肉供需将重回平衡,价格也将在小幅上涨后企稳。羊肉方面,较高的羊存栏数量短期内不会明显下降,供大于求的市场格局仍将持续,羊肉价格将延续低位运行态势。牛肉方面,随着膳食结构的调整,牛肉消费需求不断增加,但由于养殖成本不断增加、国外低价进口牛肉冲击,国内肉牛养殖效益维持较低水平,基础母牛存栏率持续下降,肉牛出栏量呈下降趋势。同时,随着全球牛肉价格的走高以及人民币汇率的变化,进口牛肉规模或有减少,国内牛肉供给总体上将趋于偏紧。预计 2016 年全国牛肉价格将呈上升态势。

（二）**煤炭价格延续低位运行**

受国内电力、冶金、建材等主要耗煤行业需求疲弱及煤炭生产企业减产意愿不强等因素影响,我国煤炭行业产能过剩形势仍将持续。加之环保政策趋紧、能源消费结构调整等因素作用,供大于求的市场格局短期内难以改变。煤价不断下跌一定程度上削弱进口煤炭价格优势,但由于部分进口煤煤质较高,其市场占有率在短期内不会有明显减少,仍将对我区煤炭价格形成影响。预计 2016 年我区煤炭价格继续维持低位。

（三）主要工业品价格低位波动

钢铁价格延续低位运行。2016年,国家将大力推进三大国家战略、11大类重大工程包、国际产能合作、"互联网+"等重点项目,加之"十三五"规划确定重大项目的集中推进,钢铁下游需求疲弱局面有望缓解。考虑到钢铁行业产能过剩矛盾短期内难以有实质性改变,供大于求市场格局仍将延续,钢铁价格仍具下行压力。同时,国际铁矿石市场价格保持低位,将继续对国内铁矿石价格形成影响,进而降低钢铁价格的原料成本。总体看,2016年,我区钢铁价格将继续呈低位波动运行态势。

有色金属价格。2016年,随着铁路、电力、电信等基础设施建设力度不断加大,这些领域对有色金属需求将有所回升。但由于新增产能对减产的弥补效应明显,下游市场仍处于去库存、去产能阶段,特别是汽车、房地产、机械装备制造等行业需求不振,有色金属市场的供大于求格局仍将延续。预计2016年我区有色金属价格将延续低位运行态势。

（四）居住类价格继续保持稳定

为促进房地产持续健康发展,国家将采取财政、货币等一系列宏观调控政策,消化房地产库存。随着户籍制度改革逐步深化,城镇化进程加快,住房公积金、银行贷款对居民购房政策调整等政策落地,将释放部分刚性住房需求,从而缓解租房需求压力。加上物业管理、居民用电、管道天然气价格平稳运行,预计2016年全区居住类价格将保持稳定。

四、对　策　建　议

（一）加快推进价格改革,优化促进经济提质增效的价格环境

认真贯彻落实《内蒙古自治区加快推进价格改革工作方案》,积极开展新一轮的价格改革。加大简政放权力度,稳步放开、下放竞争性价格,进一步放开、下放具备竞争条件的政府定价,大幅精简政府定价范围。推进重点领域价费改革,深入开展蒙西电网的输配电价改革;完善农产品价格形成机制,继续推动大豆目标价格试点工作顺利实施;实施医疗服务价格调整方案,医改试点医院取消药品加成,试行公立医院自主定价机制,完善旗县级公立医院改革试

点价格政策。

(二)强化指导服务力度,稳定工业领域价格

探索建立产能过剩行业预警系统和评价体系,帮助企业提供投资决策信息。推进产能过剩行业的兼并和重组,严格控制新增产能,鼓励与其他省份实施产能过剩行业等量或减量置换。依托"一带一路"发展战略,加大企业对外开放步伐,鼓励企业在能源矿产丰富、市场潜力较大的国家和地区开展钢铁、有色、炼化和水泥等产品的生产,有效向外转移产能过剩。继续推进资源品价格改革和利率市场化,降低企业原料及财务成本。深入推进输配电价改革,降低大工业电价,减轻企业用电成本。落实好普遍性降费各项政策,重点清理银行、电信、铁路、邮政等垄断性行业的不合理收费,清理公路超期收费,加大价格执法检查和反垄断监管力度,确保降费政策得到落实。继续加大简政放权力度,进一步减少审批事项、简化办事程序,通过在线审批监管等方式提高行政服务和监管效率,降低企业制度性交易成本。加大供给侧改革力度,积极稳妥处置"僵尸企业",促进要素优化重组。

(三)保障农畜产品供给能力,稳定农畜产品价格

建设内蒙古主导农畜产品监测预警平台,构建主要农畜产品监测预警体系,实现奶业、羊肉、马铃薯、玉米等特色主导产业监测预警。不折不扣落实好良种补贴、粮食直补、农资综合补贴、草原补奖等惠农惠牧政策,调动农牧民的生产积极性。完善农产品价格形成机制,建立牛羊肉、马铃薯等重要农畜产品价格保护机制。以市场为导向,积极调整品种结构,促进本地蔬菜、生猪、禽蛋等重要农副食品的均衡供应。统筹规划农产品市场流通网络布局,搭建多样化农产品产销对接平台,鼓励农业生产基地、专业合作社在社区菜市场直销直供,积极推广农超对接、农批对接等多种产销衔接方式。积极培育农产品电商示范平台和电商示范旗县、示范企业,打造农产品电商营销模式。

(四)消化存量,优化增量,稳定居民住房消费

积极落实《内蒙古自治区人民政府关于进一步促进房地产市场平稳健康发展的若干意见》,确保政策落实到位。积极推行以购买商品房解决房屋征收货币化安置,通过选择存量商品房解决延期回迁安置问题。合理调节房地产市场供需关系,满足和支持居民合理住房消费。进一步盘活公积金贷款,支

持居民合理的住房贷款需求,加快改善居民住房条件。鼓励房地产开发企业顺应市场规律调整营销策略,加速房地产企业兼并重组,提高产业集中度。清理规范新建商品房销售和进户环节收费行为,加大对房地产开发企业出租住宅有关税费减免力度。培育和发展房屋租赁市场,完善房屋租赁信息服务平台,提升房屋租赁产业化水平。

中心"形势分析"课题组

执笔:田洁　杜勇锋　徐盼

盟 市 篇

\

第十一章

呼和浩特市经济运行特征及 2016 年展望

2015 年以来,面对严峻复杂的内外部形势,呼和浩特市三期叠加特征更趋明显,经济下行压力仍然较大。与此同时,具有首府特色的积极因素、增长动力也在不断积累和释放,全市经济有望保持大体平稳。

一、2015 年呼和浩特市经济运行特征

(一)经济运行特征

需求增长基本稳定。投资稳中有升。前三季度,500 万元以上项目固定资产投资完成 1222.8 亿元,同比增长 14.6%,同比提高 1 个百分点。投资结构不断优化,工业投资保持较快增长,同比增长 48.8%。随着国家多项利好政策陆续出台,房地产开发投资降幅逐渐收窄并趋于稳定。截至 9 月底,房地产开发投资同比下降 5.2%,降幅比 1—8 月收窄 2.6 个百分点;房地产本年新开工面积同比增长 8.6%,涨幅比 1—8 月份提高 5.4 个百分点。城市快速路、大青山前坡综合治理、城中村改造、地下管网、环保设施等基础设施和公共服务等项目加快推进,有力拉动投资需求。

消费增长平稳。前三季度,社会消费品零售总额完成 961.3 亿元,增速为 7.6%,总量居全区首位。消费结构在升级中继续分化,传统消费增长相对平稳,以信息、旅游等为代表的新兴消费快速增长。服装类、粮油食品类、石油制品类和汽车类占限上批零业零售额的 71.2%。其中,粮油食品类增速为 12.4%,服装、鞋帽针纺织品类增速为 5%;石油及制品类增速为 0.4%,较二季

度增速分别提高 13、1.5、12.8 个百分点。占比较大的汽车类实现零售额 115.1 亿元,增速为 3.4%,较二季度增速提高 4.3 个百分点,较近年明显放缓。

工业运行艰难。前三季度,规模以上工业增加值同比增长 9.7%,增速快于上半年 0.5 个百分点。战略新兴工业企业实现增加值 79.2 亿元,同比增长 26.0%,高于规模以上工业增加值增速 16.3 个百分点。工业经济下行压力较大,工业用电量负增长 6.7%,降幅较上半年收窄 0.2 个百分点,全市规模以上工业企业亏损企业占全部规上工业企业的 41%。

服务业稳步增长。前三季度,服务业增加值完成 1428.6 亿元,同比增长 8.1%,增速较上半年提高 1.0 个百分点。旅游、金融、现代物流、电信等产业表现较好,房地产市场逐步回暖。前三季度,旅游业接待人数 2494.5 万人次、实现收入 415.4 亿元,同比分别增长 20.7% 和 25.0%;公路货运量、货运周转量扭转下行趋势,分别增长 9.8% 和 10.6%;金融业实现增加值 229.3 亿元,同比增长 14.3%,高于全市服务业增加值增速 6.2 个百分点,其中保险业务保费收入达 64.9 亿元,同比增长 35.5%;电信营业收入达 64 亿元,同比增长 10.8%;商品房销售明显回暖,销售面积、销售额同比分别增长 2.8% 和 2.4%。

财政收支稳步增长。前三季度,一般公共预算收入累计完成 192 亿元,同比增长 13.8%,位居全区第三位,较全区平均增速快 7.2 个百分点。其中,税收收入完成 138.2 亿元,占财政收入比重为 72%,同比增长 12.6%。一般公共预算支出累计 239.9 亿元,同比增长 15.6%,较上半年提高 25.4 个百分点。其中,民生支出 122 亿元,同比增长 11.9%。

物价保持平稳。前三季度,居民消费价格指数累计上涨 1.8%,较国家、全区分别高 0.4 个和 0.8 个百分点,较全年调控目标低 1.2 个百分点,处于合理区间。从类别看,八大类居民消费价格全部上涨,其中,衣着类、医疗保健及个人用品和娱乐教育文化用品及服务类涨幅较大,分别累计上涨 4.0%、3.9% 和 3.2%。

(二)2015 年呼和浩特市经济走势判断

当前,国内外环境复杂多变,国内经济三季度增速虽略有回落,但总体保持缓中趋稳、缓中有进态势。后期,随着稳增长各项政策效应和改革红利逐步释放,经济运行中积极因素增多,经济增长的稳定性增强,经济增长基本在预期目标范围内。从呼和浩特自身看,鉴于以服务业为主导的经济结构,全市经济增长稳定性较强。2015 年以来,工业、消费等主要经济指标以及全社会用电量、货运周转量等先行指标均呈不同程度回升态势,预计四季度经济运行仍会延续前三季度发展走势,主要经济指标处于年初预定目标合理区间之内。预计全年 GDP 在 8% 左右,规模以上工业增加值增长 10% 左右,固定资产投资增长 14% 左右,社会消费品零售总额增长 9% 左右,一般公共预算收入增长 12% 左右,城镇常住居民人均可支配收入增长 8%,农村常住居民人均可支配收入增长 9%。

二、2016 年呼和浩特市经济发展趋势展望

从国际看,世界经济将延续温和低速增长态势,经济分化仍将持续,发达国家保持温和复苏,新兴国家存较大下行压力,货币政策不确定性增强,能源和大宗商品价格维持低位。从国内看,经济运行中周期性因素和结构性矛盾仍然比较突出,部分行业去产能、部分企业去库存任务十分艰巨,经济下行压力依然较大。但是,我国总体仍处于发展战略机遇期,发展的韧性好、空间大、动力不断增强的基本面没有改变,经济仍将保持中高速增长,国内外多家研究机构预测 2016 年全国经济增长区间在 6.8% —7.0%。

2016 年是推进结构性改革的攻坚之年,呼和浩特市经济运行依然面临较好的发展机遇和有利条件。一是中央提出实行宏观政策要稳、产业政策要准、微观政策要活、改革政策要实、社会政策要托底的总体调控思路,全面落实去产能、去库存、去杠杆、降成本、补短板五大任务,将有效推动我市扩大内需,加速推进产业结构调整,培育形成新的增长动力和经济增长点。二是重大项目将形成新的投资增长点。2016 年,呼和浩特城市轨道项目开工建设,且迎接自治区 70 周年大庆项目也将加快建设,对固定资产投资和经济增长产生巨大拉动作用。三是作为首府城市,提供公共产品和公共服务供给空间大,能够有效扩大投资空间和释放消费潜力,持续拉动经济持续增长。四是作为全区政

治、经济、文化、科教和金融中心,市内有 23 所大专院校,聚集着全区绝大多数的科研院所,创新基础条件较好,创新驱动力较强。

与此同时,2016 年经济运行的压力与挑战不容忽视。一是传统消费增长动力不足,新兴消费有待释放。受房地产市场调整趋势变化影响,家具、家电类消费难有大起色。汽车消费快速增长后,趋于饱和,销售增速趋于下降。养老健康等新兴消费由于供给不足,潜力一定时期内难以释放。电子商务对我市社会消费品零售增长冲击大,本地电商企业规模小,竞争力不足,网销零售额偏小,线下电商大部分都在创业摸索阶段,网购对当地零售额分流严重。二是投资增长压力增大。主要体现在房地产市场持续调整,去库存压力大。虽然目前房地产销售市场略有回暖,但房地产成交量难以持续较快增长。房地产投资增长压力将进一步加大,延续 2015 年低增长态势,房地产投资占比大,投资缺口难以弥补,对投资增长影响较大。三是外部对能源和资源型产品需求下降,能源和大宗商品价格维持低位。我市石油化工、电力能源、冶金建材等行业增长将会持续放缓,工业经济增长压力持续增大,增长动力短期内难以恢复。四是呼和浩特战略新兴产业规模较小,增加值不足百亿,对经济增长带动能力不强。

综上所述,预计呼和浩特市 2016 年地区生产总值增速将在 7.5%左右,规模以上工业增加值同比增长 9%左右、固定资产投资同比增长 12%左右、社会消费品零售总额同比增长 9%左右、一般公共预算收入同比增长 10%左右,城镇、农村常住居民人均可支配收入同比分别增长 8%和 9%左右。

三、对 策 建 议

坚持创新、协调、绿色、开放、共享的发展理念,围绕"五大重点任务",发挥比较优势,加快改革创新步伐,从供给侧和需求侧共同发力,努力拓展稳增长的着力点,推动经济增长动力加快转换,提升经济发展质量和效益。

(一)努力挖掘和培育新增长点,保持经济稳定增长

一是抓好电力、化工、新能源、云计算基地、服务业集聚区、基础设施等大项目建设,充分发挥重大项目对投资的带动作用,有力推动产业转型升级。二

是加快培育新的消费增长点,支持社会力量举办养老、健身、健康、医疗等服务机构,提高公共服务和公共产品供给,大力促进养老家政健康、信息、旅游休闲、绿色、文化体育等领域消费,加快推进"宽带中国"战略和"通信村村通"工程。三是依托首府比较优势和产业基础,加快光伏、新能源、生物产业、新材料、云计算、电子商务等战略新兴产业发展,形成新的经济增长点。四是保持房地产平稳发展。加大消化库存力度,切实做好宣传和舆论导向,引导市民理性消费稳定住房消费,激活市场预期。通过政府政策引导,鼓励住房消费。推动房地产发展转型升级,以质量可靠、环境宜居、配套齐备、价格适宜等有利条件,吸引当地及周边县市人群购房热情,促进房地产市场的健康发展。

（二）坚持创新发展,培育发展新动力

一是发挥人才在创新中的支撑作用,为创新发展提供强有力的人才支撑和智力保障,使首府成为创新人才汇聚高地。二是发挥企业在创新中的主体作用,大力培育和发展高新技术企业,重视中小型创新企业成长,进一步加大财政金融支持中小型科技创新企业的力度,大力发展普惠性金融,设立创新型中小微企业发展专项资金,积极支持创新型企业、中小微企业发展。三是为企业创新提供良好的平台和环境,全面提升金山国家级高新技术产业开发区建设水平,继续办好内蒙古自治区国家大学科技园、内蒙古自治区大学生创业园、留学人员创业园,建设好呼和浩特科创中心。四是发挥政府在推进创新发展中的引导作用,为大众创业、万众创新营造良好的政策环境、体制环境和人文环境。

（三）围绕"五大重点任务",全面深化改革。

一是减少行政审批,落实好国家、自治区财税和金融体制等相关领域改革,降低企业制度性交易成本、减轻税费负担、降低资金成本。二是加快推进投融资体制改革,扩大有效投资,解决"钱从哪里来,投到哪里去"的问题。三是推进供给侧结构性改革,根据我市实际情况,加强调查研究,科学制定有序配套的具体政策,稳妥实施,切实降低去产能、去库存、去杠杆带来的冲击。

（四）着力保障和改善民生,全面提高公共服务水平

一是通过实施产业扶持、转移就业、易地搬迁、纳入低保覆盖范围等措施,加快农村人口脱贫进程,逐步降低我市农村贫困人口数量。二是实施更加积极的就业创业扶持政策,多措并举促进就业、创业,着力增加居民收入。三是加快推进城市棚户区、城中村改造和老旧小区改造工程,确保 300 个老旧小区改造任务按期完成,提升水、热、电、气保障服务能力。四是加快推进学校、医院、文体场馆等公共服务设施建设,提升城市公共服务能力。

中心"形势分析"课题组

执笔:王杰　李斌

第十二章

包头市经济运行特征及 2016 年展望

2015 年以来,在市委、市政府的正确领导下,全市凝心聚力,全面贯彻落实自治区和市委"5421"战略定位,积极应对严峻复杂形势带来的困难和挑战,及时采取稳增长、促改革、调结构、惠民生、防风险政策措施,经济运行稳中有进、稳中向好。

一、2015 年包头市经济运行特征

2015 年以来,全市经济运行呈现"增速回升""结构优化""活力增强""民生改善"态势。

"增速回升"具体表现为经济总量、三次产业、投资、财政收入稳中有升。

经济增速逐步回稳。前三季度,地区生产总值完成 2607.6 亿元,同比增长 7.9%,较一季度和上半年均提高 0.4 个百分点,分别高于国家和自治区 1 个和 0.4 个百分点,经济回稳态势显现。

工业经济持续增长。前三季度,规模以上工业企业实现工业增加值 875 亿元,同比增长 9.7%,增速较一季度和上半年分别提高 0.4 个和 0.5 个百分点,在全区 12 个盟市中保持领先,可以完成增长 10% 的年度目标。钢铁、装备制造、稀土、铝业、电力五大支柱产业实现工业增加值 505.8 亿元,同比增长 9%。其中,钢铁、铝业及稀土产业分别增长 13.3%、12.4% 和 11.1%,装备制造业增长 6.9%,电力产业下降 14%。共争取到自治区电力综合扶持资金 5.6 亿元,发放市级电价补贴 4081.7 万元,帮助企业恢复生产。停产企业由年初

的 96 户下降到 34 户,亏损企业由 214 户下降到 140 户。

服务业增速有所回升。前三季度,服务业增速达到 6.9%,较一季度和上半年分别提高 1 个和 0.2 个百分点。金融机构各项存款余额 2768.1 亿元,同比增长 9.6%,贷款余额 2085.3 亿元,增长 18.7%。在一系列房地产政策的推动下,去库存化步伐加快,上半年及七八两月新建商品房销售均较上年同期大幅增长,前三季度受上年房交会基数偏大的影响,销售 25367 套,面积 268.9 万平方米,同比分别下降 3% 和 7.6%;二手房成交 12889 套,面积 108.3 万平方米,同比分别增长 18.4% 和 23.3%。

农牧业生产基本稳定。受严重旱灾影响,农作物实际有效播种面积 360 万亩。全年粮食产量预计 106 万吨,同比减少 9 万吨,粮食作物已收获 243 万亩。截至 9 月底,全市牲畜存栏 474 万头(只),同比增长 8.4%。其中,羊存栏 412 万只、出栏 338 万只,同比分别增长 10.5% 和 5.1%。奶牛存栏稳定在 17 万头。

固定资产投资力度加大。前三季度,固定资产投资完成 2216.8 亿元,同比增长 15.5%,较一季度和上半年分别提高 2 个和 1.1 个百分点。其中,一产投资完成 60 亿元,同比增长 12.6%,二产投资完成 1064.6 亿元,同比增长 10.7%,三产投资完成 1092.2 亿元,同比增长 20.8%。受"十个全覆盖"工程、公共基础设施投资加快等利好因素影响,三产投资增速较上半年提高 9.8 个百分点,较前 8 个月提高 5.8 个百分点。

财政收入保持较快增长。前三季度,公共财政预算收入 213.6 亿元,同比增长 15.8%,较一季度和上半年分别提高 1.3 个和 0.7 个百分点。其中,税收收入 137.8 亿元,增长 18.5%;非税收入 75.8 亿元,增长 11.2%。同期,公共财政预算支出 306.9 亿元,同比增长 18.3%。其中,民生支出达 250.8 亿元,占公共财政预算支出的 81.7%。

结构优化具体表现为,三次产业、投资内部结构不断改善。

工业结构逐步优化。前三季度,高技术产业实现工业增加值 5.3 亿元,同比增长 13.1%,增速高于全市 3.4 个百分点。战略性新兴产业增加值达 153.1 亿元,同比增长 11.4%,增速高于全市规模以上工业增速 1.7 个百分点,占规模以上工业的比重为 17.5%。

新兴服务业快速成长。前三季度,注册电子商务企业 387 户,较年初增加 120 户。重点监测的稀交所、和兴惠客、同利、永盛成 4 户企业完成交易额 179 亿元,是上年全年交易额的 3.5 倍。成功举办"第二届国际装备制造业博览会""第二届国际牛羊肉产业大会"等展会 30 余次,参展企业达 2930 家,展会订单及意向合同累计达 116 亿元。成立东河区和土右旗家庭服务业综合服务中心,建立大学生家庭服务业创业园和家庭服务业发展研究中心,新认定家庭服务企业 51 家,累计达到 216 家,社区家庭服务站 25 个,累计达到 155 个。

现代农牧业园区加快建设。土右、九原、达茂、固阳 4 个农牧业示范园区,共实施基础设施等项目 25 个。其中,田丰马铃薯、小尾羊屠宰加工基地等 3 个项目已投产运营。土右、九原、青山 3 个食品加工园区已入驻企业 37 家。其中,圣田农业无公害蔬菜保鲜分装、呱呱叫面食烘焙等 4 个项目投产运营。

投资结构明显改善。前三季度,高技术产业完成投资 46.8 亿元,同比增长 66.1%,高于全市投资增速 50.6 个百分点;企业改建和技术改造投资累计达 657.6 亿元,同比增长 38.3%,高于全市投资 22.8 个百分点。此外,农村牧区投资大幅度增加,农牧区面貌发生深刻变化。

此外,城乡居民稳步增收,前三季度,城乡居民收入分别完成 28864 元和 9606 元,同比分别增长 7.5% 和 8.2%,较上半年分别提高 0.3 个和 0.7 个百分点。就业形势基本稳定,城镇新增就业 3.7 万人,高校毕业生就业 1.75 万人,城镇登记失业率 3.88%。社会保障水平稳步提高。市场物价保持平稳。

总体上看,前三季度全市经济形势平稳向好,主要经济指标持续稳定回升。但是,受国际国内市场需求不足影响,经济企稳回升基础还不牢固。当前经济运行存在的主要问题:一是企业效益下滑严重,亏损情况未见好转。二是主体税种减收明显,收支平衡难度加大。三是新的经济增长点尚未形成,发展动力依然不足。

二、2016 年包头市经济发展趋势展望

2016 年是实施"十三五"规划的第一年,也是深化重点领域改革的关键之年,既迎来难得的发展机遇,也面临更加严峻的挑战。

"机遇"主要表现为:一是国家宏观经济形势将有所改善。今年我国经济总体呈现减速下行态势,随着连续降息降准、扩大财政支出和清费降税,"一带一路"、京津冀协同发展、中俄蒙经济合作走廊、呼包银榆经济带等重大战略的深入推进,中国制造2025、"互联网+"、东北振兴若干重大政策举措和国家"17+6+3+1"稳增长发展重点逐步落实,我国经济发展的外部环境和内部活力将出现温和复苏态势。二是一系列政策措施成效逐步显现。随着自治区全面实施《呼包鄂城市群规划》《进一步支持现代装备制造业加快发展的若干意见》,以及减轻企业税费负担和降低企业用电成本等政策措施,加之我市制定出台的支持稀土产品交易、规范风电太阳能发电发展、扶持小微企业、优化国土资源、促进房地产健康发展、电力综合扶持和推进企业间协作配套等一系列组合式政策措施,都将为我市深化与周边地区合作、加快现代装备制造业发展带来机遇,同时,为减轻企业负担和稳定企业运行创造更加良好的环境。三是改革红利进一步释放。行政审批制度改革不断深入,简政放权方面,全市行政审批事项由269项减少到43项,成为全国同类城市中审批事项最少的城市之一。规范管理方面,把分散在各单位的审批职能全部集中到行政审批大厅,审批时限由16天压缩到4天。"先照后证"方面,上半年全市新注册企业、资本,分别增长29.2%和33.3%。制定出台权力清单、责任清单、负面清单和收费清单。涉企涉民收费由140项减少到60项。四是重大项目的有序推进将更好地发挥支撑带动作用。神华煤制烯烃二期、包钢550万吨稀土刚板材、包铝60万吨电解铝、比亚迪新能源车等重一批大产业项目和环城铁路升级改造、国际口岸机场、立体综合交通枢纽等一批重大基础设施项目加紧建设,以及清洁能源输出基地、电力外送通道、呼银客专、包榆客专、城市轨道交通、天然气包头支线等一批重大工程前期工作的加快推进,都将明显缓解我市经济发展动力不足的困扰。五是中央经济工作会议把供给侧结构性改革作为2016年的中心工作,重点是抓好去产能、去库存、去杠杆、降成本、补短板五大任务。自治区经济工作会议则对加强结构性改革提出了明确的工作部署,要坚决有力化解过剩产能,多措并举降低企业成本,扎实有序消化房地产库存,聚焦短板扩大有效供给,高度重视防范金融风险。2016年作为供给侧改革的攻坚之年必将给我市释放更多的市场活力和消费潜力。

"挑战"主要表现为：一是宏观经济形势不容乐观，下行压力依然未减。从全国、全区情况看，主要指标增速同比均在回落。产业发展新旧动力转化依然艰难，投资、消费、出口需求减弱的趋势仍在惯性延续，经济整体触底反弹的态势还未显现。二是工业产品价格持续低迷，企业运行形势依然严峻。国际国内两个市场需求仍然疲弱，导致国际大宗工业原材料和国内主要工业品价格持续下降。受此影响，全市规模以上工业企业利润下滑明显，亏损企业的亏损总额大幅增加。三是消费需求依然不足，对外贸易降中企稳。受经济大环境和电商分流等影响，全市社会消费品零售总额增速较上年同期回落 3 个百分点左右，是影响生产总值增长的主要因素。对外贸易虽然降幅有所收窄，但依然持续回落，受今年收入增速回落和需求减少的影响，消费和外贸明年的前景也不乐观。四是社会投资信心不足，固定资产投资压力较大。虽然当年项目建设和投资增长取得了较好成绩，但因宏观经济走势不确定性增强、下行压力持续增大，项目建设仍然面临着推进力度不够，一些项目存在前期缓慢、开而不建的问题；投资意愿不强，存在减缓和暂停投资的现象；融资渠道不畅，导致建设资金紧张等突出问题。

总体看，2016 年，全市经济将延续平稳向好发展势头。按照"十三五"规划纲要确定的发展目标，结合"十三五"时期宏观形势前低后高的发展研判，2016 年，全市经济社会发展的主要目标确定为：地区生产总值增长 8%左右，固定资产投资增长 12%左右，社会消费品零售总额增长 9%左右，公共财政预算收入增长 7.5%左右，城镇常住居民人均可支配收入增长 8%左右，农村牧区常住居民人均可支配收入增长 9%左右，城镇登记失业率控制在 3.9%以内。

三、对　策　建　议

2016 年，既要正视困难，又要坚定信心，主动作为、攻坚克难、狠抓落实，努力把各项工作任务完成更好，实现"十三五"开好头、起好步，为全面建成高质量的小康社会奠定坚实的基础。

（一）抓好项目建设，保持固定资产投资稳定增长

一是抓好重大项目调度。组织实施806个投资亿元以上重点项目，坚持重点项目"月调度、季分析、半年总结、年终考核"推进机制，确保各项前期手续齐全的续建项目5月底前全部复工、新建项目8月底前全部开工，力争年内投资突破2400亿元。创新重点项目前期手续办理进度日常调度机制，加快完善全市重大项目云监控平台，争取在2016年一季度前完成二期开发，向规划、国土、环保等审批部门开放，按月调度各项前期手续办理情况。

二是抓好项目策划储备。抓住国家实施中国制造2025、"互联网+"、国际产能合作等重大举措和落实"17+6+3+1"稳增长发展重点的有利时机，协同旗县区再策划一批项目上报自治区，争取能有更多的项目进入国家和自治区的规划和项目库。

三是抓好招商引资。抓住国家实施"一带一路"战略、中俄蒙经济合作走廊等契机，加大对俄蒙的资源利用和招商引资工作，积极开拓俄罗斯、蒙古国市场。加强与环渤海、京津冀、呼包银榆等地区的联系和协作，围绕重点区域和产业开展专题招商，主动承接天津钢铁深加工、有色金属制品、日用化工等项目，承接北京化工、机械制造、汽车、电子等项目。

（二）支持实体经济发展，推动产业结构优化升级

一是促进企业稳定生产。全面落实扶持企业发展的政策措施，有效解决企业生产运营中的困难问题，清理规范不合理收费，争取扩大享受优惠电价的范围，鼓励发展自备电厂和采取直供电方式，积极争取国家、自治区微电网试点，帮助企业降低成本，减轻负担，促进企业稳定生产，健康运营。

二是促进服务业加快发展。加快发展物流业、电子商务等生产性和养老、健康、家政等生活性服务业。推进传化公路港、公路铁路物流园区、航空物流园区建设，早日建成公路港、铁路港、航空港项目，逐步构建融入国家"一带一路"发展战略的综合立体物流体系。编好电子商务发展规划。重点支持稀土、化工、炭、大宗农畜产品、是再生资源等交易平台建设。加快北梁商贸旅游区、中国（包头）少数民族文化产业展示交易中心等重点文化产业项目建设。

三是促进农牧业增产丰收。继续打造土右、九原、固阳、达茂4个现代农牧业示范园区，加快建设土右、九原和青山3个大型食品加工园区。积极发展

休闲观光农牧业。着力抓好蔬菜保护地建设,加强农畜产品流通体系建设,提早做好畅通销售渠道等服务,帮助农牧民增产增收。

四是大力实施创新驱动战略。建立完善科技成果转化和技术转移机制,继续推进新型体制的产业技术研究院的建设工作。鼓励高校和科研机构的科研人员来包创业,加快成果转化。加大打击盗版、侵犯知识产权等不法行为力度,努力营造大众创业、万众创新的良好社会氛围。

(三)努力优化发展环境,鼓励引导群众扩大消费

一是引导房地产市场健康发展。支持居民合理购房需求,鼓励单位集体团购,通过搭建购房者与开发企业之间的购销平台,扩大交易量。密切关注非住房高库存风险,适当减少非住房土地供应,减轻非住房库存压力。

二是加快培育新的消费业态。分析研究、研判把握市场消费形势和动态,着力培育新的消费热点,拓宽消费空间,加快消费升级,有效释放消费潜力。促进旅游餐饮、健身美容、休闲娱乐等服务消费。加快发展个性化消费,鼓励生产制造企业面向个性化、定制化消费提供产品和服务。

三是稳步扩大进出口规模。落实进口贴息、信贷、信用保险等政策,进一步完善出口退税制度,支持外贸龙头企业开拓国际市场,鼓励企业引进先进技术、关键设备及零部件,保持外贸稳定增长。

(四)推进重点领域改革、扩大向北向西开放

一是加快推进供给侧等重点领域改革。启动供给侧结构性改革,按照"五个一批"的要求,尽量多兼并重组,少破产清算,淘汰落后产能,提高供给体系质量和效率。大力推广 PPP 模式,实施地下综合管廊等一批试点项目,形成示范带动效应。抓好碳排放交易平台建设,尽快开展碳排放交易业务。深化户籍制度改革,细化、完善落户条件,稳步推进农业转移人口和其他常住人口落户城镇。积极推进配售电改革试点,全力争取国家批准东河铝业园区开展配售电改革专项试点,切实降低用电成本,重点服务于稀土合金铝等产业。

二是积极拓展向北向西开放。积极推进中蒙跨境经济合作区、国家重点开发开放试验区和满都拉口岸保税区建设。加快包头市跨境电商贸易平台项目建设,鼓励企业通过第三方电商平台发展商贸、物流、金融等跨境产业。创建自治区出口稀土新材料质量安全示范区,努力向建设蒙西自贸区的目标迈进。

三是深化对外交流合作。鼓励包钢、一机等企业扩大出口规模。引进国际先进技术和人才资源。加快中欧装备制造合作园和韩国城项目建设。推动呼包鄂协调发展,加强公路、铁路等基础设施互联互通,促进产业分工协作、优势互补。

中心"形势分析"课题组

执笔:呼亚格　李刚

第十三章

呼伦贝尔市经济运行特征及 2016 年展望

2015 年以来,面对严峻的经济形势和繁重的发展改革任务,在自治区党委、政府的正确领导下,呼伦贝尔市全面贯彻党的十八大和十八届三中、四中、五中全会精神,贯彻习近平总书记系列重要讲话和考察内蒙古重要讲话精神,认真落实自治区党委九届十四次全委会议及王君书记讲话精神,协调推进"五位一体"总体布局和"四个全面"战略布局,深入落实"8337"发展思路,统筹做好稳增长、促改革、调结构、惠民生、防风险各项工作,努力把握改革、发展、稳定的平衡点,积极发掘经济发展和民生改善的结合点,全市经济运行总体平稳,呈现稳中有进,稳中向好局面。

一、呼伦贝尔市经济运行特征

2015 年,呼伦贝尔市全面贯彻国家和自治区各项决策部署,主动适应经济发展新常态,保持了稳中有进、稳中向好的良好态势,预计全年地区生产总值完成 1609 亿元,同比增长 8.2%;限额以上固定资产投资完成 924 亿元,同比增长 15.1%,公共财政预算收入完成 102 亿元,同比增长 6.5%,社会消费品零售总额完成 546 亿元,同比增长 8.3%,城镇常住居民人均可支配收入完成 27266 元,同比增长 10%,农村牧区常住居民人均可支配收入完成 11934 元,同比增长 11%,全市经济运行表现出新的特征和亮点。

"十个全覆盖"等重大民生工程对经济增长的拉动作用明显。呼伦贝尔市大力推进"十个全覆盖"工程、保障性安居工程等民生工程建设,"十个全覆盖"工程全年完成投资 80.3 亿元;保障性安居工程开工 30906 户,结转和新建的各类保障性安居工程全年预计完成投资 100 亿元。这些工程的实施,极大地提高了农村牧区、垦区、城市棚户区群众的生产、生活条件,同时增量投资也对稳定经济增长发挥了积极作用。

工业结构调整成果逐渐显现。前三季度,玉米加工业完成产值 111.07 亿元,同比增长 21.7%,较规模以上工业总产值增速高 15.6 个百分点,占工业产值比重达到 11.9%。有色金属采选业完成产值 72.15 亿元,同比增长 54.6%,较规模以上工业总产值增速高 48.5 个百分点,所占工业产值比重达到 7.7%。农畜产品加工企业户数达到 156 户,实现产值 425 亿元,同比增长 7%。新兴产业产值的增长一定程度上弥补了煤、电、石油、建材、木材等传统行业下行造成的影响。

服务业支撑作用更加凸显。前三季度,第三产业增加值完成 418.3 亿元,增长 8.9%,增速居全区第一位,第三产业对 GDP 的贡献率达 46.3%,拉动 GDP 增长 3.6 个百分点。旅游业、进出口继续成为拉动第三产业增长主引擎,共接待国内外旅游者 1310.5 万人次,增长 13%,旅游总收入完成 393.2 亿元,增长 19%。全市贸易进出口总额完成 22.02 亿美元,同比增长 14.4%,其中出口额完成 8.96 亿美元,同比增长 96.5%。金融业发展继续提速,经济支撑力进一步增强,金融机构人民币各项贷款余额达 881.5 亿元,增长 19.4%,增速排全区第三位;社会融资总规模达到 1450 亿元,增长 17.4%,超过存款余额 211.4 亿元。

基础设施投资大幅增加。狠抓投资和项目建设,2015 年公路基础设施投资预计将完成 100 亿元。新林北至扎兰屯高速公路、那吉屯至尼尔基一级公路等 6 个续建项目正在加快推进;哈达图至海拉尔、海拉尔至伊敏一级公路等 5 个新开工项目进展良好。此外,机场群建设不断提速,扎兰屯支线机场以及新右旗、阿荣旗、莫旗通用机场建设进展顺利;海拉尔机场扩建工程、陈旗及满归通用机场项目前期工作正加快推进,全市航空经济发展基础进一步夯实。

全面深化改革,市场活力不断激发。简政放权不断推向深入,改革成为对冲经济下行的重要动力。前三季度,市场主体注册资本金达到 845.3 亿元,同比增长 24.4%;有效注册商标达到 2882 件,增加 247 件,增长 9.4%。民间投资增势迅猛,前三季度,民间投资达到 389.4 亿元,同比增长 14.3%,占全部投资的 48%。此外,PPP 模式项目推进取得积极进展,目前呼伦贝尔市已有 13 个项目列入国家项目库,28 个项目列入自治区项目库,市本级调度项目 31 个,总投资 58.1 亿元,已累计完成投资 23.79 亿元。

二、2016 年呼伦贝尔市经济发展趋势展望

呼伦贝尔市属于东北经济区,产业大多处于各产业链条的初中游,宏观经济波动因素经过传导,必然会对经济运行产生影响,呼伦贝尔市整体经济增长有赖于东北经济的复苏以及新兴市场的开拓。

(一)2016 年呼伦贝尔市经济面临的环境

从国内看,宏观经济形势依然复杂。一是增长动力正在发生转换。"三驾马车"中消费需求基本平稳,固定资产投资增速持续下降,进出口表现疲弱。二是工业增长继续下滑,前三季度,工业增加值累计同比增长 6.2%,增速同比回落 2.3 个百分点,较上半年回落 0.1 个百分点;9 月份,制造业 PMI(采购经理指数)总体延续 6 月份以来的下行趋势。三是结构性通货紧缩比较严重。国际初级原材料价格下跌通过进口形成了输入性通货紧缩,自 6 月下旬以来,能源、食用品、金属等初级原材料价格持续下跌。从东北经济区看,三省工业经济增长维持低位,9 月份黑龙江省工业增加值同比增长 0.7%,该增速为 2015 年最高增速,较 8 月份提高 0.2 个百分点;吉林省工业增加值同比增长 5.2%,较 8 月份提高 0.3 个百分点;辽宁省工业增加值同比下降 7.6%,降幅为 4 月份以来最大。前三季度,黑龙江、吉林、辽宁三个省份地方公共财政收入增速分别为-15.8%、1.1% 和-27.4%,整体降幅依然很大。此外,东北三省企业效益持续下滑,企业扭亏增效、下岗员工安置已经成为首要问题。

呼伦贝尔市第二产业的比重为 46.8%,分别高于第一、三产业 28.7 和 11.7 个百分点,是全市第一大产业。全国煤炭、电力、水泥、木材、石油价格的下行,特别是东北地区需求的下降对呼伦贝尔的工业经济产生直接影响,呼伦贝尔市经济正处在新旧动能转换的艰难进程中。一是工业下行势头仍在延

续,传统行业增长压力凸显。从价格看,前三季度,原煤、有色金属、水泥、甲醇、二甲醚、尿素和味精价格小幅下降,原油和乳制品价格下降幅度较大;从产值看,煤炭开采业、电力行业和食品工业产值增速小幅波动,石油开采业、水泥制造业和木材加工业产值同比降幅较大;从效益看,全市规上工业企业效益继续下滑,规模以上企业实现利润总额44.05亿元,同比下降34.6%。二是重点项目推进难度加大。受市场预期不明朗、项目前期手续办理更加严格等因素的影响,部分项目业主投资和建设意愿不强,截至11月末,208个市级重点项目开复工170个,开复工率81.7%,累计完成投资357.6亿元,完成年度计划的86.5%。三是消费需求动力不足。传统商业消费模式向网购等新兴消费模式分流趋势明显,全年社会消费品零售总额同比增长8.3%,增速较上半年提高0.2个百分点,较全区高出0.2个百分点,增幅较2014年回落3.2个百分点。

(二)2016年呼伦贝尔市经济发展趋势判断

呼伦贝尔市地域广大、资源富集、产业多元,经济发展回旋余地大。2016年是呼伦贝尔市着力加强结构性改革,去产能、去库存、去杠杆、降成本、补短板的关键一年,全市经济发展面临许多新机遇,也存在诸多新困难和挑战。

机遇方面。一是国家战略及试点带来的机遇。呼伦贝尔市处西部大开发、东北等老工业基地振兴等国家战略叠加带,国家、自治区明确支持绿色食品、文化旅游、生态经济等转型产业,为全市打造知名农畜产品品牌、提高旅游接待能力水平、继续做强玉米生物等新兴产业带来难得历史机遇。二是转变发展方式带来的机遇。国家、自治区提出未来经济发展要更加注重绿色低碳和提质增效,为呼伦贝尔市贯彻绿色发展理念,加快发展绿色农畜产品加工、节能环保和碳汇产业创造了良好环境。三是国家"一带一路"战略带来的机遇。呼伦贝尔中俄蒙合作先导区、额布都格中蒙跨境合作区即将全面建设,满洲里重点开发开放实验区建设加快推进,为全市进一步对外开放,实现产业联动和协作提供了难得机遇。

挑战方面。一是经济结构调整面临压力。受产能过剩和环保趋严双重压力,煤炭、化工等传统产业已不可能继续高速发展态势,新兴产业尚未形成足够支撑能力;投资增速回落,在建项目建设进度趋缓,增量调结构目标面临挑战。二是市场化程度有待提升。国有企业仍占据优势资源,民营经济的发展空间需进一步拓展;中高层次企业管理人才缺乏,现代企业制度建设滞后,发现市场、服务市场能力有待提升。三是区域发展不平衡问题亟须破解。各旗市间,农、牧、林、垦、矿区之间发展不平衡,如何促进区域协调发展、打造市域发展的整体合力,还有大量工作要做。

综合判断,2016 年呼伦贝尔市外部经济环境仍然错综复杂,但多元的经济结构决定了全市的经济发展仍具有极强的韧性。随着服务业发展提速,呼伦贝尔市经济增长将增添新动能;随着工业产业内部联动发展,煤炭、电力等过剩产能在市域内部的消纳能力不断增强;随着改革推向深入,民营经济发展活力不断释放。预计 2016 年呼伦贝尔市经济发展将继续保持稳中有进的态势。

三、对策建议

2016 年是"十三五"开局之年,面对持续加大经济下行压力,呼伦贝尔市要继续全面贯彻党的十八届五中全会和自治区九届十四次全委会精神,落实好国家、自治区出台的各项政策、措施,坚持宏观政策要稳、产业政策要准、微观政策要活、改革政策要实、社会政策要托底的总体思路,继续以全面深化改革为动力,不断推进"美丽发展、科学崛起、共享繁荣"的新进程,重点做好以下几方面的工作。

(一)确保投资强度,抓好投资效益

一是转变投资方式。通过规划布局、产业政策引导,合理确定企业和政府的投资方向,促进投资向经济社会薄弱环节、科技、民生、环保、战略新兴产业倾斜。二是提高投资效益。继续发挥市场对资源配置的基础性作用,落实企业投资决策的主体地位,按照市场需求放宽投资领域,鼓励引导社会投资需求,扩大企业和社会资本投资规模;完善政府投资的民主决策制度,统筹当前发展和中长期发展、经济发展和社会发展的关系,提高国民经济发展的整体效益。三是加强项目库建设。在基础设施、优势产业、生态建设、民生工程等领域加快项目谋划,围绕国家、自治区确定的投资方向、投资方式,对接重点工程

计划,把项目储备工作做实,推进项目滚动批次发展。

(二)推进产业结构战略性调整,优化生产力空间布局

一是大力发展新兴支柱产业。继续做大玉米生物产业规模,以阜丰、同联为龙头,不断拓展产品线,提高精细产品比重;以驰宏、中金黄金为龙头,构建有色金属产业"探、采、选、冶、加"全产业链;发挥肉业集团等现有企业的积极性,贯通肉产业上下链条,整合饲料、屠宰、肉类加工等相关行业,发挥绿色优势,打造知名肉产品品牌。二是巩固提升传统产业。以降低成本为重点,推动煤炭、电力、煤化工企业开展深度合作,建立稳固的利益联结机制,发挥产业链整体效能,以低成本煤基产品开拓国内市场;以提高产品附加值为重点,推动木材加工行业从原木初加工领域向家具、建筑构件等成材再加工领域延伸。三是抓好生产力重新布局。依据岭西、岭东、岭上地区的资源禀赋及气候特点,鼓励不同经济地理区域的优势产业发展,限制其非优势产业发展;支持优势产业的集中布局,大力发展县域经济,鼓励在每个旗市区内形成1—2个主导产业,在旗市区之间形成分工合作、利益共享的协同机制,打造竞争的整体合力。

(三)抓好中心城区建设,打造发展新空间

一是推进海鄂陈牙一体化发展,打造呼伦贝尔经济社会发展的核心极,逐步破除四地协同发展的制度性障碍,推动在四地间形成方便快捷的交通系统,集中在中心城区布局发展生产性服务业,鼓励市域内的大企业在中心城区建立总部。二是将扎兰屯打造为岭东发展新增长极,发挥其历史上作为商贸中心的传统优势,利用铁路、航空、公路综合交通枢纽的优势,立足当前的产业、人口基础打造区域发展次中心。三是加强呼伦贝尔市的总体统筹。对经济中心范围内各产业的发展进行统一谋划,集中使用资金抓好中心地区基础设施建设,鼓励人口向经济中心城区迁移。

(四)深入推进开放协作,提高开放型经济水平

一是全面推进中俄蒙合作先导区建设。争取自治区参照满洲里出台支持呼伦贝尔市先导区建设的实施意见,编制实施方案,分步骤、分阶段地落实国家给予支持的重大事项。二是加大中蒙跨境经济合作区建设的推进力度。开展合作区"四规"合一(中方)综合规划的编制工作,启动中方5平方公里核心区基础设施项目前期工作,开展规划项目的前期招商。三是开展有针对性的重点招商。围绕做大新兴产业、延伸产业链条,利用友好城市等各种平台加强与东北地区、环渤海地区的经济协作,在农畜产品加工、生物制药、旅游产业等领域加大招商力度。

(五)大力发展民生社会事业,确保人民共享发展成果

一是继续抓好重点民生项目建设。通过调动社会各界的力量,继续加大力度,确保全面完成"十个全覆盖工程"建设任务。二是扎实开展三大扶贫工程。全力实施自治区"金融扶贫富民工程",继续开展"三到村三到户"扶贫攻坚工程,努力开展好"金种子(金融)扶贫增收工程",尽快解决现行标准下6.28 万人口的贫困问题。三是继续做好创业就业工作。落实《呼伦贝尔市关于推进大众创业万众创新的实施意见》,抓好创业园和创业孵化基地建设;强化创业服务,培育和树立典型,加大宣传力度;继续做好就业困难人员就业援助和农牧民转移就业工作。

(六)强化发展要素保障,不断筑牢发展基础

一是推进全市生态文明建设。实施好三北防护林、沙区综合治理、退牧还草等重点生态工程;推进全市美丽发展,按照国家生态红线、耕地红线要求,在发展与保护间找到平衡点;注重发挥生态效益,着力发展生态产业,继续有序开展低碳城市试点工作,争取红花尔基碳汇交易项目上市交易。二是大力推进基础设施建设。下决心解决制约经济发展的基础设施瓶颈,2016 年,争取完成公路基础设施投资 100 亿元;铁路方面,继续推进滨洲电气化改造、阿莫铁路以及相关企业铁路专用线项目,全年计划完成投资 38 亿元;机场方面,确保扎兰屯支线机场,新右旗、阿荣旗、莫旗通用机场实现通航,初步形成"以点到面"的航空网络布局。三是加强人才的培养和引进。支持呼伦贝尔学院、呼伦贝尔职业技术学院等院校的发展,培养呼伦贝尔经济社会发展急需的各类人才,通过提高待遇等方式引进外来人才特别是内蒙古籍人才。

中心"形势分析"课题组

执笔:寇子明　张大为　何振华　巴岩

第十四章

兴安盟经济运行特征及 2016 年展望

2015 年以来，兴安盟紧紧围绕"四个全面"战略布局，深入贯彻习近平总书记系列讲话精神、自治区九届十三次全委会议精神和"8337"发展思路，全力推动经济社会各项事业发展，在全国、全区经济下行压力持续加大的情况下，全盟经济总体实现稳步增长。

一、2015 年兴安盟经济运行特征

前三季度，全盟地区生产总值完成 279.98 亿元，同比增长 8.1%，增速比第一季度和上半年分别提高 0.2 和 0.4 个百分点，完成全年计划的 55.8%。

（一）三次产业运行总体平稳

农牧业生产再获丰收。一是粮食增产已成定局。2015 年，农作物播种面积达 1547 万亩，同比增加 12.5 万亩，预计 2015 年全盟粮食实际产量可以达到 126 亿斤，再创历史最好水平。二是畜牧业存栏和产品产量再创新高。2015 年牧业年度牲畜存栏达到 1343 万头（只），为历史最好水平。其中，大小畜存栏达到 1261 万头（只），生猪存栏近 82 万口，肉羊存栏超过 1000 万只，畜种结构得到进一步优化。1—9 月份，肉类总产量达到 12.98 万吨，同比增长 12%；牛奶产量达到 30.2 万吨，同比增长 31.9%。三是农牧业产业化发展提速。截至 9 月底，农畜产品加工企业开工 31 家，其中产业化重点龙头企业 27 家。销售收入百万元以上企业共实现销售收入 61 亿元，增加值达 20 亿元。

工业经济运行平稳。前三季度,规模以上工业企业累计实现现价产值293.2 亿元,实现增加值 108.6 亿元,同比增长 9.7%,完成全年计划目标的73.8%。一是规模以上工业企业生产态势良好。截至 9 月底,规模以上工业企业达到 191 户,实现产值 293.2 亿元,同比增长 13.1%。规模以上工业企业用电量 8.1 亿千瓦时,同比增长 1.4%。水泥、钢材等工业产品销售市场进一步拓宽,工业产品销售率达到 95.5%,同比持平。二是主要工业产品产量平稳增长。前三季度,重点统计的工业产品中,钢材、水泥、白酒、精制食用油等多数产品产量实现增长。

服务业重点领域运行态势良好。一是物流业增长较快。截至 9 月底,乌兰浩特机场旅客吞吐量 33 万人次,同比增长 59.2%;货邮吞吐量 1950 吨,同比增长 39.3%;阿尔山机场旅客吞吐量 7.6 万人次,同比增长 52.2%,货邮吞吐量 281 吨,同比增长 2.7 倍。公路运输客运量 405 万人次,同比下降 9.5%;货运量 3025 万吨,同比增长 7.5%。公路运输客运量下降原因主要是私家车自驾出行增多。二是金融业形势总体平稳。截至 9 月底,金融机构各项存款余额 446.1 亿元,同比增长 16.5%;各项贷款余额 469.8 亿元,同比增长32.9%,鉴于全年支农信贷投放力度大幅提升,三农贷款增速较快,同比增长达 31.3%,占全盟累计贷款的 70%。同期,保险业得到较快发展,截至 9 月末,保险业实现保费收入 14.3 亿元,同比增长 29.4%。三是旅游业快速发展。1—9 月份,旅游业总收入实现 47.3 亿元,同比增长 20.1%,接待旅游人数452.7 万人次,同比增长 19.9%。其中,阿尔山市旅游业总收入实现 28.6 亿元,同比增长 22%,接待旅游人数 213 万人次,同比增长 21.8%。阿尔山国际圣水节、扎赉特旗神山登山旅游节品牌建设卓有成效,吸引了大量国内外游客。

(二)投资需求持续旺盛

前三季度,500 万元以上固定资产投资完成 346.3 亿元,同比增长18.1%,完成全年计划目标的 81.5%。从产业看,第一产业投资 35.6 亿元,增长 48.2%;第二产业投资 128.3 亿元,增长 3.6%,第三产业投资 182.4 亿元,增长 25.6%。

区盟两级重大项目进展顺利。2015 年,全盟纳入考核范围的重大项目

119 项,总投资 1565.7 亿元,当年计划完成投资 307.1 亿元。截至 9 月末,已复开工 106 项,复开工率 89%,完成投资 150.4 亿元,完成年度计划的 49%,占全部固定资产投资的 43.4%,同比提高近 10 个百分点。我盟 6 个列入自治区级的重大项目共完成投资 21.2 亿元,完成年度投资计划的 72.1%。

招商引资进展顺利。截至 9 月末,共引进国内(盟外)投资项目 274 个,总投资 575 亿元,引进国内(盟外)资金 210.4 亿元,完成全年任务的 65.8%。

(三)消费市场保持活跃

前三季度,社会消费品零售总额完成 146.2 亿元,同比增长 8.2%,完成全年计划目标的 68.3%。

市场物价温和上涨。前三季度,居民消费价格总指数同比累均上涨 1.7%,高于自治区 0.7 百分点,高于全国 0.3 个百分点,低于调控目标 1.3 个百分点。

房地产市场止跌企稳。前三季度,房地产销售 81.1 万平方米,同比增长 5.6%,增速连续 16 个月下降后首次实现增长。其中,住宅销售 68.5 万平方米,同比增长 6%,环比增长 26.9%。住宅售价平均每平 3172 元,同比下降 6.6%,环比增长 2.2%。

(四)财政收支持续增长

前三季度,地方财政总收入完成 42.1 亿元,同比增长 15.1%,完成年初预算的 79.4%。其中,公共财政预算收入完成 21 亿元,同比增长 17.3%,完成全年计划目标的 85.4%。公共财政预算支出完成 154.9 亿元,同比增长 22.8%,"十个全覆盖"等重大民生工程支出得到了保证。

(五)人民生活水平稳步提高

城乡居民收入稳定增长。前三季度,城镇居民人均可支配收入达到 16938 元,同比增长 8.9%;农村居民人均可支配收入达到 5309 元,同比增长 9.3%。

社会保障面稳步扩大。截至 9 月底,城镇新增就业 11879 人,登记失业率控制在 3.99%以内。城乡居民社会养老保险综合参保率达 98%,新型农村合作医疗参合率达 98.8%,同比分别提高 2 个和 0.83 个百分点。

二、2016 年兴安盟经济发展趋势展望

（一）2016 年兴安盟经济运行中面临的有利因素

经济结构继续优化。2015 年前三季度,第三产业增加值比重达到 42.1%,同比提高 2.3 个百分点,现代服务业保持较高增速,比重不断提高,对经济增长的支撑力逐步增强。

传统产业转型升级加快。烟厂二期技改全面完成,细支烟等新产品市场份额逐步扩大,卷烟单箱利税由 2014 年的 8600 元提高到 2015 年的 9200 元,产品价格由 2014 年的 11330 元/箱提高到 2015 年的 12714 元/箱;河北敬业集团投资 12 亿元的乌钢节能改造升级工作有序推进,此外,奥特奇 2000 吨中蒙药技改、释佳矿业 5000 吨能力技改等项目进展顺利,将有效,扩大市场份额。

创新驱动发展战略实施效果显现。培育 2 家国家级高新技术企业和 12 家自治区级民营科技企业,扶持建立 2 家自治区级工程技术中心和 1 家自治区级企业研发中心,组建兴安盟源龙源集团农牧业院士工作站。加强与国际绿协的战略合作,推进秸秆资源综合利用,扎赉特旗 6 万立方米生物天然气、突泉县秸秆制作系列建材项目进展顺利,经济效益日渐显现。

企业生产成本有效降低。大力推进电力大用户直接交易,乌钢 2015 年交易电量 1 亿千瓦时,吨钢生产成本降低近 80 元。通兴硅业、金源达重化工纳入第四批蒙东电力大用户直接交易范围,有力推动降低生产成本,年内可新增产值近 2 亿元。此外,京科发电有限公司进入蒙东电力直接交易供电企业范围,全盟参加交易企业达到 4 户。对未列入直接交易的用电大户、新增用电企业,由盟旗两级给予 0.03 元每千瓦时的地方性补助。2016 年我盟将继续推进大用户直供电政策,破解电价瓶颈,促进企业提质增效。

（二）2016 年兴安盟经济运行面临的主要问题

经济下行压力仍然较大。在经济下行压力持续显现困难局面下,2015 年前三季度,全盟主要经济指标增速在全区各盟市排名仍位居前列。其中,地区生产总值、规上工业增加值、固定资产投资、公共财政预算收入和农村居民人

均可支配收入等五项指标增速位列全区首位,城镇居民人均可支配收入增速位列全区第二位,社会消费品零售总额增速位列全区第三位。但在增速排名靠前的情况下,除固定资产投资和公共财政预算收入外,2015年前三季度其他指标增速均低于年度目标,完成难度较大。在无新增长点支撑情况下,2016年我盟主要经济指标增速仍将处于下行态势。

投资后劲不足。尽管固定资产投资增速位居全区前列,但鉴于主要工业产品为初级产品,且受产能持续过剩、需求不足影响,民间投资意愿减弱。另外,房地产市场扩容艰难,房地产投资压力剧增。2015年前三季度,房地产开发完成投资24.5亿元,同比下降9.6%;房地产业税收收入同比下降33.1%,分别较2014年和2013年同期回落19.5个和66.3个百分点,企业利润下降明显。加上受房地产调控宏观政策、信贷政策和市场预期等因素的影响,房地产后续投资面临一定压力。

经济回升势头还不稳固。工业企稳回升态势不明显,2015年前三季度规模以上工业增加值同比增长9.7%,增速较2014年同期回落1.9个百分点,较2013年同期回落4.8个百分点,增速呈持续下行状态,暴露出我盟工业产业层次低,结构性矛盾突出,根基不稳,亮点不多的问题,始终保持快速增长困难很大。

融资瓶颈约束凸显。采取多种举措帮助企业缓解资金压力,但仍有许多中小微企业存在资金短缺问题,2015年前三季度,全盟金融机构对中小微企业贷款投放余额24.5亿元,增量和增速均低于去年同期。从企业自身看,抵押物不足、产品不稳定、管理不规范等因素导致贷款困难,银行惜贷、限贷现象增加。

完成节能目标压力较大。由于“十一五”期间全盟工业发展仍处于起步阶段,能耗和排放基数较低。按自治区下达我盟“十二五”节能目标任务总体进度要求,2015年单位GDP能耗下降率为0.9%。按常规进度经过努力可如期完成,但兴安34万千瓦热电联产项目投产后,单位GDP能耗便将增长2.9%。而且,随着全盟更多工业项目建成投产,节能目标完成难度加大。

(三)2016年兴安盟主要经济指标预测

地区生产总值。自治区初步安排“十三五”期间年均增长7.5%,结合实际,我盟初步安排“十三五”期间年均增长8%左右。2016年是“十三五”开局之年,考虑我盟大部分重点项目将在“十三五”后三年投产见效,2016年指标安排不宜过高,增速按 8% 把握。

规模以上工业增加值。预计可实现 162 亿元,增长 10% 左右。

固定资产投资。初步汇总,我盟 2016 年实施的重大项目 111 项,总投资 1228.5 亿元,当年完成投资 272.54 亿元。500 万元以上固定资产投资按预计完成 475 亿元左右,增速按 12% 把握。

社会消费品零售总额。结合对第三产业发展趋势的预测,2016 年,社会消费品零售总额按完成 222 亿元,增长 10.5% 左右把握。

公共财政预算收入。2016 年公共财政预算收入完成 27 亿元,增长 8% 左右。

城乡居民收入。2016 年公车改革将增加行政事业单位人员的工资性收入,从近几年我盟城镇居民收入构成看,工资性收入占比较大,2016 年城镇居民人均可支配收入按 24400 元,增长 8% 左右把握。2016 年国家对农牧业的投入不断增加,特别是推进"十个全覆盖"工程有效改善了农村牧区的生产生活条件,激发了农牧民生产积极性,2016 年全盟农村居民人均可支配收入按 8700 元,增长 9% 左右把握。

三、对　策　建　议

(一)加快项目建设进度,推动投资稳步增长

一是全力推进项目建设。根据全年的目标任务倒排工期,全面梳理,加大项目推进力度。二是进一步加强投资项目的储备、管理和落实工作。把 6 个自治区级重大项目作为全盟重点项目建设的首要任务,强力推进,确保项目顺利推进。三是加强在建项目督查,加快预算内资金拨付力度。

(二)继续加大盯跑力度,加快重大项目前期工作

一是集中精力推动 40 亿立方米煤制气项目前期工作;二是争取将科右中旗 2×66 万千瓦火电项目纳入通辽扎鲁特旗至山东青州电力外送通道范围;三是继续推进京科二期 1×35 万千瓦空冷供热机组建设项目前期工作。此外,重点交通、水利项目也要按计划推进各项前期工作,尽快具备开工条件,争取早日开工建设。

（三）关注重点企业运行，确保工业平稳增长

一是加强对重点行业和重点企业的监测，特别是对乌钢、烟厂等对全盟工业经济影响较大企业的监测力度，结合当前企业运行特点和旬报情况，对各项数据进行提前预警分析，帮助企业解决实际困难。二是抓好新增规模以上工业企业，积极发掘工业新的经济增长点。

（四）充分发挥政府职能，破解融资难题

一是帮中小微企业筹资。落实小微企业税收优惠和清费政策，加大财政对企业贷款、担保等的支持，发展中小金融机构，降低融资成本，缓解小微企业融资难题。引导和帮助小微企业稳健经营，增强盈利能力和发展后劲。二是为重点项目争资。要抓住国家对水利设施、保障性住房等领域重点建设的机遇，积极争取更多中央和自治区投资。同时，放宽投资限制，调动民间投资的积极性。加强银企沟通，规范担保运作和民间借贷，引导银行调整信贷投放方向，向重点项目倾斜。

（五）强化节能目标责任考核，狠抓贯彻落实

按照目标责任要求，将目标任务进一步分解落实到基层单位、重点行业和重点企业。密切监控高耗能行业生产情况，推动重点企业节能降耗，提高生产效率，淘汰落后生产工艺，进一步降低单位产品能耗。

（六）充分发挥资源优势，打造世界级旅游观光、休闲度假基地

拓展红色文化、蒙元文化内涵，积极引进有实力的大企业，高水平、高标准规划建设景区景点，重点培育打造阿—海—满精品旅游线路，加快发展草原文化、特色旅游产业。重点以阿尔山市为龙头，以乌兰浩特市为中心节点，规划、整合、提升全盟特色旅游资源。争取到 2017 年，全盟旅游人数达到 600 万人次以上，旅游总收入实现 52 亿元，旅游产业直接从业人数达到 2 万人以上，间接从业人数达到 10 万人以上；到 2020 年，全盟旅游人数达到 1000 万人次以上，实现旅游总收入 85 亿元，旅游产业直接从业人数达到 8 万人以上，间接从业人数达到 20 万人以上。

（七）立足优势产业，全力打造绿色农畜产品加工基地

立足生态资源优势，突出生态文明理念，打绿色牌，突出现代农牧业主攻方向，推进农牧业生产向标准化、集约化、集成化转变，努力把兴安盟建设成为蒙东地区的绿色食品基地。进一步稳定粮食综合生产能力，积极发展特色种

植业、森林产业和林下经济。围绕培育肉、乳、稻米、杂粮杂豆、酱菜和林下产品等特色产业,加强标准化绿色原料基地建设,突出发展肉羊、肉牛、奶牛、生猪、禽类规模化养殖。加快转变畜牧业生产方式,大力发展舍饲畜牧业和农区畜牧业。扶持农牧业产业化龙头企业做大做强,把兴安大米、兴安小米、兴安肉羊品牌做优做靓,打造精深加工产业链,提高农畜产品精深加工水平。

(八)降成本、补短板,加快推进供给侧结构性改革

一是降低企业生产成本。深入贯彻落实国家和自治区发展改革委关于取消、停征、免征和降低的部分行政事业性收费项目和收费标准,并认真清理、整顿和规范我盟涉及"三农三牧"和涉及企业生产、流通、销售环节的各项收费。继续推进实施大用户直供电政策,帮助企业降低生产成本,增强优质企业竞争力。二是培育发展战略性新兴产业。组织开展生物、新材料、农机制造、高技术服务业等重点领域调研工作,明确重点领域产业链培育方向、路线图和重大示范项目。大力培育特色产业链,在生物医药、生物育种、农机制造领域培育一批特色产业链,促进产业延伸和产业升级。三是扩大消费新供给。继续实施宽带内蒙古发展工程,全面提升网络覆盖范围和服务能力。推进信息惠民工程、物联网应用工程,推动电子政务、电子商务建设。推动旅游景区基础设施建设,丰富健康、旅游、养老等服务产品供给。

(九)全面深化经济体制改革,激发地区发展活力

一是促进投资体制改革。为创新投资管理,提高工作效率和简化审批程序,切实落实好改革任务,适时根据国家和自治区在投资体制改革的政策出台我盟相应政策和规定。二是全力推进价格改革。继续推进居民阶梯水价制度,在条件成熟的地区,推进一般工商业和农业生产用电城乡同价工作。加强供热价格调研,积极探索煤价与供热价格联动机制,努力疏导价格矛盾,正确引导社会舆论。建立和完善我盟农产品价格形成机制。及时公布淡、旺季生鲜乳收购参考价。三是加快社会信用体系建设。积极配合自治区发改委开展信用体系建设工作,加快建设信用平台。

中心"形势分析"课题组

执笔:尹广天　杨梦轩　郭磊　邢昱旻

第十五章

通辽市经济运行特征及 2016 年展望

2015 年,通辽市深入贯彻学习国家、自治区和全市经济工作会议精神,协调推进"四个全面"战略布局,牢牢把握"稳中求进"工作总基调,有效落实国家、自治区稳增长、调结构、促改革、惠民生、防风险一系列政策措施,扎实推进 34 个重点工作行动计划,及时出台关于进一步强化稳增长 33 条、稳定工业经济增长 20 条、促进房地产市场健康发展 40 条和发展现代服务业等政策文件,强化调度分析和督查落实,全市经济运行呈现企稳回升态势,稳中有进、稳中向好局面。

一、2015 年通辽市经济运行特征及走势判断

前三季度,通辽市地区生产总值完成 1176.36 亿元,增长 7.7%,增速位居全区第 6 位,其中第一产业增加值完成 82.17 亿元,增长 3.3%;第二产业增加值完成 670.01 亿元,增长 8.4%,其中规模以上工业增加值增长 8.9%;第三产业增加值完成 424.19 亿元,增长 7%。城镇常住居民人均可支配收入实现 19158 元,增长 8.7%,农村牧区常住居民人均可支配收入实现 7108 元,增长 9.1%。

（一）经济运行特征

现代农牧业稳步发展。2015 年,建成节水高产高效粮食功能区 852 万亩,预计粮食总产量将超过 200 亿斤。建设型畜牧业加快发展。牧业年度牲畜存栏 2111.56 万头(只),其中牛 302.4 万头,同比分别增长 5.2%、10%。农

牧业标准化体系进一步完善。已建成肉牛、玉米、荞麦、红干椒等 9 大产业标准化体系,落实标准化示范基地 29 个。全国首例肉牛质量安全追溯平台一期工程已投入运行,实现肉牛及牛肉产品"从牧场到餐桌"全程质量可追溯。

工业转型升级步伐加快。前三季度,规模以上企业户数达到 592 户,规模以上工业增加值增长 8.9%,同比回落 1.9 个百分点。主导产业发展势头向好。铝新材料产业产品总数达到 260 个,原铝转化率达 80%,内蒙古蒙东铝及铝新材料工程技术研究院已经投入使用,加快了铝工业新材料产业由"材料制造"向"装备制造"转变步伐。同时,紧紧抓住国家对电解铝行业在建和建成违规项目进行清理整顿的机遇,我市共 318.3 万吨电解铝指标已得到国家发改委、经信部公示,为打造煤电铝产业基地延伸加工奠定发展基础。玉米生物科技产业形成 15 大类、119 个产品,玉米淀粉转化率达 53%。新兴产业规模不断壮大,伯恩露笑蓝宝石晶体产量达到 178 吨,欣意稀土高铁铝合金电缆项目产品获国内 80 多项专利并进入国网订单目录,福耀生产优质汽车玻璃20 万吨,国内外市场份额不断扩大。蒙药集团成功收购科尔沁药业,规模进一步扩张,将于年底完成上市工作。

现代服务业加快发展。前三季度,社会消费品零售总额实现 320.92 亿元、增长 7.4%。物流业增加值实现 220 亿元,增长 5%,驻市金融机构人民币各项贷款余额 832.7 亿元,比年初增加 96.83 亿元,全市社会融资总量达到1660.73 亿元,比年初增加 250.98 亿元。旅游业。共接待游客 590.31 万人次、增长 23.6%,实现旅游收入 133.62 亿元、增长 16.2%,电子商务企业达318 家,创建电子商务品牌 23 枚,交易额实现 23 亿元。电子商务产业园区入驻电子商务企业 80 家,被商务部评为"第二批国家电子商务示范基地",草原旭日连续三届获得全国电子商务示范企业称号,同城网上超市覆盖主城区社区已达 70 个,覆盖率 71%,已建设行政嘎查村电商服务站 878 个。

投资保持平稳增长。前三季度,限额以上固定资产投资完成 1055.7 亿元,增长 15.8%,列入自治区计划的 31 个重大项目已全部开工,开工率100%,完成投资 241 亿元,完成年度任务的 101%;45 个市级重大项目全部开工,开工率 100%,完成投资 92 亿元,完成年度任务的 83%;列入东北振兴若干意见的 8 个重点项目已有 4 个项目开复工,通辽至鲁北高速公路、霍林郭勒机场、棚户区改造和独立工矿区搬迁改造部分项目年初以来累计完成投资 38 亿元。

地方财政和城乡居民收入稳步增长。前三季度,公共财政预算收入完成 91.68 亿元,同比增长 6.1%,公共财政预算支出完成 261.5 亿元,增长 17.9%;全体居民人均可支配收入 12192 元,增长 8.9%,城镇和农村牧区常住居民人均可支配收入分别实现 19158 元和 7108 元,分别增长 8.7%和 9.1%。

群众生活持续改善。深入实施农村牧区"十个全覆盖"工程,前三季度,完成投资 65 亿元。扎实推进"三到村三到户"精准扶贫和金融扶贫富民工程,整合各类扶贫资金 30.95 亿元,完成全年计划任务的 109%,实现项目覆盖扶持 1.9 万户、7.5 万贫困人口。推进实施三大产业集群带动 30 万人就业三年行动计划,推动大众创业、万众创新。前三季度,城镇新增就业 15564 人,完成全年目标 92.1%,高校毕业生实现就业创业或落实就业去向 6790 人,完成自治区下达目标计划的 86.2%。城镇医疗保险实施市级统筹,城镇职工和城镇居民医保政策范围内住院费用报销比例分别提高到 85%和 75%,统筹基金年度最高支付限额提高到 30 万元和 20 万元,城镇居民医保各级财政补助提高到每年每人 380 元。前三季度,农村牧区危房改造工程已开工 33032 户,完工 26781 户,完成自治区下达的第一批改造任务,完成投资 20 亿元;完成城市棚户区房屋征收 8876 户,开工建设安置住房 17205 套,完成投资 17.83 亿元。

(二)经济运行中存在的主要问题

一是经济下行压力依然较大。GDP 增速已连续三季度持续回落,特别是受部分工业产品价格持续下降影响,工业经济下行压力依然较大,部分企业由于停产时间较长,资产负债率较高,盘活难度较大。二是重大项目投资增速放缓。前三季度,亿元以上施工项目 98 个,同比减少 27 个,投资增速仅为 2.6%。房地产开发投资增幅继续呈下降态势。前三季度,全市完成房地产开发投资 49 亿元,下降 49%。三是财政收入压力较大。前三季度,全市地税收入和国税收入的完成进度分别低于时序进度 8.84 个百分点和 13.5 个百分点,公共财政预算收入增长主要靠非税收入支撑,严重影响了收入质量。四是节能压力较大。2015 年以来,我市锦联、霍煤鸿骏扩产等新增耗能大户相继投产运行,导致能源消费量高速增长,一季度,我市单位 GDP 能耗增长 2.8%,

超自治区下达任务 3.8 个百分点。上半年,我市单位 GDP 能耗增长率为 3.1%,增长幅度高于第一季度,节能压力持续加大,超出自治区下达给我市的年度节能任务目标。

(三)2015 年通辽市经济走势判断

受国内外大环境影响,2015 年我市经济下行压力较大,工业、消费、财政收入、居民收入增长方面尤为凸显,完成全年目标任务有一定难度。初步预计 2015 年全年,全市地区生产总值完成 1900 亿元,同比增长 8%,其中:第一产业完成 296 亿元,增长 4%;第二产业完成 941 亿元,增长 8.7%(其中规模以上工业增加值增长 9.2%);第三产业完成 663 亿元,增长 8.4%;三次产业结构发展到 15.6∶49.5∶34.9;固定资产投资完成 1280 亿元,增长 15%;公共财政预算收入完成 120.4 亿元,增长 6.5%;社会消费品零售总额实现 470 亿元,增长 8%;城镇居民人均可支配收入实现 25411 元,增长 9%,农村牧区居民人均可支配收入实现 10836 元,增长 10%;完成自治区下达的年度节能减排任务。

二、2016 年通辽市经济发展趋势展望

2016 年国际经济环境依然复杂多变,世界经济将延续缓慢复苏态势。全国全区仍处于大有作为的重要战略机遇期,前进道路上面临的机遇和挑战前所未有,但战略机遇期的内涵和条件发生了深刻变化。综合分析国际、国内和区内发展环境,2016 年是我市转型发展极其关键的时期,既面临新的重大历史机遇,也面临新的挑战。总的判断,机遇大于挑战。我市欠发达的基本市情还没得到根本改变,在产业转型升级、创新能力提升、基础设施建设、生态环境保护、民生改善和社会公共服务保障等方面肩负任务愈发艰巨,必须主动适应新常态、引领新常态,在世情、国情、区情、市情变化中占据主动、趋利避害,在国家和自治区发展战略格局中把握各种有利条件,坚定信心,奋发有为,变压力为动力,化挑战为机遇,增强经济社会发展的耐力和韧性,实现科学发展、转型发展、率先发展。

鉴于 2016 年面临的新形势、新任务,根据中央、自治区经济工作会议、全

市经济工作会议和《中共通辽市委关于制定国民经济和社会发展第十三五规划的建议》精神,按照"五位一体"总体布局和"四个全面"战略布局,牢固树立并贯彻落实创新、协调、绿色、开放、共享的发展理念,适应经济发展新常态,坚持改革开放,坚持稳中求进,坚持稳增长、调结构、惠民生、防风险,围绕我市"十三五"时期全面建成小康社会的总体目标,全面落实"宏观政策要稳、产业政策要准、微观政策要活、改革政策要实、社会政策要托底"五大政策,全面落实"去产能、去库存、去杠杆、降成本、补短板"五大任务,着力推动供给侧结构改革,提高供给体系质量和效率,提高投资有效性,加快培育新的发展动能,改造提升传统比较优势,增强持续增长动力,为努力实现"十三五"奠定良好开局。

结合基本市情,按照"十三五"时期主要任务,初步考虑2015年全市经济和社会发展的主要目标是:全市地区生产总值增长8%,公共财政预算财政收入增长7%,限额以上固定投资增长13%左右,社会消费品零售总额增长10%,城镇常住居民人均可支配收入增长9%以上,农村牧区常住居民人均可支配收入增长10%以上,完成自治区下达的年度节能减排降碳指标任务。

三、对 策 建 议

(一)推动固定资产投资保持较快增长

一是进一步强化项目调度,以列入自治区和市本级调度的重大项目及列入东北振兴若干意见的8个重点项目为抓手,全力抓好重大项目组织实施。二是加快推进重大项目前期。及时组织专题协调推进会,集中联审,一对一解决项目前期工作问题,加快补齐完善前期手续,畅通审批"绿色通道",确保项目尽快落地开工。积极向国家和自治区汇报对接,加快推进通辽连接京沈客专快速铁路项目可研获得国家批复;推进"引绰济辽"工程可研获得国家批复,同时做好支线工程前期工作;推进扎鲁特—山东青州±800千伏特高压直流输电工程科研通过电力规划设计总院正式评审;推进吉煤达莱胡硕煤矿项目获得国家核准;力争科左中旗百万千瓦风电基地年内列入国家风电核准计划,并完成核准,积极争取将该基地作为扎鲁特—山东青州±800千伏特高压直流输电工程的存量电源。三是抓好项目储备工作。会同各地、各部门,认真谋划一批对经济社会发展带动作用强的重大项目,进一步完善全市"十三五"重点项目库,争取把一批重大项目、重大工程纳入到国家和自治区总体规划和专项规划。四是积极争取建设资金。围绕国家确定"7631+4"投资领域,做好 2016 年中央、自治区预算内资金争取工作,盘活财政存量资金。深入开展银企对接,推动专项建设债发行工作,支持重点项目建设。推动投融资体制改革,鼓励民间资本发起设立产业投资和股权投资基金,加快推广 PPP 合作模式,充分运用 PPP 项目促成政府和大企业集团合作。

(二)推进经济加快转型发展

一是加快发展现代农牧业。加强农田水利等基础设施建设,提高农牧业技术装备水平。稳住粮食生产,大力发展建设型畜牧业,提高农牧业综合生产能力。推进农牧业标准化、规模化和品牌化建设,创新农牧业生产经营方式,加快构建新型农牧业经营体系。调整种养结构、产品结构和区域结构,提高农畜产品质量和安全水平。二是优化提升工业发展水平。紧紧围绕"五大基地""三大产业集群"建设,推动实施"中国制造 2025",坚持调整存量、做优增量,进一步提高资源能源综合利用水平、高技术成果产业化水平,加快推进清洁能源、铝新材料、新型煤化工、玉米生物科技、绿色农畜产品加工等优势特色产业转型升级,加快培育云计算、高端装备制造、新材料、节能环保、生物医药等战略性新兴产业,努力把新兴产业培育成新的支柱产业。落实好稳定工业经济运行 50 条综合扶持政策措施,扩大大用户直供电范围。落实涉企收费目录清单,切实减轻企业税费负担。三是加快发展服务业。全面落实国家、自治区、我市出台的一系列政策措施,坚持市场主导和改革创新,完善体制机制和政策环境,发挥好政府统筹规划、政策引领作用,激活民间投资。深入挖掘服务业发展潜力,巩固提升传统服务业,大力培育壮大"互联网+"、大数据、移动互联网、信息服务、高技术服务业、电子商务、健康养老、体育健身、家政、会展等新兴服务业态。培育主体功能突出的服务业集聚区,支持现代金融、现代物流、商贸流通、旅游休闲、文化创意、科技创业等行业适度集中,促进文化旅游深度融合,保持房地产业健康稳定发展,实现生产性服务业向专业化、社会化方向发展,努力扩大服务供给规模,发挥服务业对经济社会发展的支撑引领作用。

（三）实施创新驱动发展战略

一是营造有利于创业创新的制度环境。加强市场基础性制度建设和法治建设，鼓励和引导创新要素合理流动，统筹推进人才强市工程，推动大众创业、万众创新，使改革创新成为推动转型发展、内涵发展的核心动力。二是拓展产业发展新空间。改造提升传统优势产业，围绕铝新材料、现代煤化工、玉米生物、肉牛、蒙药、现代装备制造等产业开展技术攻关，突破一批重大技术瓶颈，掌握一批关键核心技术，促进区域自主创新能力整体提升。实施"互联网+"行动计划，积极培育壮大新成长企业。三是加快科技创新体系建设。瞄准新一轮科技革命和产业变革方向，围绕"五大基地"和"两个屏障"建设的科技需求，构建由企业、科研院所、高校、科技服务机构等组成的区域创新网络，推进产学研协同创新，加强科技孵化器、专业技术转移机构和科技成果产业化平台等创新载体建设，支持企业联合高等院校、科研院所围绕特色优势产业实施重大技术创新工程。强化科技大市场、蒙医药研究院、铝新材料研究院、生物高科技创新园等科技创新平台的引领作用。四是深入推进文化创新。以积极适应新常态的文化自觉，更好地深化文化体制改革，优化文化创新环境，加强文化创新人才培养，传承发展、创新发展科尔沁草原特色文化，支持文化、科技、"互联网+"融合发展，培育新型文化业态。

（四）加快构建开放型经济体系

主动融入国家"一带一路"战略和自治区"草原丝绸之路经济带"建设，努力打造草原丝绸之路重要节点城市。加强与俄罗斯和蒙古国合作，推进基础设施互联互通，抓好航空口岸临时开放前期工作，扩大与俄蒙的经贸往来和人文交流，争取与俄蒙经济合作有实质性进展。加强与沿海发达地区、东北经济区、环渤海、东北亚等海内外大市场的对接协作，重点在服务业等方面有针对性地开展招商活动和深度合作，抓好与大连市政府的合作，推动物流业转型升级。加强与兴安盟、锡盟的沟通对接，重点在交通、水利设施互联互通，优化水和煤炭资源配置，实现水煤组合效益最大化，搞好铝新材料、现代煤化工等产业协作，带动下游配套产业发展，促进区域市场整合和现代服务业发展。

（五）加快推进城乡统筹发展

坚持"以人为本、优化布局、'五化'同步、生态文明、传承文化、制度创新"的基本原则，按照"三个一百万"人口布局，注重城乡联动、民生优先、产城融合和制度创新,完善城市规划建设管理体制机制。加强主城区规划建设管理,有序推进农牧业转移人口市民化,不断提升主城区功能和品位,创建全国文明城市、国家级卫生城市,建成全国文化旅游名城,优化城镇空间布局,加快城镇化发展质量和水平,统筹城关镇老区改造和新区建设,建设一批各具特色的工业镇、商贸镇和文化旅游名镇。实施好农村牧区"十个全覆盖"工程,推进基础设施统筹共建,加快公共服务向中心镇、嘎查村延伸,着力构建区域性中心城市、实力县城、特色小镇、美丽宜居乡村新型城镇化体系。

(六)加强生态文明建设

一是加大生态保护建设力度。加快创建国家森林城市步伐,实施科尔沁沙地"双千万亩"综合治理工程,抓好生物多样性保护示范区、退耕还林还草、生态脆弱区移民搬迁、矿山地质环境治理等重点生态工程建设。二是强化资源节约。合理调整产业结构和能源消费结构,淘汰落后产能,推进高耗能行业的技术进步,严格控制开采使用地下水,集约节约利用土地资源。三是加大环境治理力度。全面贯彻新修订的《环境保护法》,加强减排治污重点工程建设和节能减排绩效管理,统筹推进以大气、水和土壤为重点的污染综合治理,有效改善环境质量。严格环评、能评制度,加强产业政策、环境准入和污染物排放标准的约束机制,从源头防止环境污染和生态破坏。

(七)抓好民生社会保障工作

加快推进群众期盼、社会关注度高的改革事项,突出抓好扶贫攻坚、创业就业、百姓安居、社会事业、农村牧区"十个全覆盖"等重点民生工程,解决好联系服务群众"最后一公里"问题。

(八)做好"十三五"规划《纲要》编制和审定工作

围绕深入贯彻落实十八届五中全会精神,按照党委、政府工作部署,按时保质完成"十三五"规划《纲要》和各行业专项规划编制工作,依法依规完成规划审定工作,切实发挥规划对地区经济社会发展的引领作用,促进全市经济实现中高速增长、产业迈向中高端水平。

中心"形势分析"课题组

执笔:刘兰英　李秀峰　赵英君

第十六章

赤峰市经济运行特征及 2016 年展望

2015 年,赤峰市经济总体呈"缓中趋稳、稳中有进"发展态势。但受外部宏观环境复杂多变、内部新生动力不足等因素影响,主要指标增速普遍回落,经济下行压力依然较大。

一、2015 年赤峰市经济运行特征及走势判断

(一)经济运行特征

初步核算,前三季度赤峰市地区生产总值实现 1162.18 亿元,同比增长 8.0%。其中,第一产业 88.29 亿元,增长 3.2%;第二产业 605.2 亿元,增长 8.4%;第三产业 468.69 亿元,增长 8.1%。

农牧业生产形势较好。2015 年,农作物播种面积 2132 万亩,与上年同期基本持平,总体苗情好于往年。畜牧业生产基本稳定。截至三季度末,猪出栏 114.37 万头,增长 0.7%;牛 57.71 万头,增长 6.1%;羊 362.64 万只,增长 1.9%。猪肉产量与上年同期持平;牛肉产量增长 1.3%;羊肉产量与上年同期持平。

工业生产稳定增长。前三季度,规模以上工业增加值同比增长 8.9%。重点行业完成增加值同比增长 8.9%,占规模以上工业增加值的 95.8%,拉动规模以上工业增长 8.5 个百分点。其中,冶金工业增加值增长 18.2%,占 50.4%,拉动规模以上工业增长 8.7 个百分点。能源工业增加值下降 5%,占规模以上工业的 20.9%。其他重点行业中,食品、化工、纺织等行业保持增

长,医药制造、建材、机械制造等行业为负增长。规模以上工业企业产销率 97.7%。

固定资产投资较快增长。前三季度,500 万元以上项目固定资产投资完成 1010.84 亿元,同比增长 15.6%。分产业看,第一产业投资 167.37 亿元,增长 1%;第二产业投资 484.95 亿元,增长 37%;第三产业投资 358.51 亿元,增长 1%。第二产业投资中,工业投资增长 34.1%,比全部投资增速高 18.5 个百分点,占全部投资比重为 46.5%。施工项目 1998 个,增长 17.8%。其中本年新开工项目 1756 个,增长 19.2%。

消费品市场稳中有增,进出口同比下降。前三季度,社会消费品零售总额完成 454.8 亿元,同比增长 8.1%,比全区平均水平高 0.3 个百分点。商品销售(营业)额 1032.64 亿元,增长 14.5%。分行业看,批发业商品销售额 518.54 亿元,增长 13.6%;零售业商品销售额 439.24 亿元,增长 15.2%;住宿业营业额 15.94 亿元,增长 14.9%;餐饮业营业额 58.91 亿元,增长 18.1%。前三季度全市对外贸易进出口总额同比下降 16.9%。其中,进口下降 26.1%;出口增长 40.4%。

财政收入保持增长,金融存贷比有所提高。前三季度,公共财政预算收入完成 78.71 亿元,同比增长 5.7%。其中税收收入 54.08 亿元,下降 3.8%,占公共财政预算收入的 68.7%;非税收入 24.63 亿元,增长 34.9%,占 31.3%。公共财政预算支出 278.21 亿元,增长 15.6%。截至 9 月末金融机构人民币各项存款余额 1484.29 亿元,同比增长 8.8%,其中城乡居民储蓄存款余额增长 4%。金融机构人民币各项贷款余额增长 11.7%,其中中长期贷款余额增长 16.5%。金融存贷比 78.9%,比上年同期提高 3 个百分点。

居民收入保持较快增长,物价总水平基本稳定。前三季度,全体居民人均可支配收入 11715 元,同比增长 9.1%。其中城镇常住居民人均可支配收入 19399 元,增长 8.8%;农村牧区常住居民人均可支配收入 5974 元,增长 9.4%。前三季度全市居民消费价格总指数同比上涨 1.6%,比 1—8 月回落 0.1 个百分点。八大类商品和服务价格 7 升 1 降,食品类、烟酒类、居住、衣着类、医疗保健和个人用品、娱乐教育文化用品及服务、家庭设备用品及维修服务价格上涨,交通和通信价格下降。

(二)经济运行中存在的主要问题

一是宏观经济下行压力依然较大。前三季度,地区生产总值增速 8%,与上年同期持平。其中,第一产业增长 3.2%,同比回落 0.9 个百分点;第二产业增长 8.4%,同比回落 1.3 个百分点。从工业情况看,全部工业增长 8.4%,同比回落 1.8 个百分点;工业用电量下降 7.5%,回落 16.5 个百分点;铁路发货量下降 22.1%,回落 34.2 个百分点;公路货运量增长 7.1%,比上年同期回落 26.2 个百分点;截至 9 月末金融机构人民币各项贷款余额增长 11.7%,回落 9.1 个百分点。

二是工业经济不容乐观。产品价格低迷,前三季度,工业品出厂价格指数同比下降 5.5%,其中黑色金属采选和冶炼分别下降 19.1% 和 11.6%,有色金属采选和冶炼分别下降 6.3% 和 7.2%,煤炭开采下降 7%,电力生产下降 1.3%。负增长企业较多,有 185 户企业总产值负增长,占规模以上工业企业总数的 33%。经济效益下滑,1—8 月规模以上工业企业主营业务收入增长 3.1%,比上年同期回落 4.1 个百分点;利润总额下降 16.5%,回落 29.2 个百分点。规模以下工业增长乏力,其增加值占全部工业的 14% 左右。前三季度,全市规模以下工业企业增加值增长 4.2%,比规模以上工业增加值增速低 4.7 个百分点。

三是固定资产投资后劲不足。前三季度,固定资产投资增长 15.6%,与上年底和今年一季度、1—4 月相比,分别回落 0.4 个、2.9 个、1 个百分点。前三季度,全市 5000 万元以上重点项目投资增长 12.3%,低于固定资产投资增速 3.3 个百分点,重点项目投资后劲不足。

四是社会消费动力仍显不足。前三季度,社会消费品零售总额增长 8.1%,比上年同期回落 3.6 个百分点。其中,城镇增长 8.8%,同比回落 3.9 个百分点;农村牧区增长 4.6%,同比回落 2.5 个百分点。从市场销售看,全市商品销售额增长 14.5%。其中,零售业增长 15.2%,同比回落 0.4 个百分点;住宿业增长 14.9%,同比回落 0.5 个百分点。

五是财政收支矛盾较为突出。前三季度,公共财政预算收入增长 5.7%,比上年同期回落 5.5 个百分点。其中,税收收入下降 3.8%,财政增收压力依然较大。受民生领域支出增加影响,公共财政预算支出达到 278.2 亿元,高出公共财政预算收入 199.5 亿元,财政收入与刚性支出矛盾较为突出。

(三)2015 年赤峰市经济走势判断

从目前赤峰市国民经济"缓中趋稳、稳中有进"发展态势看 2015 年赤峰市国民经济主要经济指标能够完成:

地区生产总值年底完成 1912 亿元,增长 7.5%左右;

地方财政总收入年底完成 104 亿元,增长 6.1%左右;

规模以上固定资产投资年底完成 1275 亿元,增长 15.8%;

社会消费品零售总额年底完成 655 亿元,增长 11.5%;

城镇居民人均可支配收入年底完成 25600 元,增长 10.4%;

农牧民人均纯收入年底完成 9010 元,增长 11.1%左右。

二、2016 年赤峰市经济发展趋势展望

从国内看,当前我国经济增长面临转折,经济增速放缓,企业负债率高企,工业领域通缩,CPI 长期处于低位徘徊,代表工业景气程度的 PPI 指数连续四十多个月的为负。统计局公布的 9 月 PPI 指数同比下降 5.9%,中国或陷入全面通缩,存在资产负债表衰退的危险。一段时间内各级政府都面临着本地区经济"增长与转型"的问题。

从全市看,赤峰是边疆内陆型城市,经济增长主要依靠国内市场及投资来拉动。矿产资源、金属原材料、能源等产品占 GDP 比重较大。因此,我们的判断是在这种宏观背景下,2016 年赤峰市经济发展仍将处于"缓中趋稳、稳中有进"发展态势。

有利因素:一是开局之年。2016 年是"十三五"规划的开局年,新目标、新起点、新谋划将激发发展活力。二是利好政策。赤峰列入《全国老工业基地调整改造规划》;享受"西部开发""振兴东北"政策;国家推动实施的创新驱动战略,改革红利的持续释放,京津冀协同发展战略;新一轮"京蒙对口帮扶合作"政策;国家提出加大对棚户区改造等政策;面向"环渤海经济圈"和"东北经济区"的国家级承接产业转移示范区。这些都给赤峰优化结构升级产业带来了发展机遇。三是前期项目储备。赤峰市委、政府按照全国经济工作会议

精神及全区经济工作会议部署,紧紧围绕自治区发展战略及本地特点,按照打造"清洁能源输出、现代煤化工生产示范、有色金属生产加工和现代装备制造、绿色农畜产品生产加工输出、草原文化旅游观光和休闲度假"五大基地的构想,谋划、储备了三座店水库向中心城区引供水、林西东台子水库、大板至经棚高速公路、经棚至承德高速公路、朝阳至赤峰天然气长输管道、庆华集团煤基清洁能源、大唐 2×66 万千瓦火电厂、国网新源克旗 120 万千瓦抽水蓄能电站、锦白扩能铁路、叶赤扩能铁路、京通铁路电气化改造等一批重大项目,部分项目有望在 2016 年实施。四是较好的招商引资局面。前三季度,全市实施招商引资项目 734 项,其中续建 496 项,新建 238 项,引进资金 491.29 亿元,同比增长 13.3%。

基于赤峰市目前经济运行情况及对未来一段时间宏观经济发展趋势的判断,初步预计,2016 年赤峰市的地区生产总值达到 2065 亿元,增长 8%左右。地方财政总收入达到 110.7 亿元,增长 6.5%左右。规模以上固定资产投资达到 1479 亿元,增长 16%左右。社会消费品零售总额达到 730 亿元,增长 11.5%左右。城镇居民人均可支配收入达到 28280 元,增长 10.5%左右。农牧民人均纯收入达到 10045 元,增长 11.5%左右。

三、对策建议

(一)尽早研究部署农村牧区土地、林地、草场经营权承包、流转工作

大力推进农牧业规模化、标准化、产业化、集约化经营,提升农畜产品供给的品质,提高农牧业现代化水平。

(二)摸清全市农牧区贫困人口的数量、分布情况、自然禀赋,制定精准扶贫规划

将精准扶贫与新农村建设、小城镇建设、农牧区十个全覆盖工程有效结合,全面提高农牧民收入与生活水平。

(三)稳大促小巩固提升传统产业,有效承接发达地区产业转移

适时谋划、布局、建立、推进具有朝阳产业特质的专业性工业园区建设。

（四）创新发展金融服务业，尽早推出担保加信用的融资服务模式

对经济效益好，产品市场前景好的企业给予适当的财税扶持，提供免抵押信用贷款，使赤峰市的存款余额能有效支持本地区经济的发展。

（五）继续抓好固定资产投资，有效开展招商引资

固定资产投资是决定经济短期企稳的关键。既要重视基础设施的投资建设，传统产业的承接，更加要重视朝阳产业的引进。否则我们的经济总量与质量总是落在人家的后面，人家打个喷嚏我们就感冒了。

（六）用好、用足国家的棚户区改造政策

认真落实促进房地产市场平稳健康发展等相关政策，引导房地产企业多措并举有效去除库存，推动房地产业稳定发展，避免资产价格的大幅度起落。

中心"形势分析"课题组

执笔：纪晓光

第十七章

锡林郭勒盟经济运行特征及 2016 年展望

2015 年,在国家和自治区稳增长、调结构、惠民生政策推动下,全盟科学谋划、积极应对、强化调度,有针对性地解决问题,经济运行呈现"缓中有进、缓中有优"良好态势。

一、2015 年锡林郭勒盟经济运行特征

前三季度,锡林郭勒盟经济运行基本保持了平稳向好态势。地区生产总值完成 633.84 亿元,列全区第 7 位;增速 7.6%,高于全区平均增速 0.1 个百分点,列全区第 8 位。其中:第一产业完成 44.30 亿元,增长 3.5%;第二产业完成 404.68 亿元,增长 8.1%;第三产业完成 184.86 亿元,增长 6.8%。全社会固定资产投资完成 411.78 亿元,列全区第 9 位;增速 15.8%,高于全区平均增速 0.2 个百分点,列全区第 2 位。公共财政预算收入完成 68.01 亿元,列全区第 7 位;增速 8.7%,列全区第 5 位。城乡常住居民人均可支配收入分别完成 22650 元和 8416 元,分别增长 8.6% 和 9%。社会消费品零售总额完成 154.04 亿元,列全区第 9 位;增速 7.1%,列全区第 11 位。

固定资产投资继续保持稳定增长,投资结构发生积极变化。前三季度,固定资产投资累计完成 411.78 亿元,同比增长 15.8%,环比增长 37.3%。其中:第一产业累计完成投资 28.40 亿元,占全部投资的 6.9%,同比下降 30.2%;第二产业累计完成投资 199.14 亿元,占全部投资的 48.4%,同比增长 50.4%;第三产业累计完成投资 184.25 亿元,占全部投资的 44.7%,同比增长 7.7%。工

业投资增长迅猛,其中电力行业投资成倍增长,截至 9 月底,共有 89 个电力生产和供应业项目开工建设,累计完成投资达 95.63 亿元,占工业投资总额的48%,同比增长 1.7 倍,环比增长 48%。基础设施投资高速增长,累计完成投资 213.51 亿元,占投资总额的 51%,同比增长 81.0%;其中:电力、热力、燃气及水生产和供应业累计完成投资 98.96 亿元,同比增长 1.6 倍;交通运输、仓储和邮政业累计完成投资 68.92 亿元,同比增长 31.4%;信息传输、软件和信息技术服务业累计完成投资 3.86 亿元,同比下降 18.0%;水利、环境和公共设施管理业累计完成投资 41.77 亿元,同比增长 83.4%。房地产业投资降幅不断收窄,全盟房地产业累计完成投资 24.25 亿元,同比下降 45.5%。

项目建设扎实推进,后续投资开始发力。前三季度,共有 892 个投资项目开工建设,200 个盟级重点项目开复工 195 项,完成投资 622 亿元。39 个自治区级重大项目除锡盟至江苏泰州特高压直流输变电工程项目外,已全部开复工,完成投资 242 亿元。事关锡盟长远发展的锡盟至山东交流特高压输电通道及配套 7 个电源点项目全面开工建设;东苏旗大唐鼎旺化肥、西乌旗昊融镍冶炼、兴安铜锌冶炼二期扩建、锡市锡林河下游湿地保护、全盟重点区域绿化、宽带锡盟建设、太旗御马苑旅游区、中国马都核心区等 15 个项目已在年内建成。锡市大庄园规模化养殖及精深加工、西苏旗天成国际畜产品中心等农牧业产业化龙头项目,锡市明阳新能源装备制造、太旗思伊纳锂电池等科技创新项目,宝昌高新技术产业园区、东乌旗珠恩嘎达布其口岸等基础设施项目,正在加快建设。

工业生产总体稳定,规模以上工业主要效益指标低位运行。前三季度,规模以上工业增加值完成 367.61 亿元,列全区第 7 位;增速 8.3%,高于全区平均增速 0.4 个百分点,列全区第 7 位。截至 9 月末,全盟规模以上工业企业累计实现主营业务收入 584.20 亿元,同比下降 5.07%;实现税金 38.27 亿元,同比下降 11.35%;实现利润总额 11.21 亿元,同比下降 57.66%。分行业看,全盟规模以上工业 30 个行业中有 14 个主营业务收入同比增长,占比 46.67%。其中废弃资源综合利用业实现倍增,同比增长 1.28 倍。电气机械和器材制造业、纺织业等 13 个行业的主营业务收入呈现不同程度增长;有 16 个行业主营业务收入同比下降,占比 53.33%,分别为黑色金属冶炼和压延加工业下降 36.04%、燃气生产和供应业下降 45.15%、石油加工、炼焦和核燃料加工业下降 43.93%、化学原料和化学制品制造业下降 38.51%、酒制造下降 25.48%、医药制造业下降 23.77%、橡胶和塑料制品业下降 19.87%、煤炭开采和洗选业下降 18.52%、食品制造业下降 18.30%、石油和天然气开采业下降 12.16%、有色金属矿采选业下降 9.95%、电力供应业下降 6.06%、专用设备制造业下降 4.32%、皮革制造业下降 3.28% 和金属制品业下降 0.32%。16 个行业合计下拉全盟主营业务收入增幅 9.27 个百分点。分地区看,全盟 13 个旗县市(区)主营业务收入同比呈现"五增八降"的态势。五地区同比增长,其中西苏增长 16.90%、阿旗增长 16.27%、太旗增长 8.78%、白旗增长 8.34% 和黄旗增长 7.38%;八地区同比下降,其中乌拉盖下降 62.33%、蓝旗下降 16.70%、锡市下降 9.78%、西乌下降 9.05%、东乌下降 9.04%、二连下降 2.51%、东苏下降 2.14% 和多伦下降 0.44%。

利润总额"五升六降二亏损",煤、电、油三行业占全盟税收绝对比重。前三季度,五个地区利润总额同比保持增长,分别为太旗增长 73.10%、阿旗增长 51.60%、二连增长 37.99% 和黄旗增长 1.56%,白旗同比减亏增盈 0.10 亿元;六个地区利润总额同比下降,分别为东苏下降 45.98%、乌拉盖下降 43.25%、西苏下降 21.86%、蓝旗下降 18.03%、西乌下降 8.11% 和东乌下降 6.25%。两个地区整体亏损,其中多伦县受大唐多伦煤化工巨亏影响,限上工业整体亏损,亏损额达 18.52 亿元,同比减亏 1.50 亿元,下降 7.50%;其中大唐多伦煤化工亏损 22.97 亿元,同比增长 7.00%,下拉全盟利润总额增长 5.67 个百分点;受大唐锡林矿业及华北油田二连分公司影响,锡市整体亏损 5.29 亿元,同比减盈增亏 13.77 亿元。前三季度,煤炭开采和洗选业实现税金 13.19 亿元,同比下降 7.89%;电力、热力生产供应业实现税金 8.80 亿元,同比下降 14.73%;石油开采业实现税金 2.39 亿元,同比下降 56.61%。三大行业合计实现税金 24.39 亿元,占全盟限上工业比重 63.72%,是全盟税金收入贡献的主要力量。

从前三季度主要经济指标来看,地区生产总值连续三个季度保持 7% 以上的增速,预计全年增速也将保持这个速度,总体呈运行平稳向好的发展态势。锡盟经济运行情况有所好转,但是受宏观经济下行影响,部分企业效益下滑、财政增收困难等问题较为突出,加上新的经济增长点不多、大项目贡献力不足、企业融资成本过高等情况的存在,完成全年计划任务指标的压力较大,除公共财政预算收入调高 2%,固定资产投资调高 1%外,其他指标预测值均有所下降。

二、2016 年锡林郭勒盟经济发展趋势展望

2016 年,是"十三五"规划的起始之年,是全面建成小康社会决胜阶段的开局之年,也是推进结构性改革的攻坚之年。锡盟经济增长具备一定增长空间,预计地区生产总值会完成 1107 亿元,增长 9%;全社会固定资产 1154 亿元,增长 18%;地方财政总收入 151 亿元,增长 5%;社会消费品零售总额 242 亿元,增长 10%;城乡常住居民人均可支配收入 33637 元和 13929 元,分别增长 10%和 12%;各项环境约束性指标控制在自治区要求范围内。经济增长动力分析如下:

一是电源基地项目已经启动。经过十几年不懈努力,2015 年锡盟至山东交流特高压输电通道及配套 7 个电源点项目全面开工建设,锡盟至江苏泰州特高压电力外送通道及配套的电源点项目在 2015 年获得核准并在 2016 年开工建设。在锡盟境内总投资约 1800 亿元,可实现年营业收入约 920 亿元,增加值约 410 亿元,企业利润约 160 亿元,上缴税金约 150 亿元,可创造就业岗位约 17700 个。一批重大能源项目的陆续启动建设,有利于全面提高锡盟煤炭资源转化水平,同时将带动电力、矿山、化工等大型机械制造项目加快落地,并为引进超临界压缩空气储能、大容量储热清洁供暖等高新技术项目创造良好条件;有利于加快推动锡盟提高产业层次和科技水平,对调整结构、增加就业、改善民生等方面具有积极作用。

二是重大基础设施建设有望进一步提速。2016 年公路项目 19 项,计划投资 75 亿元;铁路项目 10 项,计划投资 14 亿元。电网项目 17 项,计划投资 80 亿元。

三是农村牧区"十个全覆盖"工程进入扫尾阶段。2016 年,农村牧区"十

个全覆盖"工程将完成,年内投资约 40 亿元。

四是新型城镇化加快推进。目前,锡盟的一些老旧街区设施落后,地下设施老化,棚户区、城中村依然存在,都需要更新改造。要加强市政道路、主要出入口和供水供气供热、给排水等地下管网建设,有条件的地区要积极推行地下综合管廊建设。鼓励社会资本投资市政基础设施,多渠道解决城镇建设资金短缺的问题,力争 2016 年完成市政基础设施和住宅房地产投资 60 亿元以上。

五是把握政策导向国家西部大开发、振兴东北老工业基地、"一带一路"建设等重大政策机遇,抓住国家重点项目向民族地区倾斜、优先布局和自治区成立 70 周年集中实施一批重大献礼项目等有利时机,加快谋划布局实施一批打基础、利长远、惠民生的重大项目,着力培育新的增长点,促进经济加快发展。

三、对策建议

2016 年,受国际、国内经济下行压力传导,锡盟经济发展必然会受到波及和影响,但经济发展总体向好的基本面没有改变,锡盟仍处于可以大有作为的战略机遇期,具备经济持续健康发展的基础条件,发展中仍然有许多积极因素和有利条件,特别是随着锡盟电源基地及各领域重大骨干项目的陆续启动建设,随着基础设施条件的不断改善,推动经济转型发展、持续发展的后劲充足。

(一)抓住新的投资机遇,毫不动摇抓项目、扩投资、保运行

围绕重点领域抓项目、稳增长。要把去产能、去库存、去杠杆、降成本、补短板,作为一项重点工作抓实抓好。要切实抓好经济运行调度,围绕做大经济总量,认真分析三次产业结构特点,分领域细化推进措施,促进产业协调发展、快速发展,进一步提升地区综合经济实力。每月一调度、一季一分析、半年一总结,加强运行监测,帮助企业解决好实际问题,全力稳定企业生产,促进经济平稳运行。积极挖掘培育新的增长点,加快推动一批在建企业投产,确保工业增加值增长 10% 以上。

(二)始终把产业转型作为主攻方向,坚持不懈地推动提质增效升级

2016 年,锡盟面临做大总量与提升质量的双重任务。目前,锡盟的经济增长仍处于高投入、高消耗、低产出的状态,粗放、落后的发展方式没有得到根本改变,加之资源环境约束日益加大,迫切要求我们在做大总量的同时加快转变发展方式,提升发展质量。把转方式、调结构放到更加突出的位置,牢固树立和贯彻落实创新、协调、绿色、开放、共享的发展理念,以"五大基地"建设为重点,努力推动传统产业新型化、新兴产业规模化、支柱产业多元化。

(三)加快推进资源转化增值

单纯依靠资源初级开发、初级利用推动经济快速发展的方式已经不可持续,必须在资源的高效、集约利用上做文章。当前,锡盟要全力推动煤转电项目建设,力争 50% 以上的煤炭产能就地消化,实现"煤从空中走、电送华东南"。抓住国家治理大气污染的机遇,科学有序发展风电、光电、风光互补新能源产业,加快新能源项目建设,进一步提高清洁能源的比重。加大金属矿业整合力度,鼓励现有矿山企业兼并重组、做大做强,进一步延伸产业链条,推动金属矿业规模化集约化发展。

(四)大力发展现代农牧业

着力做好"三农三牧"工作,加快发展现代农牧业,深入推进新农村新牧区建设,稳步提高农牧民生活水平,不断开创农村牧区繁荣发展的新局面。围绕羊、牛、马、薯、菜、药、草七大产业,做优做强绿色农牧业。继续以产业化、规模化、标准化、品牌化为方向,在牧区加大地方良种选育,大力调整畜群畜种结构,加快推动传统畜牧业向现代畜牧业转变;在农区和半农半牧区坚定不移走"种养结合、以养为主、多种经营"的发展路子,大力发展农区畜牧业,促进农牧业提质增效。提高农牧业产业化水平,加快锡林浩特大庄园等一批产业化项目建设,在锡市、东乌、西苏、太旗等地建设农畜产品加工园区和交易市场,进一步完善产销服务体系。积极培育锡林郭勒羊肉品牌,继续推进羊肉全产业链追溯体系建设,制定地方标准,发挥品牌效应。创新农牧业经营机制,大力发展各类新型农牧业经营主体,2016 年重点扶持建设一批示范性专业合作社和家庭农牧场,实现适度规模发展,切实增强运营活力和带动能力。健全公开、规范、良性的土地草牧场流转机制,实现创新经营机制和保护草原生态双赢目标。

（五）积极培育各类新兴产业

围绕支柱产业多元化，积极扶持发展各类非资源型产业，培育新的经济增长点，形成多个主导产业齐头并进的发展格局。大力发展草原文化旅游业，加快建设元上都遗址、中国马都等知名景区景点，集中力量打造一批精品旅游线路，不断提升服务保障能力，真正把文化旅游业打造成为支柱产业和富民产业。着眼于优化三产内部结构，积极培育电子商务、会展经济、健康养老、家政服务等新型业态，完善服务功能，减少消费外流，不断提高第三产业增加值占GDP 的比重。

（六）着力强化创新驱动

充分发挥企业的主体作用，坚持深入实施创新驱动发展战略，推进大众创业、万众创新，依靠改革创新加快新动能成长和传统动能改造提升，加强政策支持和服务保障，引导各类企业围绕产业发展和市场需求，加强产品创新、品牌创新、商业模式创新，逐步实现经济增长由投资驱动、要素驱动向创新驱动转变。针对锡盟产业特点，加强与科研院所、知名高校的合作，加快推进重点领域技术研发和集中攻关，集中力量在草产业发展、农畜产品精深加工、煤炭资源提质转化、风光电一体化发展等方面推出一批实用成果，不断提高产业竞争力，推动经济发展步入内生增长的轨道。坚持调动各方面积极性，充分调动人的积极性，充分调动中央和地方两个积极性，注重调动企业家、创新人才、各级干部的积极性、主动性、创造性。将科技创新人才纳入全盟人才发展总体规划，制定专门工作规划，完善培养、引进、激励机制，为推动各领域技术创新提供有力保障。

（七）加强生态建设和环境保护

着力推进绿色发展，突出抓好生态修复和环境治理，加快推进资源节约和循环发展，全面加强制度建设和文化培育，不断提升可持续发展能力。加强生态文明制度建设，严格执行生态保护红线，加快推进自然资源资产离任审计、生态环境损害责任终身追究等重点工作，推进生态文明建设步入制度化、法治化轨道。要加强林业生态建设，组织实施好两大沙地综合治理、重点区域造林绿化、"六个百万亩"等重点工程，千方百计增加生态资产，促进生态环境持续好转。强化节能减排和环境治理，抓好重点行业、重点企业节能降耗和技术改造,加强大气污染治理、矿山环境治理、水资源管理等各项工作,进一步提高环境质量。各地各有关部门要严格落实环保目标责任,强化监督管理和实绩考核,确保完成全年节能减排任务。

中心"形势分析"课题组

执笔:赵平

第十八章

乌兰察布市经济运行特征及 2016 年展望

2015 年以来,在市委、市政府的正确领导下,乌兰察布市凝心聚力,全面贯彻落实中央和自治区的各项决策部署,积极应对严峻复杂形势带来的困难和挑战,全力稳增长、促改革、调结构、惠民生、防风险,经济社会总体呈现稳中向好的发展态势。

一、2015 年乌兰察布市经济运行特征

农牧业经济运行平稳。农作物播种面积完成 1044.7 万亩。经济作物播种面积扩大,种薯基地和马铃薯优质专用品种播种面积分别提高到 120.5 万亩和 90.2 万亩。订单农业快速推进,农业技术攻关和高产创建活动不断加强。预计粮食产量达到 20 亿斤,鲜薯总产量达到 70 亿斤,在多种自然灾害下保持平年年景;家畜存栏 942.3 万头(只),新建或改扩建"百千万"规模养殖场 107 家,达到 813 家,预计肉类总产量 33.8 万吨,奶产量 88 万吨,四子王旗赛诺和后旗蒙多利两个百万肉羊联合体分别完成存栏 30 万只和 32 万只的目标任务,通过了自治区阶段性验收;500 万元以上农畜产品加工龙头企业 146 家,实现销售收入 128.5 亿元。四子王旗被国家列为生态保护与建设示范区。全年完成营造林生产任务 114.2 万亩,投资 17.5 亿元。

工业经济稳中向好。保运行措施发力明显。多举措扩大我市电力多边交易范围和享受政策的力度,全市参与自治区电力多边交易企业达 79 户,享受自治区级补贴企业 125 户,降低工业企业成本 14.6 亿元。全市停产半停产企

业启动比例达到 65.3%,亏损企业数持续下降。支柱产业项目稳步推进。集宁京能、兴和宏大、太重中旗、香岛前旗等能源项目进展顺利,全市累计并网电力装机规模达到 1300 万千瓦。呼张延输气管道呼和浩特至旗下营段现基本完成,西部天然气 4×50 万立方米 LNG 项目顺利实施。打造高端化工产业基地取得新突破,全市形成氟化工系列产品 15 种,产能 25 万吨;石墨碳素制品种类 100 多个,产能 27 万吨;电石综合产能 359 万吨,其中 PVA 产量形成 20 万吨;工业硅产能 5 万吨,有机硅产能 8 万吨。节能减排完成目标任务。单位 GDP 能耗预计下降 3.1%,完成年度节能目标任务。化学需氧量、氨氮、二氧化硫、氮氧化物排放量等指标预计可完成上级下达目标。淘汰落后产能进展顺利,15 台矿热炉主体设备已全部拆除完毕。

服务业发展成效显著。物流业平稳发展。集宁现代物流园区被评为全国优秀物流园区。集宁现代物流园区、中旗辉腾锡勒黄花沟草原旅游集聚区被列入第二批自治区服务业集聚区。苏集银盾物流铁路货运项目、万益物流园区、数字化简仓配煤项目等现代物流重大项目进展顺利。金融业健康发展。全市金融机构人民币各项存款余额同比增长 23.3%;贷款余额同比增长 7.4%。创新"助保贷""薯业贷"等金融产品,推进农村牧区惠农取款服务网点建设,积极为"三农三牧"和小微企业提供金融服务。全市小微企业贷款余额增长 14.4%;农村中小金融机构农牧业贷款余额增长 14.7%。旅游业快速发展。全市旅游景区完成投资 17.2 亿元。凉城红色旅游文化产业园、集宁古城等重点建设项目稳步推进。成功举办了第四届全国自驾车旅游发展峰会、全国自驾旅游那达慕大会等活动。全年接待各类游客和实现旅游收入分别增长 21% 和 13%。

固定资产投资规模不断扩大。重点项目建设稳步推进。以"项目建设年"为抓手,深入贯彻落实领导干部包项目责任制,全力推进了重点项目建设。全年实施亿元以上重点项目 323 项,完成投资 495.6 亿元;10 亿元以上重大项目 53 项,完成投资 162.54 亿元,其中,列入自治区三级推进重大项目 44 项,完成投资 156.75 亿元。项目前期工作进展顺利。截至目前,全市项目库中共储备项目总投资达到 4440.32 亿元。争取集宁京能、兴和宏大两个热电项目、卓资隆盛水库、国道 335 线集宁至科布尔、国道 512 线丰镇至口子村等多个重点项目通过国家或自治区审批。同时,我市审批、核准、备案项目总投资达到 542.8 亿元。资金筹措力度不断加大。积极开展对上争取,争取上级预算内资金保持在自治区平均水平以上,居全区前列;实施招商引资项目 148 项,到位资金达 241.5 亿元;开工建设 PPP 项目 14 项,引入社会资本 150.57 亿元,完成投资 57.03 亿元。

各项民生工作扎实推进。农村牧区"十个全覆盖"工程成效显著。全年共投入资金 42.34 亿元,危房改造、街巷硬化等各项任务均完成或超额完成年度目标任务,村庄面貌焕然一新,受到自治区巡视观摩检查组和全区上下的高度评价。就业形势基本稳定。城镇新增就业 1.55 万人,城镇登记失业率控制在 4% 以内,农牧民转移就业 33.97 万人。社会保障和社会救助标准进一步提高。企业退休人员养老金人均增加 184.5 元/月,城乡居民基本养老每人提高 20 元/月。农村养老服务体系建设被自治区列为全区农村养老工作示范试点,互助养老政策成为全国十大创新社会福利政策之一。城镇人居环境大为改观。全面深入开展"五城联创"活动,实行市直单位结对包联共建小区,投入大量人力物力财力,各居民小区生活环境显著改善。同时,实施城建项目 526 项,完成投资 44.7 亿元;开工市政基础设施 284 项,完成投资 48.5 亿元;建设各类保障性住房 2.48 万套(户),完成投资 48.2 亿元。扶贫工作扎实开展。"三到村三到户"重点建设的基础设施项目基本完成,生态脆弱区移民工程稳步推进。为 19 户企业、3 万多农户发放金融扶贫富民工程贷款 20.6 亿元。各项社会事业全面发展。教育方面,普通文理科本科上线率较上一年提高了 12 个百分点,新建城镇幼儿园 12 所,学前三年入园率提高到 75%。医疗卫生方面,公共卫生服务综合楼、市地病中心与市妇幼保健院综合楼、兴和蒙中医院投入使用,新农合参合率达到 100%,实现常住人口全覆盖。文化方面,打造了后旗白音查干镇北方商贸城民族文化产业一条街。新创作 20 余部舞台艺术剧,原创蒙古剧《忠勇察哈尔》获得优秀展演剧目奖及优秀编剧、导演、作曲、表演奖。体育方面,市体育馆交付使用,全市人均体育场地面积达 1.8 平方米。成功举办了 2015 亚洲女子拳击锦标赛、"李宁杯"第五届全国田径耐力项目高原地区对抗赛等一批国际国内体育赛事。

发展活力不断增强。全面深化改革取得新进展。深入推进龙头企业与农牧民利益联结模式、草牧场和土地确权登记等改革,启动了工商注册登记"三证合一"工作,全面推行"同城异地办照",启动实施了预决算公开工作,积极探索金融助农服务的有效形式,乌兰察布市农商银行、察右前旗农商银行挂牌运营,市本级权力清单和政府投资项目核准目录公布执行,自治区新的《定价目录》全面落实,教育三项改革工作深入推进。对外开放取得新成效。组团参加蒙晋冀(乌大张)第二届联席会议,并在合作区发展规划、项目建设等多个方面进一步达成了一系列共识。积极参与京津冀、环渤海、呼包银榆等经济圈经贸交流研讨活动,影响力进一步扩大,被列入京津冀及周边地区工业资源综合利用产业协同发展行动计划。在全区率先举办了丝绸之路经济带建设与乌兰察布发展机遇研讨会,为全市积极融入"一带一路"和京津冀协同发展提供了思想理论指导。京蒙对口帮扶工作扎实开展,20个对口帮扶项目深入推进,人才培训等方面的帮扶力度持续加大。

在取得成绩的同时,我们也清醒地看到,在发展过程中还存在一些不容忽视的问题和矛盾,主要是:宏观经济下行压力依然较大,社会消费品零售总额预计增速低于年初3个百分点,其他主要经济指标完成年度目标压力较大,实物量指标走势较弱;企业生产经营困难增多,企业效益滑坡尚未扭转;产业结构调整压力逐渐增大,能源、冶金、建材、化工等高载能产业比重过高,延伸制造业不发达,产业链项目较少,高新技术产业小而散、贡献低,战略性新兴产业发展滞后,全年规模以上工业增加值预计增速低于年初2个百分点;支撑地区发展的大项目、好项目不多;民生基础薄弱,城乡居民收入与全国、全区平均水平有较大差距,基本公共服务水平有待提高。

总体看,预计全年地区生产总值完成921亿元,增长8%;规模以上工业增加值增长9%;一般公共财政预算收入完成55.1亿元,增长8%;500万元以上固定资产投资完成644亿元,增长13%;社会消费品零售总额完成287亿元,增长8%;城镇居民人均可支配收入达到24848元,增长9%;农牧民人均可支配收入达到8580元,增长10%。

二、2016 年乌兰察布市经济发展趋势展望

2016 年是"十三五"的开局之年,对于奠定"十三五"良好基础,实现跨越发展目标,具有十分重要的意义。2016 年,世界经济仍处在缓慢复苏中,国际经济形势依然错综复杂多变,不确定因素较多。从国内看,国内经济总体保持平稳,但形势仍然复杂严峻,经济运行中周期性矛盾和结构性矛盾相互叠加,下行压力仍然较大。从区内看,随着"8337"发展思路和一系列稳增长政策措施的贯彻落实,全区经济总体实现稳步回升,发展势头向好。但是全区以传统能源为主的产业结构短期内难以根本转变,结构性矛盾突出,企业效益下滑,投资增长缺乏活力,发展环境依然复杂严峻。

受大环境影响,我市经济社会发展机遇与挑战并存。一是随着国家、自治区一系列稳增长、调结构、促改革、惠民生、防风险政策措施的出台和深入贯彻落实,为我市经济的平稳运行提供了有力的政策保障,经济回升效果预计将进一步显现。二是随着我市被列入京津冀协同发展规划,为我市承接北京非首都功能疏解产业转移,加强与京津冀地区的合作交流,利用京津冀资源人才为推动我市经济发展带来了机遇。三是做好"三篇文章",建设六个基地,培育四大新兴产业等战略效应逐步显现。"五城联创"活动的开展,有力地推动了全市生态文明建设,整体环境不断优化。同时,我市经济结构单一,高耗能企业占比较高,企业生产经营困难,市场需求减弱等问题也不容忽视。

综上所述,2016 年国民经济和社会发展主要预期目标:全市地区生产总值增长 8%;规模以上工业增加值增长 9%;500 万元以上固定资产投资增长 13%;一般公共预算收入增长 8%;社会消费品零售总额增长 11%;城镇居民人均可支配收入增长 9%;农牧民人均可支配收入增长 10%;节能降耗指标控制在自治区下达目标之内。

三、对 策 建 议

2016 年,认真贯彻落实中央和自治区经济工作会议精神,坚持"四个全

面"战略布局,坚持"创新、协调、绿色、开放、共享"发展理念,适应经济发展新常态,坚持稳增长、调结构、惠民生、防风险,落实宏观政策要稳、产业政策要准、微观政策要活、改革政策要实、社会政策要托底的总体思路,着力加强结构性改革,在适度扩大总需求的同时,去产能、去库存、去杠杆、降成本、补短板,提高供给体系质量和效率,提高投资有效性,加快培育新的发展动能,改造提升传统比较优势,增强持续增长动力,保持经济运行在合理区间。重点做好以下几个方面工作:

(一)着力扩大有效投资

全力推动雏鹰商都生猪产业化、华为云计算基地等重点项目建成投产;积极推进雏鹰中旗、后旗生猪产业化、前旗木材加工综合示范基地等新续建重点项目建设,力争完成全年固定资产投资目标任务。同时,要紧盯上级投资动向,做好项目资金争取工作,确保争取上级资金达到全区平均水平以上。大力推进投融资体制改革,推行PPP合作模式,建立并完善PPP项目库,争取更多项目列入自治区鼓励社会投资特别是民间投资参与建设运营PPP模式项目,充分调动民间投资的积极性。

(二)推动工业经济转型升级

稳定工业企业运行。全面落实电力综合扶持政策,协调自治区降低电力多边交易电价。引导本地电厂向大企业、工业园区直供电,进一步降低企业用电成本。全力支持更多有条件的中小企业通过创业板、中小企业板进行股权融资,缓解中小微企业融资难的问题。优先发展能源产业。着力推动集宁京能、兴和宏大热电、五凌商都风电、香岛前旗光伏等项目建设,配合西部天然气和中石油做好天然气主管道在乌兰察布市建设工作。推动传统产业改造升级。加快氟化工、电石化工、石墨化工等产业快速发展,逐步建成全区乃至全国的重要高端化工产品生产基地。推动冶金产业迈向高端化,在四子王旗、后旗、中旗规划打造集废料综合利用、采选加工等一体的示范园区。加快培育新兴产业。完成云计算产业发展规划。全力打造察哈尔工业园区云计算产业园,力促中信国安投资有限公司建设智慧社区、云服务平台项目开工建设。重点支持福瑞健康科技园项目建设,建立中蒙药产业化示范工程。扎实推进节能减排工作。落实目标责任制,明确全市节能降耗责任,试行节能降耗目标任务季度核算预警调度制度,全面完成节能降耗目标。通过"等量置换""减量置换"等加大淘汰落后产能力度,加快粉煤灰、工业尾气、矸石、尾矿等资源的综合利用。

(三)大力发展现代服务业

做大做强现代物流业。继续加快乌兰察布综合物流园区、集宁现代物流园区等产业集聚区建设,做大做强煤炭、马铃薯、皮革三个"交易中心",探索建立"互联网+物流""互联网+商贸"等模式,加快空港物流、综合保税区、保税物流园区、保税仓库等项目争取。大力发展商贸流通业。继续推进恩和世纪广场、金茂国际购物中心、华联优品广场等重点商贸综合体项目建设,在重要农产品主产区构建起跨区域产销衔接体系。推动金融业健康发展。大力推进金融机构对实体经济特别是重点项目和企业的扶持,加强银企合作力度。继续推进助保贷、薯业贷、小额创业贷、扶贫贷等业务开展,千方百计稳定对小微和涉农企业的金融支持。加大金融风险监测和排查力度,提升金融风险识别和防控的前瞻性。加快文化旅游业发展。推动凉城旅游献礼项目建设,确保卓资红召、后旗火山草原等景区在旅游旺季前能够开业运营。创新办好全区第27届旅游那达慕大会等节庆活动,全方位宣传"中国草原避暑之都"城市形象品牌,全力做好旅游市场营销。

(四)促进农牧业稳定发展

重点在四子王旗、商都、兴和、后旗、中旗等5个旗县建设东西长250公里的马铃薯产业带,推进民丰薯业与美国康家食品集团蓝威斯顿公司深度合作。打造前旗黄旗海北部超时令蔬菜基地、丰镇巨宝庄樱桃、草莓错季水果产业园及商都县东南部有机瓜类产业园。围绕内蒙古双汇等龙头企业加快发展生猪、肉鸡养殖,推进百头奶牛、千只肉羊、千口生猪、万只肉鸡标准化示范养殖场建设。以肉羊、皮毛绒、马铃薯、生猪肉鸡为重点,加快培育领军企业,加强产业化园区和基地建设,推动农畜产品加工业集群化发展。继续实施以国家重点林业生态项目为主的防护林建设,全年计划完成林业生态建设任务116.2万亩。

(五)着力保障和改善民生

多渠道扩大就业。不断完善升级改造全市创业就业园(孵化园),启动"互联网+就业"服务项目,多渠道扩大就业创业。全面实施"万人培训计划"和"品牌培训计划",提高劳动者技能。完善社会保障体系。加快完善覆盖城乡居民的社会保障体系,提高城乡居民大额医疗保险报销比例,完善大病医疗救助政策,全力抓好社会养老服务体系建设,做好城镇居家养老服务试点,完善农村牧区互助幸福院管理和服务。加强保障性住房建设。全市计划新开工建设各类保障性住房 2.9 万套,计划基本建成 19168 套。扎实推进扶贫攻坚。继续做好 561 个贫困重点村"三到村三到户"项目建设。实施金融扶贫富民工程,启动支农再贷款扶贫项目。全面发展社会各项事业。教育方面,争取北京八中乌兰察布分校、市蒙古族中学通过自治区普通高中示范校评估验收。医疗卫生方面,继续保持新农合常住人口全覆盖,加快建立疾病应急救助制度,完善基本药物采购、配送和管理制度,建立廉价短缺药品供应保障体系。文化方面,力争市美术馆、博物馆等场馆年内建成投入使用,启动市群众艺术馆工程项目。体育方面,抓住北京、张家口承办 2022 年冬奥会和我市承办自治区十四运的机遇,加快市游泳馆、网球馆等体育场馆建设。

(六)不断深化改革开放

深化重点领域改革。准确把握供给侧结构性改革的政策思路,继续加大经济和生态文明等重点领域体制改革力度,有序推进各项改革任务,确保重点领域和关键环节改革取得新突破。继续四子王旗主体功能区、土地草原承包经营权确权登记颁证等改革试点工作。抓好教育三项改革、农村牧区养老服务模式、农村牧区民生服务互联互通、电子商务、"三证合一"和信用体系建设等改革工作。全力推进区域合作。积极融入环渤海经济圈、呼包鄂经济圈,加大乌大张三地互联互通,在保障首都、服务首都中融入首都经济圈。积极参与"一带一路"建设,加大与俄蒙欧的合作力度,有序推进集宁海关监管场所、乌兰察布市机场临空产业园区建设。抓好招商引资。积极做好承接北京非首都功能疏解产业转移工作,落实针对京津地区产业转移的具体招商计划,努力在共建园区、重点园区招商、重点产业招商等方面精准实现项目与资金、产业与资本、政府与企业的无缝对接。进一步优化招商环境,继续贯彻执行各级政府出台的各项优惠政策。

中心"形势分析"课题组

执笔:冀海东　张宇晓

第十九章

鄂尔多斯市经济运行特征及 2016 年展望

2015 年,面对复杂严峻的宏观经济形势,鄂尔多斯市主动适应经济发展新常态,认真贯彻落实中央、自治区和市委、市政府各项决策部署,坚持稳中求进工作总基调,主动适应经济发展新常态,着力稳增长、促转型、攻改革、防风险、惠民生,顶住了下行压力,保持了发展势头,全市经济运行呈现稳步回升态势。

一、2015 年鄂尔多斯市经济运行特征

前三季度,完成地区生产总值 3031.2 亿元,增长 7.6%,其中,一产完成增加值 39.4 亿元,增长 3%;二产完成增加值 1784.5 亿元,增长 7.9%;三产完成增加值 1207.3 亿元,增长 7.2%。公共财政预算收入 284.5 亿元,增长 3.1%。城乡居民人均可支配收入分别达到 27424 元和 9738 元,增长 7.4% 和 8.3%。

工业经济平稳运行。2015 年陆续出台了服务工业企业、支持中小微企业发展、"一企一策"特殊解困等政策,帮助 85 户企业享受自治区电价补贴 4.06 亿元,推动 32 户企业参与电力多边交易,节约用电成本 2.2 亿元,切实减轻了企业负担。采取塑造"鄂尔多斯煤"国优品牌,加强与重点用煤企业和煤炭消费地区协调对接、组织市内企业联合保价等措施,进一步稳定了煤炭市场。全力帮助企业落实生产条件,2013 至 2014 年建成的 53 个重点工业项目已有 47 个全面投产,其中 30 个实现达产稳产,今年计划建成的 30 个重点工业项目已有 20 个建成投产。前三季度,全市规模以上工业企业实现增加值 1470.8 亿元,增长 9.4%。工业用电量 348.7 亿度,增长 6.3%。

　　项目建设扎实推进。坚持把项目推进作为扩投资的第一抓手,对重点项目实行问题式、清单式、精准化管理,以重点项目建设带动固定资产投资稳步增长。一是加大前期工作力度。前三季度,市级储备项目库筛选收录 1000 万元以上项目 1155 项,总投资 2.3 万亿元。北控等 5 个煤制气、神华二三线和伊泰 200 万吨煤制油、电力外送通道配套电源点等重大项目前期工作扎实推进。玻璃沟煤矿、泊江海子煤矿、大路低热值煤热电联产等 12 个项目获批复,总投资 449.6 亿元。二是多方筹集建设资金。积极争取资金,充分发挥国家和自治区预算内投资的引导带动作用。鼓励民间资本参与重大项目建设,大力推广政府和社会资本合作(PPP)模式,认真组织项目筛选上报工作,设立30 亿元产业转型发展基金、10 亿元引导资金和委贷资金、1 亿元羊绒产业发展专项基金,撬动各类社会资本投入。帮助两批 139 家企业和 95 个项目,展期、续贷、借新还旧 797 亿元,落实项目贷款 138.8 亿元。前三季度,亿元以上重点项目开复工率 88%,自治区调度重大项目开复工率 86.5%,伊泰 120 万吨精细化学品、中天合创甲醇转烯烃、久泰乙二醇等项目加快推进;蒙西至天津南电力外送通道、博源化学盐碱煤基多联产等项目启动实施。在这些项目的拉动下,前三季度全市完成固定资产投资 2411.3 亿元,增长 14.7%。其中民间投资完成投资 1212 亿元,增长 3.1%。

　　转型发展迈出新步伐。在政策引导和市场倒逼的双重作用下,产业结构进一步优化。一是绿色农畜产品生产加工输出基地稳步推进。建成现代农牧业基地 20 万亩、生态型家庭牧场 149 户,建成公司化养殖场 10 处、养殖大户110 户,新增市级以上产业化龙头企业 32 家,总数达到 269 家。二是工业内部结构加快调整。传统产业缺乏竞争力的企业逐步退出市场,清洁能源、现代煤化工、装备制造等非煤产业保持较快增长。1—8 月,规模以上工业中非煤行业实现增加值 582 亿元,增长 13%,占规模以上工业总量的 45.6%,提高0.7 个百分点,对规模以上工业增加值的增长贡献率为 58%,拉动规模以上工业增加值增长 5.4 个百分点。三是现代服务业态蓬勃发展。制定了《物流业发展规划》,出台了加快生产性服务业、生活性服务业、文化旅游产业发展的意见以及配套的支持促进政策措施,现代物流、健康养生、文化旅游等一批新型消费热点加快形成,特别是受第十届全国少数民族运动会强力刺激,加之夏季旅游旺季影响,社会消费品零售总额、旅游人次、旅游收入等指标均有所提升。前三季度,社会消费品零售总额完成 468.8 亿元,增长 8.1%。1—8 月份,接待游客 679.9 万人次,增长 22.5%,实现收入 184.3 亿元,增长 27.2%。"淘宝鄂尔多斯特色馆"正在筹建,"京东民族地区特色商品馆"杭锦旗馆已上线运行,康巴什馆开始试运营。

各项改革有序进行。大力推进简政放权,全面推进政务公开,市本级、8 个旗区、59 个苏木乡镇(街道)行政权力清单以及行政事业性收费目录清单已全部上网公示,正在制定市旗两级政府责任清单。商事制度改革积极推进,出台了"三证合一、一章同步"登记管理实施意见和市场主体经营场所暂行规定,市场活力得到有效释放。国有企业改革已基本完成,将 11 家市直国有企业整合重组为 4 家集团公司。棋盘井电网股份制改革工作积极推进。我市排污权交易中心已正式成立,初步出台排污权有偿使用和交易工作暂行办法及工作流程。我市已被自治区确定为碳权交易试点,相关工作已启动。资源资本化改革加快实施,81 个矿业权清理意见和质量标准体系建设方案已报自治区。资源型经济创新发展综合改革试点、国家生态文明先行示范区建设工作全面启动,"多规合一"、龙头企业与农牧民利益联结机制、户籍制度、农村牧区土地和草原确权登记颁证等改革有序推进。

二、2016 年鄂尔多斯市经济发展趋势展望

总体来看,鄂尔多斯市经济仍面临诸多挑战,地区生产总值、规模以上工业增加值、固定资产投资、社会消费品零售总额等指标增速均面临较大下行压力。从外需看,宏观经济环境复杂,普遍性的经济增长乏力,联动式的大宗商品价格下跌,传导影响我市工业产品销售。煤炭销量、铁路货运量均不理想,全社会用电量、工业用电量呈回落态势,除化肥等部分煤化工产品外,其他主要工业产品价格持续下跌,部分产品成本倒挂,直接导致企业经营出现困难。全市已有 81 户规模以上工业企业处于停产状态,1—8 月份规模以上工业企业主营业务收入、利润和税金同比分别下降 1.3%、23.4% 和 5.1%。从内需看,全社会资金呈短缺态势,财政增收难度进一步加大,财政资金支撑力下降,

政府投资有所减少;企业新增信贷资金难与还本付息压力大相互交织,资金运转困难,财务成本居高不下,投资后继较为乏力。除此,投资收益减弱,企业投资信心不足,部分项目建设迟缓,并受要素指标等多种因素影响,部分项目仍未能开工。同时,石油类、汽车类、住房类等消费较大幅度下降,消费市场整体表现仍较为疲软。另外,经济运行的干扰因素增多,银行慎贷惜贷,承诺先还后贷不予兑现;电费缴纳措施严苛,频繁征缴且先缴后用;神华集团从 6 月开始已七次下调煤炭售价,同时外来煤炭企业纷纷降价促销甚至恶意降价,给地方煤炭企业带来巨大压力;部分市内企业出现信用违约和破产前兆,一旦发生破产将给全市经济带来很大负面影响;全社会大范围裁员降薪,增加了不稳定因素。

但同时必须看到趋稳向好因素不断增多。从外部看,国家和自治区相继出台的简政放权、创新创业、扶持企业发展等一系列稳增长政策效应将继续释放。同时全国重工业已出现复苏迹象,用电量有所回升。加之国家持续加大对中西部地区的投资力度,实施"一带一路"、京津冀协同发展等重大战略,对我市加快建设国家清洁能源输出基地和现代煤化工生产示范基地,承接发达地区先进产业转移、促进产业转型升级都是难得机遇。从内部看,在一系列稳增长、促改革、调结构、惠民生、防风险政策措施推动下,一些经济指标自二季度以来逐月企稳回升。前三季度,地区生产总值、规模以上工业增加值、社会消费品零售总额、工业用电量增速较上半年分别回升 0.6、0.4、0.7 和 1.5 个百分点。特别是我市两条煤电通道及配套电源点和煤制油气等煤炭精深加工转化项目陆续核准并开工建设,对扩大投资、稳定增长将产生巨大推动作用。

综合以上情况,初步预期 2016 年鄂尔多斯市地区生产总值增长 7.5%左右,公共财政预算收入增长 2%—3%,固定资产投资增长 12%左右,社会消费品零售总额增长 9%左右,城镇常住居民人均可支配收入增长 8%,农村牧区常住居民人均可支配增长收入增长 9%。

三、对　策　建　议

(一)保持工业整体平稳

一是稳定重点行业。加快推进煤炭行业质量体系建设和品牌培育。协调铁路、公路和相关企业增加运力,尽快实施运费和过路过桥费用减免政策,促进煤炭销售和外运。协调中石油、中石化确保在我市的投资进度和投资规模,推动天然气产量稳定增长。全力向国家、自治区争取,增加我市发电容量和外送电量,充分利用煤化工产品价格开始回升的利好形势,落实煤化工企业生产条件,开足马力生产。二是稳定企业经营。坚持"一企一策"原则,切实做好对停产企业分类指导和救助工作,争取更多企业享受扶持政策,集中解决停产的关键问题,并逐步建立企业风险化解救助机制。严格落实国家、自治区减轻企业负担各项政策,积极清理企业收费及各类基金。引导企业加强内部管理,降低生产成本,缩小亏损面。三是扶持中小企业。充分利用10亿元中小企业转型发展资金,进一步加大对中小微企业的扶持力度,尽快落实1亿元羊绒产业发展专项基金,扶持羊绒企业发展。

(二)促进投资稳定增长

一是加强重点项目管理。对全市亿元以上重点项目逐个梳理、逐项分析、逐一落实建设条件,强化项目调度,争取扩大项目实际投资额,谋划和引导重点项目和企业的重组,加快公路、铁路、城建、水利等重大基础设施项目施工进度,确保完成年度建设任务。二是加快推进前期工作。抓好煤制气、煤制油、外送通道及配套电源点等重大项目的跟踪服务,加快前期工作,完善开工手续,争取早落地、早开工。三是加大投产项目工作力度。重点调度2013年以来已投产和拟投产项目,千方百计做好企业投产达产要素保障工作,积极协调解决阻碍项目达产的症结,限时办结销号,促使建成项目早日见效;积极协助即将建成投产的项目业主,做好竣工验收前期工作,缩短建成试产投产时间。

(三)推动三产加快发展

提升城市综合服务功能,提供高品质的吃、住、行、游、购、娱等消费服务,解决消费供给不足问题,并满足居民消费升级需求,促使消费留在本地。在房屋租赁等成本下降的基础上,既要稳定居民消费价格水平,更要推动物价整体下浮。把握好节庆消费,通过开展打折促销等优惠活动,拉抬消费市场。加快推进"十个全覆盖"工程,有效扩大农牧区消费规模。充分挖掘"互联网+"潜力,提升文化旅游、现代物流、健康养老等现代服务业发展水平。

（四）全面落实政策措施

贯彻落实国家及自治区稳增长政策,配套建立有针对性的措施体系,提高全要素生产率,保持经济运行在合理区间。一要有效降低企业成本。继续简政放权,完善"三单"管理模式,清理规范中介服务,建立收费公示清单制度,清理企业收费及各类基金,协调争取减免、取消一批涉企收费,降低企业制度性成本;继续扩大电力多边交易和补贴范围;争取实施运费和过路过桥费用减免政策;引导企业加强内部管理,降低生产运营成本。二要深度优化存量结构。围绕去产能、去库存,建立健全全市产能过剩清单制度,对市场效益好的骨干企业加强要素倾斜,采取市场化手段,推进企业兼并重组。全力引导存量项目与市场前景好的转型项目充分嫁接,推进存量产能向产业链高端延伸,鼓励煤炭企业之间联合重组。三要提升要素利用效率。加大要素指标争取力度,增加指标总量,切实做好矿井疏干水、中水回收利用等工作,有效增加用水、环保指标。对已有指标要优化配置、盘活存量,对闲置指标要全面清理,优先保障已开工项目。围绕节能、节水、环保等方面,积极引进新技术、新工艺、新设备,节约用水,节能降耗,腾出空间保发展。

中心"形势分析"课题组

执笔:荆慧敏　张智玲

第二十章

巴彦淖尔市经济运行特征及 2016 年展望

2015 年,巴彦淖尔市紧紧围绕自治区"8337"发展思路,全面落实国家和自治区稳增长、促改革、调结构、惠民生、防风险各项政策措施,主动作为,积极应对经济下行带来的困难和风险,全市经济呈现总体平稳、稳中有进、稳中有好的态势。展望 2016 年,巴彦淖尔市将以推进转型发展、绿色发展为方向和重点,着力提高经济发展的质量与效益,积极培育新的经济增长点,推动全市经济持续向好。

一、2015 年巴彦淖尔市经济运行特征

2015 年,预计地区生产总值完成 890 亿元,增长 7.8%;公共财政预算收入完成 65.76 亿元,增长 6%;固定资产投资完成 664.3 亿元,增长 14.4%;社会消费品零售总额完成 234 亿元,增长 8.5%;城镇常住居民人均可支配收入达到 24654 元,增长 9%;农村牧区常住居民人均可支配收入达到 13729 元,增长 10%。

(一)经济运行特征

三次产业协调发展,经济运行保持平稳。一是工业运行稳中有升。2015年,预计规模以上工业企业增加值同比增长 9.2%,增速较一季度、上半年和前三季度分别提高 0.9 个、1.2 个和 0.3 个百分点,呈现趋稳回升态势,对支撑经济稳定增长发挥了重要作用。二是服务业发展好于上年。预计第三产业增加值同比增长 6.6%,增速较一季度和上半年分别提高 1.2 个和 0.3 个百分

点,呈现逐步回升态势。三是农牧业保持平稳运行。2015 年农作物总播面积达 1035 万亩,较上年增加 56 万亩。粮食产量实现"十二连增",达到 69 亿斤,同比增加 3.8 亿斤。牧业年度肉羊饲养量达到 2139 万只,出栏 1143 万只,同比增加了 53 万只,继续居全区首位。

项目建设和招商引资扎实开展,服务质量进一步提升。一是重点项目建设稳步推进。2015 年组织实施的 132 个亿元以上重点项目,全年完成投资 324.5 亿元,占全社会固定资产投资的 48.9%。二是大力开展招商引资。全年实施招商引资项目 249 项,引进到位资金 261.9 亿元。三是项目服务力度加大。市发改委全年共审批项目 44 项,总投资 195.4 亿元,磴口宇乐热电联产项目获自治区发改委批复。四是政策性资金争取工作取得好成绩。通过发改渠道共争取上级投资 23.34 亿元,同比增长 13.8%;会同农发行、国开行争取专项建设基金 10.66 亿元,有力地支持了地方经济发展。

投资消费增长稳定,外贸进出口有所回落。一是投资保持稳定增长。前三季度,三次产业投资分别完成 42.4 亿元、325.9 亿元和 219.2 亿元,同比分别增长-27.3%、37%和 1.1%。工业投资仍处主导地位,增速高于全市投资增速 22.4 个百分点,占全市投资总额的 54.8%;第三产业投资增速虽相对较低,仅增长 1.1%,但受棚户区改造、环境整治和"十个全覆盖"等工程带动,第三产业成为投资增长的一个亮点,投资比重不断提高,推动投资结构逐步优化。二是消费需求逐步释放。社会消费品零售总额同比增长 8.4%,高于全区 0.6 个百分点,居全区第一位。三是对外贸易增幅有所收窄。前三季度,全市进出口总额完成 19.37 亿美元,同比增长 3.4%,较上半年收窄 11.1 个百分点。进口总额完成 16.4 亿美元,下降 2.1%;出口总额完成 3 亿美元,增长 48.8%,进口额占自治区的 30.1%,居第一位。

就业、物价保持稳定,财政收入稳步提高。一是就业基本稳定。在经济增长明显放缓背景下,全年城镇新增就业 1.27 万人,城镇登记失业率为 3.86%,低于全年控制目标 0.14 个百分点,就业形势没有出现大的波动。农村牧区富余劳动力转移就业 16.3 万人。二是物价总水平比较稳定。前三季度,居民消费价格指数累计上涨 1.0%,较上半年回落 0.1 个百分点,物价波动幅度处于合理区间。其中食品类累计上涨 2.6%,仍是拉动物价上涨的主要因素。三是财政收支基本平衡。全年公共财政预算收入同比增长 6%,较一季度和上半年分别提高 4.3 个和 1.2 个百分点;公共财政预算支出 236.5 亿元,增长 22%,城乡社区、节能环保、教育等民生支出增长较快。

(二)经济运行中存在的主要问题

今年以来,面对复杂的国内外环境,国家、自治区经济增长放缓明显,巴彦淖尔市经济也受到较大影响,经济运行面临许多困难和挑战。主要表现在:

一是部分经济指标增速回落。前三季度,地区生产总值增速较去年同期回落 0.3 个百分点;规模以上工业增加值回落 1.9 个百分点;社会消费品零售总额回落 2.9 个百分点。从先行指标看,前三季度,铁路外运量下降 11.7%,回落 103.7 个百分点;公路货运量增长 11.1%,回落 21.1 个百分点;全社会用电量增长 0.9%,回落 3.5 个百分点。

二是重大项目进展缓慢,投资后劲不足。受融资难、部分项目前期手续进展慢、市场形势不好等因素影响,重大项目开工不足或完成投资进度缓慢,没有发挥出应有带动作用。1—11 月份,132 个亿元以上重点项目开工率仅为 64.4%,开工率较去年同期回落 7.3 个百分点;完成投资额仅占全年计划投资 345 亿元的 94%,回落 6 个百分点。

三是工业企业生产仍然较为困难。一是主要工业品价格出现较大幅度下跌。与 2014 年相比,降幅较大的主要有:无毛绒每吨(下同)下降 11 万元,多晶硅下降 4.3 万元,6-APA 下降 8450 元,铜精粉下降 9300 元,原油下降 1385 元。二是企业总体盈利能力不足,亏损面较大。1—11 月份,规模以上工业企业实现利润 10.1 亿元,同比下降 23%。亏损企业 110 户,亏损面为 39%,亏损企业亏损额 16.9 亿元。三是高载能、铁选、洗煤行业停产企业较多。受铁精粉、洗精煤价格大幅下降和天然气价格上调影响,目前规模以上停产企业 26 户。其中,高载能企业 7 户、铁选企业 7 户、洗煤企业 7 户、天然气液化 LNG 企业 2 户、农畜产品加工企业 1 户、化工企业 1 户、冶金企业 1 户。虽然停产企业总体户数正逐步减少,但集中在高载能、铁选、洗煤 3 个行业,面临的形势比较严峻。

二、2016 年巴彦淖尔市经济发展趋势展望

2016 年,国内外发展环境仍然错综复杂,一些领域的困难和风险还在加大,经济向好的基础不牢、势头尚弱。

从国际看,发达国家温和复苏,新兴和发展中经济体经济仍存下行压力,世界经济仍将延续温和低速增长态势。

从国内看,我国经济长期向好的基本面没有改变,但经济运行中一些深层次矛盾和问题不断显现,市场需求总体偏弱,工业领域价格和企业效益低迷,新旧增长动力接替尚需时日,经济下行压力仍然较大。

就全区及巴彦淖尔市来看,今年以来,受国家经济增速放缓、市场需求疲软、部分行业产能严重过剩等因素制约,全区投资意愿有所减弱,能源工业增长放缓,新兴产业增长难以弥补传统产业下降的影响,要素投入支撑作用减弱,我区能源为主的产业结构没有根本改变。市场低迷、需求不足以及生产要素成本不断攀升和环境约束压力逐渐加大,逐步抬高了实体经济企业的生产成本,加之我市工业以初级加工为主,处于价值链低端,抗风险能力差,缺乏核心竞争力和创新精神,部分企业处于亏损和停产状态。传统农业虽属弱势产业,但在规模化生产和集约化经营的带动下,尚可维持较为稳定的增长态势,但是畜牧业特别是肉羊产业遭受到进口羊肉低价销售的明显冲击,畜牧业平稳发展受到一定影响。

当前巴彦淖尔市经济下行压力较大,但经济发展中利好因素在逐步增多:一是 2016 年不仅是"十三五"规划开局之年,也是全市"迎庆创城"的关键年,随着"十三五"规划中的重大建设项目逐步启动,投资门槛大幅降低以及专项建设基金的不断投放,将促进我市基础设施互联互通、市政建设、节能环保以及健康养老等新兴领域和薄弱环节重大项目落地,支撑投资的稳定增长。二是尽管近年来经济增速出现下行态势,但是经济结构的变化使就业保持基本稳定,居民收入以高于经济增速的水平增长;旅游、休闲、文化、电商网购等新型消费模式和消费热点继续升温,有助于释放新的消费需求潜力,不断夯实经济增长基础。三是随着连续降息降准、扩大财政支出和清费降税,以及实施重

大投资项目工程包和消费工程等一系列稳增长政策逐步见效,改革红利不断释放;中央经济工作会议提出,今年要抓好去产能、去库存、去杠杆、降成本、补短板五大任务,为我市促进房地产业健康发展和企业降低运行成本带来了新机遇;自治区在稳定企业生产经营、打通融资渠道、促进投资增长、培育新的增长点、简政放权、促进房地产市场平稳健康发展等方面进一步加大施策力度,对全市经济平稳发展形成利好。

2016 年,巴彦淖尔市将以"四个全面"战略布局为统领,全面贯彻落实党的十八届五中全全、自治区九届十四次全委会和市委三届十一次全委(扩大)会议的总体部署,深入贯彻自治区"8337"发展思路,大力弘扬总干精神,主动适应经济发展新常态,牢固树立和贯彻落实创新、协调、绿色、开放、共享的发展理念,坚持稳中求进的工作总基调,以提高经济发展质量和效益为中心,做好"水、绿、文化"三篇文章,着力建设五个基地,着力加强供给侧结构性改革,突出创新驱动,加强区域合作,大力保障和改善民生,努力建设富裕、文明、绿色、幸福巴彦淖尔。主要预期目标是:地区生产总值增长 8%左右;固定资产投资增长 10%左右;社会消费品零售总额增长 10%;一般公共财政预算收入增长 6%以上;城镇常住居民人均可支配收入增长 9%;农牧区常住居民人均可支配收入增长 10%;全面完成自治区下达的节能减排目标任务,推动结构性改革取得实质性进展。

三、对策建议

(一)强化工业转型升级

一是加大对企业的扶持力度,盘活存量。加强对工业企业特别是重点企业的监测、调度,对于不能达产达效和生产经营困难的企业,要逐家把脉问诊,"一企一策"研究解决办法,千方百计挖掘企业生产潜能,稳定存量企业的正常生产经营。进一步扩大临时优惠电价补贴企业范围,继续清理和规范涉企收费,实行收费项目目录清单管理,降低企业费用负担;对产品有市场、有效益,但流动资金紧张的企业,建议组织开展多层次的银企对接活动,解决企业融资困难;加快推动企业进入资本市场上市直接融资,降低企业资金成本,提高企业盈利能力。二是加大项目扶持,扩大增量。对已建成或即将建成的项目,要切实帮助解决投产过程中供电、供水、排污等实际问题,促进企业达产达效,尽快发挥生产能力;坚持绿色发展,培育既符合国家产业政策又能发挥本市优势、具有广阔市场、且能提升工业发展质量的重大工业项目,努力增强工业发展后劲。三是加大政策扶持力度,发挥大企业在经济发展中的支撑作用并积极引导中小微企业的健康发展,发挥其在经济发展中不可或缺的重要作用。四是提升企业自主创新能力,培育市场竞争优势。

(二)努力提高投资质量与效益

一是切实推进重大项目建设。根据国家和自治区对于重大项目建设的相应政策,积极了解其建设过程中存在的问题和困难,做好对重大项目建设的服务与引导,狠抓建设进度。二是加强项目储备和项目库建设。紧紧抓住国家和自治区的政策、投资导向,结合我市自身实际和资源禀赋,做实做好三年滚动投资计划项目库工作。同时,加强与自治区相关部门沟通对接,争取将我市谋划的"十三五"重大工程列入自治区、国家出台的"十三五"规划中,增强我市经济发展后劲。三是加大招商引资力度。认真研究国家、自治区近期出台的扶持政策,充分发挥我市水资源、土地、电价等综合优势,引进建设一批投资规模大、产业关联度高、带动能力强的项目。四是加大基础设施和民生工程建设。努力争取国家支持,积极引导民间投资,抓好与城镇化、区域发展等相关的利长远、增后劲的基础设施和民生工程建设。

(三)推动农业稳产增收

一是大力发展设施农业。加大对大棚种植的支持力度,通过规模化经营,促进农牧民稳产增收。积极引导和鼓励企业、合作社、种植大户等新型经营主体参与设施农业建设。协调银信部门加大贷款的投放力度,帮助解决资金不足的问题。二是加快培育新的畜牧产业发展模式。我市发展畜牧业有得天独厚的优势,但发展模式成了制约进一步发展的瓶颈。下一步,继续完善企业和农牧民的利益联结机制,完善"龙头企业+养殖专业合作社"或"龙头企业+专业养殖大户+散户"的发展模式,使农牧民利益与实体经济组织紧密联系,提高我市畜产品竞争优势和抵御市场风险能力,促进农牧民持续增收。

（四）加快培育新的消费增长点

不断优化消费环境，不仅要扩大满足居民日常基本生活的大众消费，还要根据不同收入阶层需求，多层次培育医疗、养老、文化、旅游等新的消费热点，增强消费的拉动作用。

（五）切实做好民生工作

一是增加农牧民收入。加强技能培训，组织好农村牧区劳动力输出，提高农牧民工资性收入水平。全面落实退牧还林还草补贴、粮食直补、阶段性禁牧和划区轮牧补偿等强农惠牧政策，增加转移性收入。二是提高城镇居民收入。要认真做好就业工作，大力推进大众创业、万众创新和电子商务发展，充分发挥中小企业对社会就业的吸纳作用。加强城乡劳动力职业技能培训，提高就业人员占城镇居民的比重。此外，要综合采取提高企业最低工资标准、减免个体工商户税费、降低教育医疗费用等措施促进增收。三是抓好"十个全覆盖"工程建设。结合当地产业发展实际，通过探索新建、改造等多种建设模式，充分发挥政府投资的引导作用，努力提高社会资金参与的积极性，引导广大群众积极投身于工程建设，全力打好攻坚战，确保全面完成2016年全覆盖任务。四是加大社会保障的投入力度。扩大社会保障的覆盖面，特别是进一步提高对农村留守老人及儿童的社会保障能力。

中心"形势分析"课题组

执笔：王晓光　张金利　岳胜军

第二十一章

阿拉善盟经济运行特征及 2016 年展望

今年以来,面对错综复杂的国内外发展环境和艰巨繁重的发展改革稳定任务,阿拉善盟按照中央部署、深入贯彻自治区经济工作会议精神,以邓小平理论、"三个代表"重要思想、科学发展观为指导,认真落实自治区党委九届十四次全委会、盟委(扩大)会议的工作部署,加强和改善党对经济工作的领导,按照"五位一体"总体布局和"四个全面"战略布局,统筹抓好稳增长、促改革、调结构、惠民生等各项工作,顶住经济下行压力,经济运行实现稳中有进、稳中向好。

一、2015 年阿拉善盟经济运行特征及走势判断

(一)经济运行特征

前三季度,阿拉善盟地区生产总值完成 239.92 亿元,同比增长 7.0%;城乡 500 万元以上固定资产投资 283.6 亿元,增长 15.5%;社会消费品零售总额 46.62 亿元,增长 7.1%;城乡常住居民人均可支配收入分别为 24196 元和 10918 元,分别增长 8%和 8.1%;一般公共预算支出完成 50.83 亿元,同比下降 4.8%。

发挥投资对稳增长的关键作用,经济运行总体平稳。在经济大环境和相关产业、行业逐步回暖的基础上,全盟经济已呈触底反弹趋势。前三季度,地区生产总值和城乡 500 万元以上固定资产投资的增长都保持较高水平。

一是狠抓项目建设,努力促进投资增长。加大重点项目推进力度,继续推

行盟级领导干部联系重点企业重点项目制度,重点项目投资额占全社会固定资产投资目标的 67.5%;努力扩大投融资渠道,出台了资本市场融资补贴政策,探索 PPP 模式实施运营。加大招商引资工作力度,加强重点项目管理和服务,重点项目建设扎实推进。截至 9 月末,自治区级重大项目开工率 100%,完成年计划的 42.3%;全盟重点建设项目开工率 92.6%,完成年计划 93%。

二是加大项目争取力度,充分发挥政府投资导向作用。围绕国家推出的"11 大工程包"、社会事业和民生工程等投资领域,突出抓好项目前期谋划和申报,项目资金争取工作取得明显成效,全年共争取上级投资项目 75 个,落实资金 4.55 亿元。积极引导社会资本参与项目建设,其中阿拉善经济开发区天然气利用工程列入全国 PPP 项目的调度范围。全面落实国家新一轮扩大内需政策,按照全盟行业实际需求,已上报专项债券投资项目 283 个,投资额达 2254 亿元。

加快产业结构调整,经济转型取得实效。前三季度,一产增加值增长 3.0%,二产增加值增长 7.3%,三产增加值增长 6.4%。固定资产投资方面,前九个月全盟一产和三产投资高速增长,分别增长 81.3% 和 43.9%;二产投资增长渐趋回落,同比下降 1.1%。

一是把调存量、优增量作为工业转型升级的重要途径。2015 年,阿拉善盟以"五大基地"建设为重点,陆续出台了《阿拉善盟新能源输出基地中长期规划及电力外送通道规划》《战略性新兴产业发展规划》《推进中蒙五大通道建设实施方案》《承接京津冀地区产业转移指导意见》等多项配套专项规划及方案。同时,以重点园区建设统筹工业转型升级,全力推动传统产业转型升级和新兴产业发展,一些长期难以推进的项目,如电力外送通道、风电上网指标等取得了历史性突破,目前阿拉善盟已列入国家级新能源产业基地,4 个共 54.95 万千瓦的风电项目列入国家核准计划,全年实施光伏、高端制造业、新材料等高新技术产业重点项目 22 项,总投资达 574.7 亿元。另外,积极推进西气东输管网途经阿拉善项目建设。已争取以河西走廊中路为走线、以宁夏中卫为重要节点的西气东输五线北移,途经阿拉善盟。

二是把基础设施建设作为发展现代服务业的重要载体。紧紧围绕"一带一路""互联网+"行动、"8337"发展思路等战略布局和盟委行署决策部署,编制出台了《新丝绸之路经济带阿拉善盟段规划》《关于促进健康服务业发展实施方案》《阿拉善盟与蒙古国互联互通规划思路》《乌力吉跨境经济合作区规划》《敖伦布拉格中蒙经济合作工业园区(综合保税区)规划》《阿拉善盟创建品牌旅游景区三年行动方案》等一批规划和实施方案。同时把提升基础设施保障能力作为促进现代服务业发展的基础,加快公路、铁路、机场等交通项目建设进度,策克口岸是矿产资源运往乌海及以东地区的必经路段,巴彦诺日公至苏海图一级公路主体工程提前一个月全线贯通。前三季度,阿拉善盟金融机构人民币各项存贷款余额分别增长20.6%和4.6%。利用内蒙古融资服务网,实现融资1.11亿元;融资性担保机构担保资金总额增长14.58%,17户企业在内蒙古股权交易中心融资板块挂牌,利用政府和社会资本合作(PPP)模式实施重大工程2项,总投资38.38亿。1—10月,共接待国内外游客418.3万人次,实现旅游收入43亿元,与去年同期相比分别增长31.2%和32.3%。

三是把"精品、特色、优质、高效"作为农牧业发展的重要方向。今年以来,阿拉善盟积极探索股份联结机制、创新农牧业生产经营方式、着力推动种植业结构调整、提升农牧业产业化水平,农牧业发展稳定。全盟销售收入达500万以上的农牧业产业化龙头企业28家(其中自治区级龙头企业13家),形成年加工转化草料10万吨、肉类1万吨、驼羊绒各300吨、苁蓉锁阳各100吨的农牧业产业生产能力,农畜产品综合加工率达到68%以上,打造形成了"驼中王""金沙臻堡"等农牧业知名品牌。前三季度,全盟牧业年度牲畜存栏预计达175万头(只),同比增长3.6%,预计农作物播种面积71.55万亩,同比增长3.7%。

多措并举,民生持续改善。2015年,在产业发展、财政投入、促进就业、社保提标扩面、强农惠农、精准扶贫等一系列惠民政策保障下,全盟就业、保障等民生指标持续改善。前三季度,城乡常住居民人均可支配收入为24084元和10848元,同比分别增长7.5%和7.5%,总量分别高于内蒙古平均水平1019元和3570元;城镇新增就业4446人,增长11.93%,完成年度目标任务的127.03%;城镇登记失业率控制在3.11%以内;农牧民转移就业3916人,完成年度目标任务的130.53%;发放小额担保贷款12319万元,完成年度目标任务的94.76%。另外,城镇职工养老保险、城乡居民社会养老保险、失业保险和城镇基本医疗保险参保率均已完成全年目标,社会保障覆盖面进一步扩大。

深化改革,确保改革任务全面完成。2015 年,阿拉善盟进一步明确了改革任务,健全台账,确保各项改革任务全面完成。精心实施好阿拉善盟承担的自治区改革试点工作,确保 13 项改革试点任务按期保质完成。积极稳妥抓好 19 项自选改革工作,切实做到改有所进、改有所成。扎实推进 15 项改革试点工作,力求实现重大突破。进一步健全督查督办、目标考核、严格问责工作机制,确保各项改革任务落地生根。

(二)经济运行中存在的主要问题

总体来看,2015 年阿拉善盟经济社会运行态势总体平稳。但也应当看到,由于多方面因素影响和国内外条件变化,当前经济下行压力仍然较大,经济发展仍然面临一些突出矛盾和问题,主要有以下几个方面:

一是工业经济运行困难,企业生产经营举步维艰。2015 年,重点调度的 20 种工业产品预计产量较上年同期下降有 16 种,增长的仅有 4 种。其中,铁矿石、焦炭和无烟煤等产品产量降幅达到或超过 40%。受此影响,规模以上工业增加值同比增长 8.1%,增幅较上年同期减少 1.9 个百分点;规模以上工业企业中停产半停产企业 54 户(停产企业 47 户,半停产企业 7 户),占规上企业的 47%。

二是重点项目推进困难,固定资产投资压力较大。由于项目环评、能评、安评、用地等手续审批时间较长,用水、土地、资源配置等要素瓶颈制约,特别是受项目建设融资困难和部分业主投资积极性不高等因素影响,投资实现持续稳定增长还面临着较大压力。

三是对外贸易逆差加大。截至 10 月末,进出口总额同比降低 7.01%,其中,出口额 0.51 亿美元,下降 1.18%,进口额 1.55 亿美元,下降 8.77%。进出口相抵,对外贸易逆差 1.04 亿美元。

四是财政增收困难,收支矛盾突出。受工业企业生产经营困难、新增税源不足、非税收入下降以及结构性减税等因素影响,全盟财政收入增速下降,距离时间进度收入相差甚远,财政支出捉襟见肘,保工资、保运转、保基本也面临非常大的压力。

（三）2015 年阿拉善盟经济走势判断

综上所述，预计 2015 年，阿拉善地区生产总值达到 331 亿元，增长 10.4%；公共财政预算收入达到 42.3 亿元，增长 12.8%；全社会固定资产投资达到 345 亿元；社会消费品零售总额完成 69.2 亿元，增长 12.6%；城乡常住居民人均可支配收入分别达到 32612 元、15925 元，分别增长 11.3% 和 15.2%。

二、2016 年阿拉善盟经济发展趋势展望

从国际看，2016 年，世界经济形势仍不容乐观，国际金融危机深层次影响还在继续，仍将处于深度调整期。从国内看，我国进入新常态，经济下行压力不减，但是经济转型呈现出新的变化趋势，经济发展面临着重要历史机遇。2016 年及今后一个时期，要在适度扩大总需求的同时，着力加强供给侧结构性改革，实施相互配合的五大政策支柱。2016 年经济社会发展特别是结构性改革任务十分繁重，战略上要坚持稳中求进、把握好节奏和力度，战术上要抓住关键点，主要是抓好去产能、去库存、去杠杆、降成本、补短板五大任务。

从全区看，2016 年内蒙古发展面临的形势尽管比较复杂，但总体上机遇大于挑战、有利因素多于不利因素，时和势总体对我区发展有利。在认清形势、把握大势，坚定发展信心，保持战略定力，努力化挑战为机遇、化压力为动力的前提下，将把经济社会持续健康发展的良好态势长期保持下去。

总体看，阿拉善盟仍处于机遇与挑战并存、机遇大于挑战、可以大有作为的重要战略机遇期。中央出台了一系列定向调控政策，深入实施西部大开发和民族区域自治政策，为全盟经济社会发展提供了良好的政策环境。国家全面深化改革，实施创新驱动发展战略，推动大众创业、万众创新，为全盟破除体制机制障碍、释放制度红利、激发发展活力、转换发展动力带来新机遇。国家实施"一带一路"、京津冀协同发展、长江经济带三大区域战略，加快推进中蒙俄经济走廊建设，对阿拉善盟融入"呼包银榆""陕甘宁蒙""小三角"经济区以及"兰新经济带"，实现全方位开放拓展了新空间。国家推动能源革命，实施"中国制造 2025"和"互联网+"行动计划，促进产业结构和消费结构全面升级，自治区加快"五大基地"建设，为全盟推动建设"阿拉善国家级近零碳排放

综合示范区"、开拓国内市场提供了新契机。

在看到机遇的同时,也要清醒地认识到,阿拉善盟欠发达的基本盟情没有根本改变,经济发展方式比较粗放,未来发展还面临不少挑战和困难。主要表现在:旗区发展功能定位不准,发展方向不清,空间布局约束不强;产业结构不合理,资源型产业比重偏高,特色沙产业、战略性新兴产业和现代服务业发展不足;创新能力不强,产业竞争力和抵御市场风险的能力较弱;城市化质量不高,城镇功能不完善,承载能力较弱;资源环境约束趋紧,基础设施建设滞后;民生和社会建设薄弱,基本公共服务均等化程度不高,社会转型期维护社会和谐稳定压力明显加大。

综合判断,预计2016年,地区生产总值完成357亿元,增长8%;公共财政预算收入完成45亿元,增长7%;全社会固定资产投资379亿元,增长10%;社会消费品零售总额完成75亿元,增长9%。

三、对 策 建 议

(一)继续抓好项目前期和争取工作

针对项目储备不足的问题,突出上下联动,加强对旗区项目谋划的指导,加大项目谋划力度,按照国家确定的十一大工程包投资方向和方式,认真谋划好2016年中央、自治区预算内投资项目计划及项目库建设。紧扣国家政策方向和投资导向,抢抓国家支持中西部基础设施建设、加快生态文明建设等政策机遇,加强与国家产业政策、规划布局的衔接,抓紧报送一批前期工作成熟的重点项目,全力以赴做好项目资金争取工作,力争更多项目列入国家投资计划并启动实施,把国家政策转化成具体项目。

(二)加快推进重点项目建设

把项目建设作为当前促投资稳增长的重要抓手,加强督察检查工作,强化项目建设跟踪问效,按照时间进度要求,建立台账,倒排工期,倒逼责任,定期召开项目推进会,切实抓好重点项目建设的跟踪、协调和服务,着力推进94个重点项目建设,确保完成年度投资目标任务;对已下达中央、自治区投资计划的项目,要将建设资金及时拨付到位,力促早日开工,加快项目建设进度,争取扩大投资实物量。加大对重点项目建设过程中"事前、事中、事后"监管力度，在前期手续办理、招投标方式、资金下达拨付、竣工验收等方面加大项目稽查执法力度，努力扩大项目有效投资。

（三）加大招商和融资工作力度

着力抓好招商引资工作，强化产业招商，促进产业结构调整。要深入落实国家三大战略，紧紧抓住京津冀一体化发展机遇，调整招商引资方向，加强组织领导和对外联系，做好项目对接，认真研究京津冀外移企业和项目与阿拉善盟产业发展优势的结合点，积极承接京津冀一体化发展需要外移的企业和项目，重点抓好阿拉善盟—上海庙 400 万千瓦风电基地、巨人集团 500 万千瓦光伏发电、阿拉善至华中直流±800 千伏双回线路、2500 兆瓦电池组件、1000 吨碳纤维、煤气化生产甲醇和合成氨等重大项目的筹划和建设。不断扩大社会资本投资领域，多渠道筹措项目资金，引导和推进 PPP 项目模式，缓解基础设施、民生事业等项目建设资金压力。认真落实国家新一轮扩大内需政策，加快推进项目前期各项工作，完善申报项目的前期手续，力争更多符合国家产业政策的项目获得专项债券支持。

（四）狠抓经济运行调度，促进工业经济平稳增长

加强监测调度，完善和落实扶持企业的各项政策措施，协调解决好企业生产经营中的重大问题，全力帮助企业稳定生产经营，不断提高工业运行质量；加快科技创新服务平台建设，支持企业搞好技术改造，推动企业产品升级换代；支持各类园区建设，进一步完善重点工业园区的基础设施。

（五）推进产业结构调整

以阿拉善盟纳入国家级新能源基地为契机，围绕清洁能源输出基地和现代装备制造基地等产业基地建设，加快培育新能源、先进装备制造业、新材料等新兴产业，投资实施一批拥有自主产权或引进技术的高科技战略性新兴产业项目，推进哈纳斯贺兰山风电场一期 200 兆瓦风力发电、空天科技飞艇基地、庆华集团高新技术孵化园等重点项目建设，加快产业升级步伐，提升产业层次；推动传统产业转型升级，加强对焦炭气化、精细化工发展等事关工业转型升级重大节点问题的研究，积极争取国家支持，切实推动化工企业的搬迁改造。大力发展特色沙产业，推进苁蓉、锁阳、沙葱、沙地葡萄等沙生植物规模化

种植和产业化发展。努力提高服务业和消费对经济增长的贡献。培育和引进大型物流企业,引导和支持发展第三方物流。做好阿拉善宝玉石文化的推介,借助蓬勃发展的旅游业提高阿拉善奇石文化的影响力。

(六)全面深化体制改革

落实已出台的改革方案,按进度推动重点领域改革,加紧落阿拉善我盟在简政放权、政府机构改革、财税体制改革、扩大民间投资等方面出台的一系列改革方案和举措,建立改革成果评估评价机制,确保中央、自治区和盟委已经明确的重点改革任务不折不扣落到实处,使每项改革见到实际效果。进一步推进行政审批制度改革,实现"放、管、服"三管齐下,规范审批流程,削减审批前置事项,压缩审批时限,提高审批效率。严格规范价费管理,加快推进工商注册便利化,进一步方便企业办理业务、减轻企业税费负担。按要求、按进度扎实做好"十三五"规划编制工作。

中心"形势分析"课题组

执笔:侯建梅　王焱

第二十二章

满洲里市经济运行特征及 2016 年展望

2015 年以来,面对经济下行压力和各项艰巨任务,在满洲里市委、市政府的正确领导下,全市上下砥砺前行、迎难奋进,经济社会发展在新常态下保持总体平稳,计划执行情况总体向好,2015 年地区生产总值预计增长 7.5%左右。"十二五"规划各项指标基本完成,实现圆满收官。展望 2016 年,在国际需求下降、国内经济进入中高速增长的新常态下,为实现"十三五"规划良好开局,坚持创新、协调、绿色、开放、共享发展理念,在调整经济结构、加快转变经济发展方式、更加注重经济增长的效益和质量总基调下,满洲里市地区生产总值预期增速为 7.5%—8%。

一、2015 年满洲里市经济运行特征

(一)经济运行主要特征

工业经济增长放缓。2015 年以来,满洲里市工业经济延续下行态势,有效需求不足、企业订单减少、销售趋缓、库存增加、工业产销等主要指标持续回落、增长动力明显不足,总体形势较为严峻。前三季度,规模以上工业增加值同比增长 8.8%。一是煤炭行业发展面临较大压力。受市场需求持续低迷影响,煤炭呈量价齐跌态势。经济增速放缓致煤电需求不足,煤价持续下降,企业利润空间逐渐减小,产量较同期难有增长,亏损局面难以扭转。二是木材企业仍是支撑规模以上工业稳增长的主力。2015 年年初,针对木材加工企业存在的消防安全、环境保等突出问题开展了为期半年的集中整治工作,取得了良

好效果。目前,木材工业产值逐月回升,木材行业仍是我市工业经济指标稳定增长的主要支撑。

对外贸易持续增长。前三季度,外贸进出口总额为 20.3 亿美元,同比增长 11.0%。口岸外贸进出口总额完成 173.7 亿元,同比下降 15.7%。海关关税及代征税完成 16.4 亿元,同比下降 23.5%。一般贸易增势迅猛带动贸易整体增长,但边境小额贸易呈小幅下滑态势,加工贸易下降幅度较大。边境小额贸易的主导地位削弱,一般贸易所占比重增大。

国内消费态势平稳。前三季度,社会消费品零售总额完成 93.7 亿元,同比增长 8.1%。其中,批发零售贸易业完成 79.7 亿元,同比增长 8.8%;餐饮业完成 14.1 亿元,同比增长 7.1%。内贸流通市场总体运行平稳,市场供应充足,物价稳定。居民消费层次不断提高,节日市场拉动消费明显,对俄蒙的民贸市场转型加快,夏季旅游旺季住宿餐饮业回暖。前三季度,进出境旅游人数达到 77.9 万人次,同比下降 22.4%;国内旅游人数达到 532.2 万人次,同比增长 5.4%。

口岸过货量小幅下降。2015 年以来,受国内外经济下行和俄罗斯卢布大幅贬值影响,口岸进出口货物和进出境人员增长面临空前压力,满洲里市通过采取降低交付木材、联运原木、散装化肥等 14 个品类的相应收费,在铁路、公路口岸启动海关移动查验单兵作业系统等措施,口岸监管查验效能得到提高,口岸货运量和进出境人员呈现总体下降、降幅逐月收窄的趋势。前三季度,口岸货运量累计完成 2120 万吨,同比下降 4.6%。口岸进出境人员 89.5 万人次,同比下降 27.4%。"苏满欧""湘满欧""渝满俄"等过境班列运行良好,到 9 月底经满洲里口岸进出境班列达 445 列,集装箱总数 36498 标箱,总货值 76.5 亿元。

固定资产投资平稳推进。前三季度,固定资产投资完成 100.3 亿元,同比增长 15.0%。全年安排重点项目 224 个,其中续建项目 100 个,新建项目 124 个。截至 9 月底,已开工项目 185 个,开工率 82.5%,累计完成投资 56.34 亿元,占年度计划的 43.6%。整体看,重点项目稳步推进。列入自治区的重大项目进展顺利,7 个自治区重大项目已有 5 个项目开复工,开复工率 71.4%,截至 9 月底完成投资 8.06 亿元,占年度计划 13.9 亿元的 58%。

（二）经济运行的亮点

当前,满洲里市经济在迎难奋进的同时,也出现了一些亮点。一是主场主体发展活跃。截至 2015 年 9 月末,经营主体数量和注册资本增加,私营企业达到 2881 户,同比增长 33.31%。个体工商注册户 17107 户,同比增长 21.83%;私营企业注册资本金达到 123.32 亿元,同比增长 20.66%。二是资金流动性提高。截至 2015 年 9 月末,资金市场流动性提高,金融机构本外币各项存款余额 180.1 亿元,金融机构本外币贷款余额 119.4 亿元,存贷比为 66.3%,较年初增长了 5.3 个百分点,贷款余额居前十位的企业主要是电力、交通、煤炭、边贸等企业。三是金融企业规范发展,小额贷款和融资性担保两类公司规范发展,通过金融支持,加快了小微企业和个体工商户发展步伐。四是改革取得新进展。卢布现钞使用试点、"一照一码"商事登记制度改革正式启动。五是开放型经济发展平台进一步完善。满洲里综合保税区获国务院批复,成为自治区首家综合保税区。满洲里机场免税店启动运营。多式联运监管中心正式获批。

二、2016 年满洲里市经济发展趋势展望

2016 年,满洲里市经济面临的外部环境更加复杂严峻,但诸多利好因素将支撑经济平稳运行,预计全年经济增长可保持在 7.5%—8%。

支撑满洲里经济平稳健康发展的积极因素有:

一是商贸业由传统对俄蒙民间贸易驱动向国内旅游和跨境电子商务驱动转化。在对俄蒙民贸市场摊位空置率居高不下的情况下,面向国内旅游的零售业蓬勃兴起,带动餐饮、住宿等服务业发展;跨境电子商务的快速发展,促使民贸市场由对俄蒙毗邻地区的销售为主,向俄蒙腹地不断开拓市场,目前满洲里市已出台的《关于促进满洲里市跨境电子商务发展政策的若干意见》,将进一步优化跨境电子商务发展环境。商贸业动力转换将给经济带来新的活力。

二是工业由传统煤炭产业驱动向进口木材、农产品加工驱动转化。由于受国内能源资源需求降低,煤炭行业量价齐跌,满洲里电力建设、煤炭生产受到制约。进口木材加工成为支撑工业增长的主要因素,木材的精深加工程度

逐年提高,2015年前三季度铁路口岸木材进口量达到693万立方米,落地交付量与进口量之比已达到66.7%。满洲里口岸获批为国家指定粮食进口口岸,为满洲里市发展进口农产品加工业带来了有利机遇,新兴的进口农产品加工业实现破题,一些企业在俄罗斯腹地建立种植基地,也为稳定进口粮油原料提供了保障,行业前景光明。工业增长的动力转换为经济企稳提供了有力保障。

三是物流业由传统的国内物流驱动向跨境国际物流驱动加速转换。跨境电子商务促进了跨境物流的发展,近日首列"苏满欧"邮路测试集装箱顺利通关,标志着经满洲里对俄罗斯国际小包邮路正式开通,开启了满洲里对俄罗斯铁路邮路新的里程。满洲里合作区物流中心、跨国厂商通道等跨境物流项目的建设和运营,带动本地及周边地区物流发展的同时,也为果蔬等出口品类打通便利通道,使面向俄罗斯的跨境冷链物流,成为国内班列等运输方式不可替代的物流新业态,对促进本地经济发展具有重要意义。

四是旅游业由游览景区景点、购物等消费向文化演艺等更高层次消费发展。旅游旺季,中俄蒙旅游节、俄罗斯国家大马戏团演出等文化演艺正吸引更多的中外游客前来满洲里,在保持传统吃、住、游、购的消费的同时,旅游正向文化娱乐方向提升档次,加快促进消费升级。

在看到积极的因素的同时,我们也清醒地看到影响满洲里市经济发展的一些不利因素:一是口岸货运量和外贸形势不容乐观,口岸货运量和口岸进出境人员呈现总体下降的趋势。外贸虽然总体实现了增长,但是增速放缓,进口总体仍然呈下滑态势。受国内经济增长放缓及产能过剩影响,国内对资源类商品需求减少,使木材、铁矿石、化工品等我市大宗品类进口量减少;进口商品价格下滑,使得进口额下降幅度大于进口量;受市场需求低迷和日元贬值影响,我市加工贸易业务大幅萎缩。二是中小企业融资难、融资贵问题依然突出。当前,满洲里市中小企业的融资难、融资贵的问题仍然比较突出,企业难以提供资产抵押,财务管理不规范,导致融资需求得不到满足。满洲里外贸企业大部分通过租赁场所经营业务,缺乏有效抵押物。加工企业仍以粗放式经营为主,多数以租赁方式生产加工,有效资产缺乏,财务管理不规范,难以满足银行贷款要求。三是开发开放优势仍需进一步发挥。面对经济新常态和把握国家新的开发开放战略方面,在解放思想、提高认识、增强能力方面还有不足,在理解和研究国家"一带一路"、中俄蒙经济走廊等战略方面还不够深入,深挖开放潜力的能力需进一步提升。

三、对　策　建　议

总的看来,2015 年以来满洲里市经济实现了稳中有进的既定目标,在当前严峻复杂的宏观形势下,能够取得这样的成绩,确实来之不易。但经济运行中存在的需求弱化、产业发展新旧动力转换艰难等问题,需要下大力气去研究解决。要进一步研究落实好中央和自治区重大政策措施,加大对重点领域和薄弱环节的建设改造力度,以稳定企业生产经营、打通融资渠道、促进投资增长、培育新的增长点为抓手,继续改善实体经济的发展环境,夯实经济回升向好的基础。

(一)加快推动工业经济转型升级

以进出口加工业项目建设为突破,加快推进产业结构调整,打破口岸经济"酒肉穿肠过"的旧发展模式,按照突出重点、智能发展、绿色发展、坚持品牌的原则,着力夯实城市工业基础,针对俄蒙市场需求以及满洲里产业基础,重点围绕木材、食品、矿产构建进口生产加工体系,并积极拓展农畜、建材、机电、汽车、轻工等面向俄蒙等国外市场的出口生产加工体系,打造进出口加工制造基地。充分发挥扎赉诺尔煤电产业优势,科学推进一批煤炭转化利用项目,提高煤炭综合开发利用水平和就地转化利用率,打造褐煤—火电—初级煤化工—精细煤化工—副产品综合利用产业链。利用直供电试点政策,鼓励发展煤电下游产业。探索推动宽轨和滨洲铁路接入扎赉诺尔工业园区,加快满东工业基地和满西工业园建设,打造能源开发转化基地。

(二)力争口岸货运量和进出境人员实现增长

一是落实"丝绸之路口岸区域协作会议暨中俄欧集装箱运输便利化研讨会"取得的成果,加强与苏州、重庆、武汉、长沙等地口岸部门和相关企业沟通联系,进一步增加"苏满欧""渝满俄""鄂满欧""湘满欧"等班列开行密度。进一步与郑州、盘锦、义乌、北京等地口岸部门和相关企业联系对接,开通经满洲里口岸出境到俄罗斯和欧洲的班列。二是积极与哈尔滨铁路局外经总公司、铁路车站等部门协调对接,推动铁矿石、基础油、危险化工品、德系整车等新品类进口,协助企业解决实际问题,早日实现新增货物品类进口,实现口岸货运量正增长。三是推行公路口岸客车通道"一关两检"合署办公,加快通关速度,促进出入境人员通关便利化。四是加强与国检局协调对接,推进"南菜北运"专项工作。以在海南建立满洲里口岸对俄出口农产品种植基地为切入点,吸引更多南方的果菜经满洲里口岸出口到俄罗斯,力争 2016 年满洲里口岸果菜出口量实现新的突破。五是进一步与俄联邦边界设施建设署西伯利亚地区管理局和后贝加尔区域处加强沟通联系,积极推动俄后贝加尔斯克公路口岸货运通道建设,协调俄方优化口岸通关环境,保证为过境班列、新增进出口品类、进出境人员通关提供便利。

(三)促进传统产业升级,推进新兴业态发展

抓住"互联网+"的重大机遇,利用互联网升级改造传统产业,按照"互联网+传统产业"的模式,升级改造原有商贸产业、旅游产业、物流产业、金融产业等等,充分发挥互联网信用经济、直营经济的优势,推动产业链的延伸拓展。争取满洲里市列入跨境电子商务试点城市,利用综合保税区、互市贸易区平台,打造进口商品销售集散地。支持打造规模以上本土跨境电商企业,初步建立与试验区功能定位相适应,主体集聚、业态丰富、产业规模不断扩大的跨境电子商务。全面恢复中俄满洲里国际邮路,申请设立国际快件监管中心、国际邮件互换站,在中俄两国邮政签署的《中国邮政集团公司与俄罗斯联邦邮政公司合作意向备忘录》框架内,建设中俄国际快递通道,借助多式联运监管中心平台,打造对俄跨境电子商务的枢纽,带动仓储、物流等上下游产业的发展。

(四)利用金融推动企业加快发展

一是对于已形成较大规模、现金流充裕、银行不能满足贷款需求的物流企业,要向商业银行、风险投资基金、创业投资基金等国内金融和非金融机构重点推介,并协调机构进行点对点融资方式培训指导,使企业能够利用债券、股权投资基金等金融杠杆尽快募集到足够的资金。二是政府中小企业担保基金要在进口资源加工企业的原材料进口、新产品研发、设备购置、技术改造方面提高贷款担保额度,引导和支持木材、粮油、能源等领域的贸易、运输、加工及

跨境检验检测等企业,灵活运用"俄贷通"、产业链金融信贷和小微企业增信集合债券,加快进口资源加工业转型升级的步伐。三是给予小微企业自由的发展空间和足够的信贷支持。积极引入跨境电商互保机制,扶持利用"互联网+"技术进行产业创新、管理创新和服务创新的小微企业,重点满足供应链服务、跨境电商、俄蒙广告营销领域的小额短期信贷需求,对合伙从事中俄、中蒙消费品跨境物流的中外籍合作经营者给予小额贷款支持。四是大力发展信用信贷。扩大贷款人社会信用评级在贷款中的使用范围和作用,对信用评级高的中小企业、一人公司申请的流动贷款,降低财产担保、保证担保的比例。

(五)进一步激发旅游市场活力

一是规划好旅游线路,将新兴景点与老牌景点进行有机整合,使新兴景区借老牌景点的美誉度提升知名度,老牌景点借新兴景点焕发新魅力。二是做好 5A 级景区申报工作,提升边境旅游的品牌性,扩大满洲里在中蒙俄旅游线路上的影响力。三是根据俄方入境客人的喜好丰富长线旅游休闲游内容,开发北戴河、大连等休闲度假游线路。四是为进一步开发蒙古国入境市场做准备。积极联系蒙古国市场,从减免俄蒙游客入境手续费用、筹建蒙方代表工作组入手,尽快与蒙古国旅行社建立合作关系。五是为国内旅游提供更好的服务。大力鼓励文化演艺产业发展,充分发挥满洲里中俄蒙三国交界的旅游资源,促进国内游客的文化消费。

(六)重视国家"一带一路"、中蒙俄经济走廊建设等规划及研究工作

发挥出满洲里作为中蒙俄经济走廊的支点城市作用,既是国家"一带一路"相关规划对满洲里的定位,也是"十三五"乃至更长一段时期满洲里市经济、社会及生态建设的主攻目标。当前,国家、自治区和呼伦贝尔市都从多方面对中蒙俄经济走廊进行规划设计和专题研究,满洲里要抓住这可遇难求的有利时机,重点做好以下工作:一是聘请国内知名的学者专家,在各大媒体、专业论坛上发表满洲里在中蒙俄经济走廊比较优势及未来发展潜力研究文章,在顶层研究领域营造良好的舆论影响力。二是充分做好"十三五"规划研究,找准发展目标、理清发展思路,设计好重大项目,纳入国家自治区规划,为下一步争取更多的国家资金和政策奠定基础。

（七）落实上级经济工作会议精神，开展供给侧结构性改革

全面落实"去产能、去库存、去杠杆、降成本、补短板"五大任务，进一步释放市场潜能、激发企业活力，为全面提高经济发展的质量和效益创造良好环境。一是积极稳妥"去产能"。加快产业升级步伐，促使工业园区和综合保税区"腾笼换鸟"，坚决取缔不符合环保标准和安全生产标准的加工企业。二是多措并举降成本。切实降低实体经济企业成本，使各类经济主体轻装上阵、减负前行。要在简政放权、减税降费、金融扶持、口岸流通、大用户直供电试点等方面打出一套"组合拳"，进一步降低企业的交易成本、人工成本、财务成本、物流成本和税费负担，增强企业的竞争能力、盈利能力和发展后劲。三是扎实有序"去库存"。重点消化房地产存量房，取消过时的限制性政策，激活潜在的住房需求，稳定房地产市场。四是扩大有效供给"补短板"。着力解决资金、技术、人力资源等方面存在的"短板"，深入实施创新驱动，支持企业加大技术改造力度和设备更新的投入力度，以创新激发产业发展势能。五是防范金融风险"去杠杆"。及时防范和化解一些企业资金链困难、部分金融机构不良贷款、市区两级政府债务负担加重等风险。

中心"形势分析"课题组

执笔：满洲里市发展和改革委员会综合科

第二十三章

二连浩特市经济运行特征及 2016 年展望

2015 年以来,在二连浩特市委、市政府的领导下,全市上下认真贯彻落实上级党委和政府的各项决策部署,积极适应经济发展新常态,努力应对各种风险和挑战,扎实开展各项工作,经济社会实现平稳健康发展。

一、2015 年二连浩特经济运行特征及走势判断

(一)经济运行特征

前三季度,二连浩特市地区生产总值完成 64.8 亿元,同比增长 10.7%。固定资产投资完成 28.7 亿元,同比增长 29.9%。财政收入完成 4.91 亿元,同比增长 0.25%。社会消费品零售总额完成 21.3 亿元,同比增长 7.2%。全体居民人均可支配收入完成 28437 元,同比增长 5%。进出口货物量完成 102.1 万吨,同比增长 4.91%。进出口贸易额完成 138.8 亿元,同比下降 18.1%。经济运行呈现以下主要特征:

产业发展平稳协调。一是农牧业生产形势良好。2015 年降水增多,农作物播种面积和长势明显好于上年,前三季度,蔬菜产量 600 万公斤,产值达 600 万元。牧业年度牲畜存栏数达到 8.5 万头(只),同比增长 3.7%。二是工业经济较快发展。前三季度,工业增加值完成 20.3 亿元,增长 14.5%。31 户规模以上工业企业正常生产经营 22 户,完成增加值 17.9 亿元,增长 16.6%。工业用电量同比下降 38.3%,占全市用电总量 18474 万千瓦时的 53.7%。主要工业产品生产状况良好,共加工木材 86.8 万立方米(折原木),同比增长

5.6%;生产铁精粉 138 万吨,同比增长 100.3%;生产无毛绒 1230.3 吨,同比增长 90.6%;风光发电企业共发电 4.21 亿千瓦时,同比增长 7.7%。三是服务业发展态势良好。前三季度,共接待国内外游客 132.3 万人次,增长 2.65%;实现收入 41.3 亿元,增长 52.5%;旅游创汇 4.6 亿美元,增长 91.6%。截至 9 月底,金融机构本外币各项存款余额 76 亿元,增长 33.7%;本外币各项贷款余额 63.5 亿元,增长 25.3%。非金融机构中的小额贷款公司贷款余额 19662 万元,下降 9.6%。房地产投资降幅较去年同期大幅收窄,销售情况明显好转,整体呈平稳运行态势。前三季度累计完成投资 9780 万元,同比下降 5.8%;销售面积达 75508 平方米,同比增长 27.9%。前三季度,航空货运量完成 219.9 吨,下降 19%;航空客运量完成 8.97 万人,增长 49.8%。公路货运量完成 807 万吨,增长 3%;公路客运量完成 44.7 万人次,下降 2%。铁路货运量完成 637.4 万吨,增长 14.8%;铁路客运量完成 21.8 万人次,下降 10.4%。

各项需求稳步增长。投资较快增长。前三季度,固定资产投资累计完成 28.7 亿元,同比增长 29.9%。40 项重点项目开复工 35 项,开复工率 87.5%,比 2014 年同期高 8.6 个百分点,累计完成投资 23.5 亿元,同比增长 3.1%,占固定资产投资的 79.7%。消费市场温和增长。前三季度,社会消费品零售总额完成 21.2 亿元,同比增长 7.2%。其中,批发零售业实现销售额 19.1 亿元,同比增长 7%;住宿、餐饮业实现销售额 2.12 亿元,同比增长 8.5%。对外贸易低位运行。在国内外经济下行压力的影响下,口岸对外贸易发展受到严重制约。前三季度,进出口货物总量完成 1021.3 万吨,同比增长 4.91%,进出口贸易总额完成 138.8 亿元,同比下降 18.1%。

经济发展质量明显提升。前三季度,公共财政预算收入完成 3.54 亿元,增长 9.13%,财政实力稳步提升;地方财政支出完成 13.7 亿元,增长 37.2%。全体居民人均可支配收入达到 28437 元,增长 5%,居民生活水平有所提升。另外,通过不断加强物价监管工作,积极开展口岸、住建、环保、交通、银行等涉企收费专项检查,加大价格监测、价格举报受理以及节假日和日常价格监督检查力度,有力维护了市场价格秩序,保持了物价总水平的基本稳定。

(二)经济运行中存在的主要问题

今年以来,受国内外经济下行形势的影响,二连浩特市口岸发展面临极大困难和挑战,主要表现在:经济总量较小,市场主体发育不健全,产业支撑能力不强,投资增长乏力;沿边开发开放的新体制新机制尚处于探索阶段,开展"先行先试"的能力不足;对外开放的广度和深度不够,口岸优势未得到充分发挥;人才短缺严重,科教文卫等社会事业发展滞后,社会治理体系和治理能力尚不完善。对于这些问题,我们需采取有效措施,积极应对,逐步加以解决。

(三)2015 年二连浩特市经济走势判断

从前三季度经济发展情况来看,虽面临形势不容乐观,但在二连浩特市上下各方的通力合作下,口岸经济仍可实现温和增长,预计全年地区生产总值完成 100 亿元,增长 12%;其中第一产业完成 0.65 亿元,增长 6.3%;第二产业完成 35.85 亿元,增长 14.2%;第三产业完成 63.5 亿元,增长 9%;固定资产投资完成 38.8 亿元,增长 17.6%;公共预算收入完成 5.2 亿元,增长 18.7%;社会消费品零售总额完成 30.3 亿元,增长 7%;全体居民人均可支配收入完成 38409 元,增长 5%。进出口货运量完成 1400 万吨,增长 3.2%;口岸贸易额完成 180 万元,下降 20%。

二、2016 年二连浩特市经济发展趋展望

从国际看,国家把中蒙俄作为"一带一路"的战略支撑,积极支持沿线地区与俄蒙地区的发展合作。中蒙关系已经上升为战略合作伙伴关系,中俄战略协作伙伴关系不断深化,二连浩特市是贯通中蒙俄的欧亚大陆桥的重要节点,拥有我国与蒙古国经贸联系的最大口岸,将在中蒙俄走廊建设中发挥不可替代的作用。从国内看,随着国家西部大开发、振兴东北老工业基地及积极推进京津冀协同发展等战略的持续深入实施,将进一步支持西部地区国际次区域合作,加大对东北地区铁路、公路、水利、城市管网、棚户区改造等领域的支持力度,为二连浩特市充分发挥区位优势,加快推进开发开放,提供了现实机遇。从口岸自身看,二连浩特市国家重点开发开放试验区,将进入实质性全面建设阶段,体制机制将进一步创新、基础设施将进一步完善、特色产业发展和对外开放竞争优势将进一步提升。更重要的是,通过多年的不懈努力,口岸发展思路日趋完善,发展条件明显改善,发展潜力不断增强,全市上下团结一致、

和衷共济谋发展的良好氛围已经形成。

国际经济形势走向不明朗,蒙俄市场不确定性较大,国外市场需求不振,对于以口岸经济为支柱的二连浩特经济将产生直接的影响。2016 年,我国经济仍处于"三期叠加"期,经济发展正逐步适应新常态,受宏观政策调控的影响,国内资源性产品需求萎缩、价格疲软,口岸经济受影响程度较大;另外,项目建设资金争取难度加大,国家建设资金支持重点倾向于民生、高新技术、节能等领域,而二连浩特市符合要求的项目不多,重大基础设施瓶颈依然存在,发展转型升级面临较大压力。

2016 年是"十三五"规划的开局之年,也是二连浩特市全面推进重点开发开放试验区建设的重要一年,要坚持稳中求进工作总基调,主动适应经济发展新常态,保持经济运行在合理区间,为"十三五"发展开好局、起好步。在综合分析各方面因素的基础上,预计 2016 年地区生产总值实现 115 亿元,同比增长 15%;公共财政预算收入实现 5.72 亿元,同比增长 10%;全社会固定资产投资完成 60 亿元,同比增长 54.7%;全体居民人均可支配收入达到 41480 元,同比增长 8%;社会消费品零售总额实现 33 亿元,同比增长 10%;进出口货运量完成 1470 万吨,同比增长 5%;进出口贸易额完成 190 亿元,同比增长 6%。

三、对 策 建 议

(一)全面推进试验区建设,积极拓展发展新空间

继续加大政策争取力度,推动试验区建设总体规划早日获得自治区人民政府批准实施,自治区相关厅局和锡盟行署出台支持试验区建设的具体政策,国家层面出台支持试验区发展的一揽子政策;全力推动先导性工程建设,加快推进《中蒙跨境经济合作区共同总体规划》和跨境区中方区域城市总体规划、控制性详规等编制工作,启动跨境区基础设施配套建设,协调推动自治区人民政府早日出台《边民互市贸易区管理办法》,争取第三国产品进入互贸区交易,大力发展互市观光购物游,积极打造中国西部"免税港"。大力推动基础设施互联互通,加快口岸联检查验设施、自助通关、粮食口岸等基础设施建设。协调推进二连浩特—乌兰巴托—阿拉坦布拉格高等级公路、二连浩特—乌兰

巴托—乌兰乌德双幅电气化改造、伊尔库茨克—乌兰巴托—二连浩特中蒙俄油气管道等项目建设。积极开展"先行先试",全面实施"一口受理、同步办结、限时办结、互抄互告、信息公开"的联网并联审批模式;启动沿边金融综合改革试验区申报工作,加快推进金融创新;继续推进"三互"大通关改革,探索开展货运、小车通道"三互"前期工作;协调推进中蒙海关联合监管试点,争取年内实现二连、扎门乌德海关载货清单电子化传输。

(二)提升壮大优势特色产业,积极培育发展新动力

加快发展国际贸易物流业,继续巩固对蒙贸易,拓展对俄贸易,争取放宽蒙古国牛羊肉产品进口限制和对俄粮食进口许可;积极申报整车进口口岸,大力发展跨境电子商务、冷链物流、跨境仓储业等,引进建设跨境物流交易平台和国际快件交换中心,拓宽物流产业发展模式;进一步提升物流园区功能,打造二连国际物流基地,促进口岸物流向专业化、规模化方向发展。积极发展进出口加工业,依托进口资源,积极发展矿产品、木材、畜产品、粮油等加工业;围绕蒙俄市场需求,加快发展新型建材、五金机电、生活用品等出口加工业;充分利用扎门乌德自由经济区优惠政策,鼓励企业"两头办厂",跨境加工,形成境内外加工销售特色产业链条。大力发展边境文化旅游业,推动文艺演出、影视制作、民俗及民族服饰展示表演、民族手工艺品制作等产业发展;完善旅游业发展规划,加快中蒙跨境旅游合作示范区建设;争取实现中蒙两国团体旅游互免签证,着力打造以京津冀—呼和浩特—二连浩特—乌兰巴托—乌兰乌德—贝加尔湖为主要节点的精品旅游线路。着力发展清洁能源产业,积极探索微电网、智能电网应用推广,完善我市电网结构,加快锡盟西部地区 500 千伏环网建设,提高电力汇集和传输能力;积极引进光伏组件、风机制造、储能设备等制造产业,实现我市新能源装备制造业零突破,形成新的经济增长点。

(三)进一步完善城乡基础设施建设,积极营造发展新环境

积极推动重点铁路、公路项目的实施,努力构造互联互通的交通运输网络,切实解决口岸前后方运输通道不畅问题。加快推进天然气管道建设项目,全面提升口岸工业用气和城市燃气保障能力。加快完成城市总体规划修编,开展地下管廊、集中供热管网改造、燃气、照明等专项规划编制工作,逐步完善规划体系。精心实施城市硬化、绿化、美化、亮化和净化工程,进一步完善供热、供水、排污等公共服务设施,健全城市管理机制,创新城市管理模式,构建城市数字化管理平台,实现城市管理规范化、人性化、常态化,努力营造宜居型城市发展环境。

(四)进一步扩大对外开放,积极打造发展新优势

加强与扎门乌德市政府协调联络机制,扩大通关、警务、旅游等边境事务的合作;进一步扩大"茶叶之路"国际城市联盟范围,与蒙俄陆桥沿线地区更多城市建立友好关系;继续举办中蒙俄经贸合作洽谈会,积极承办中蒙俄高层论坛,扩大陆桥沿线经贸合作范围;加强与蒙俄在教育、科技、文化、卫生、智库、生态保护等社会事务领域的合作,推动联合办学,互认学历学位,建设孔子学堂,共同举办文体赛事和节庆演艺等活动。加强与环渤海经济圈、呼包银榆经济区、蒙晋冀(乌大张)长城金三角经济合作区、锡赤通朝锦经济带的合作,推动区域间物流、旅游、通信、产业深度融合;加强与其他试验区、同类口岸城市以及进口资源流入地、出口产品流出地的沟通联系,建立互联互通的人才、信息、技术、资金等方面的共享平台,加快形成优势互补、良性互动的一体化发展新格局。加大招商引资力度,以跨境经济合作区、边境经济合作区为平台,推动"一带一路"战略输出的产能、技术、资金等生产要素向我市延伸;围绕重点产业,积极引进木材、粮食、肉类等进口资源加工企业;进一步完善项目储备库,创新招商引资方式方法,加快引进新材料、中蒙医药、临空经济等新兴产业。

中心"形势分析"课题组

执笔:方丽婷

专题篇

专 题 一

主动适应新常态　实现发展新作为

一、深入认识新常态　认真总结新经验

成绩殊为不易,经验尤需总结。两年来,面对极为严峻的内外部环境,我区紧密结合实际,不断完善和创新发展思路,坚持稳中求进总基调,着力在转方式、调结构、促改革、惠民生、防风险上下功夫,采取了一系列既利当前、更惠长远的政策措施,团结和带领各族干部群众集中力量办成了一批打基础、促发展的大事,确保全区经济社会实现平稳持续健康发展。

以新思路适应新阶段新要求。近年来,随着国家潜在增长率下降、资源环境压力加大及传统竞争优势趋弱,内蒙古经济增长开始放缓,发展方式粗放、经济结构单一等长期积累的深层次矛盾逐步显现。面对严峻复杂的内外部环境,自治区立足全国发展大局,在深化区情再认识和总结自身发展经验的基础上,主动适应新阶段新要求,提出自治区"8337"发展思路。2014年,我区认真贯彻落实党的十八大、十八届三中和四中全会精神,深入学习领会习近平总书记系列重要讲话精神和考察内蒙古重要讲话精神,形成了以持续、转型、协调、和谐发展理念为引领,以打造祖国北部边疆亮丽风景线为目标的新部署,实现了自治区发展实际与新常态新阶段新要求的高度契合,为我们在新常态下实现新跨越注入了强大动力,也为更高起点上推动全区经济社会持续健康发展奠定了基础,开创了良好局面。

以新部署实现新发展新成效。为推动全区经济平稳持续健康发展,自治区党委准确研判"三期叠加"背景下内蒙古的新变化新特征,科学谋划,瞄准

重点,狠抓落实,做到了观念适应、认识到位、方法对路、工作得力,谋划部署与时俱进。充分认识内蒙古地处祖国北疆的重要战略地位,牢牢把握在全国发展大局中内蒙古的定位,主动融入全国发展大局,自觉担负起建设我国北方重要生态安全屏障和粮食、能源安全保障基地的责任,切实把守好家门、守好边疆、守好精神家园的要求落到了实处。同时,为推动全区经济工作上台阶、出实效,自治区注重问题导向,强抓薄弱环节,补齐短板,以重点突破实现整体推进。切实转变政府职能、简政放权,激发市场主体活力;着力强化创新驱动、推动产业转型升级;加快民生工程建设,推动民生改善;加强生态文明建设,守住生态底线,力促全区经济社会平稳健康发展。

经济社会发展呈现新局面。新常态下,我区牢牢把握稳中求进的工作总基调,主动适应经济发展新要求,推出一系列稳增长、育动力、深改革、扩开放的重大举措,以降增速为结构调整、提质增效腾空间,以补短板为经济平稳增长强支撑,以调结构为经济持续发展增动力,以促改革创新为经济发展添活力,全年经济实现稳中有进,经济结构调整呈现积极变化,传统产业新型化、新兴产业规模化步伐加快,服务业稳健增长,非公经济发展活力逐步释放,经济发展质量效益有所改善。同时,着眼补短板兜底线,大力实施重点民生工程,加快社会事业发展,全区基本公共服务水平得到进一步提高,生态文明建设实现新进展。

二、顺应新常态,培育发展新动力

新常态的内蒙古,经济发展已经逐步呈现出新的特征和趋势变化:增长速度由数量型高速增长向质量型中高速增长转变;发展方式由规模速度型粗放增长向质量效率型集约增长转变;结构优化由增量扩能为主向调整存量、做优增量并存的深度调整转变;发展动力由传统增长点向新的增长点转变;比较优势由主要依靠初级资源和低成本优势向更多依靠技术、资本、管理等高级资源组合转变;产业空间由资源型产业主导向战略性新兴产业和非资源型产业拉动转变;发展任务由单纯追赶型向既要追赶、又要转型的双重任务转变。面对这种新趋势、新特征,我们必须主动适应,科学把握,积极作为,才能抢占先机,推动经济发展提质增效转型升级。

新常态的内蒙古，仍处于大有作为的重要战略机遇期，但其内涵和发展条件发生了变化，对我们的发展思维、发展模式、发展思路乃至发展心态提出了新要求、新挑战。主动适应、顺应新常态，需要打破掣肘发展进步的"路径依赖"，放下对经济增速的纠结，冲出传统思维和"资源陷阱"的藩篱束缚，转变以粗放高速增长换取业绩，以破坏生态环境为代价换取经济繁荣等发展方式，深刻认识新常态下的增速适度、结构优化、效益提高、民生改善的客观要求，通过加快形成新的经济发展方式，推动我区经济在新起点上获得有质量、有效益、可持续的发展，才是发展第一要务的根本。

新常态的内蒙古，关键是加快培育经济增长新动力。从区情和市场、产业发展趋势看，今后一个时期我区主要新动力源，将来自以下方面：

新动力来自"五大基地"建设的纵深发展和优化升级。清洁能源产业优化空间在于围绕"清洁"和"输出"，搞好资源转化和综合立体清洁能源输出通道建设；现代煤化工产业优化空间在于围绕"示范带动"和"有序推进"，强化产业升级示范和产业链后续延伸；有色金属加工和现代装备制造等新型产业优化空间在于围绕"新型"和"现代"，推动有色产品向终端化、装备制造向高端化延伸发展；绿色农畜产品生产加工产业优化空间在于突出"绿色、安全和品牌"，大力发展现代高效农牧业和农畜产品加工业；旅游业优化空间在于突出"草原文化和北疆特色"，推动旅游产业与现代服务业的有机融合。

新动力来自投资新增长点的培育。在新常态下继续发挥投资的引领作用，关键在于挖掘投资新的增长空间。习近平总书记指出，新的增长点就在我们身边，就在新型工业化、信息化、城镇化、农业现代化之中。对我区而言，民生性、公共消费型基础设施建设，已有产能的优化升级，教育、文化、健康、旅游等消费领域以及生态环保建设投资都具备较大增长潜力。

新动力来自消费新增长点的激发。根据社会经济发展和人口结构变化趋势，围绕老人服务、婴儿服务、健康服务三大消费领域，大力发展家政服务消费；围绕消费行为现代化、快捷化需求，加快发展快捷、高效、低成本的网络消费；围绕中高收入群体消费需求，积极发展享受与发展型消费；围绕休闲娱乐消费需求，努力扩大文化体育消费；围绕健康消费需求，积极发展健康消费；围绕区位和资源优势,拓展特色消费品产业,针对不同消费群体开发适销商品和服务,将开拓出我区消费增长的巨大空间。

新动力来自全区各族人民创新、创造、创业活力的进一步激发。近两年,中央和自治区大力推进行政审批制度改革和商事制度等改革,极大调动了全社会创业兴业热情,市场主体数量快速增长。全区人口中有六成以上劳动者,如果都投入创业、创新、创造,将产生巨大推动力,成为我区经济增长重要支撑。

新动力来自全面深化改革的推进。"十三五"是全面深化改革关键期,改革覆盖面更广,内容更加丰富深入。已出台的改革方案将得到加快落实,简政放权、政府机构改革、财税体制改革等将得到重点推进和落实。自治区本级权力清单的建立,价格形成机制改革、电力市场化改革及土地草牧场确权登记、扩权强县、水权交易流转、电力自营区等试点工作的稳步推进,将进一步激发全区经济发展的内生动力。

新动力来自对外开放水平的全面提升。国家的"一带一路"、京津冀协同发展、长江经济带三大战略,将对加快我区重大基础设施互联互通,融入周边区域发展,提升"五大基地"建设的层次和水平形成重大利好。创新与中俄蒙合作机制、深化三方经贸技术合作、产业合作、人文交流的深入,也将推动我区向北开放再上新水平。

三、适应新常态,促进新发展

2015 年是全面深化改革的关键之年,也是我区完成"十二五"规划的收官之年,准确认识、深入认识、全面认识新常态下的新趋势、新特征、新动力,是做好我区经济工作的重要前提。需要我们牢牢把握自治区党委九届十三次全委会暨全区经济工作会议的总体要求,深入学习贯彻落实习近平总书记系列重要讲话精神和考察内蒙古重要讲话精神,全面落实"8337"发展思路,坚持稳中求进工作总基调,以提高经济发展质量和效益为中心,主动适应经济发展新常态,保持经济运行在合理区间,把转方式调结构放在更加重要位置,狠抓改革攻坚,突出创新驱动,扩大对外开放,加强民生保障和生态建设,促进经济平稳健康发展、社会和谐稳定。

(一)强化内需支撑,力促经济运行稳中向好

稳增长是新常态时期经济工作的首要任务,也是一项艰巨任务。实现经济稳中向好,关键需要我们在扩大社会有效需求上下功夫。要坚持强化基础性和产业性投资、扩大社会和居民性消费,力促三驾马车协调均衡地拉动经济增长。坚持国家宏观政策取向,把握稳增长和调结构之间的平衡,围绕提高投资效率,支持具有全局性、基础性、战略性影响的基础设施建设、产业结构调整、保障和改善民生等重大项目建设。积极扩大消费需求,多渠道促进居民增收,挖掘养老健康家政、信息、旅游、改善性住房、教育文化体育、电子商务等领域消费潜力,打造多点支撑的消费增长新格局。

(二)调整优化经济结构,加快形成新的经济发展方式

新常态下,我区经济已经处在转型发展、深度调整、整体提升的关键时期,做大规模、提高素质的任务都很繁重,务必按照习近平总书记提出的"五个结合"的要求,把内蒙古发展放在全国大局中思考和谋划,按照传统产业新型化、新兴产业规模化、支柱产业多元化去谋篇,将转方式有效融入到调结构、资源转化升值、创新驱动发展、绿色循环低碳发展及改革开放之中。把"五大基地"建设作为引领我区产业结构调整,推动经济转型升级的主要抓手,把"改革的红利"转化为"发展新动能",通过创新驱动调整优化要素结构,着眼协调发展优化区域结构。以节能减排倒逼高耗能行业向绿色低碳方向发展,不断增强传统产业竞争力,积极发现培育新的增长点。

(三)加快转变农牧业发展方式,建设农牧业强区

新常态下,要求我们把"三农三牧"工作作为重中之重,进一步夯实农牧业发展基础。要以农牧业稳定增产、转变农牧业发展方式、农牧民持续增收为核心,统筹做好"三农三牧"工作。要认真贯彻中央农村工作会议精神,坚持稳粮增收、提质增效、创新驱动,加快转变农牧业发展方式,努力实现集约发展、可持续发展,走出一条产出高效、产品安全、资源节约、环境友好的现代农牧业发展路子。要抓特色优势农牧业不放松,推动设施农牧业发展和现代种业创新,促进全区农牧业规模化发展、产业化经营。要抓农村牧区改革不放松,力争在龙头企业与农牧民利益联结机制等标志性、关联性的改革举措上取

得突破。

（四）加快推进改革开放，激发经济社会发展动力活力

新常态下，用改革的办法促进效率和公平将成为自治区施政的着力点，需要我们突出改革重点，突出抓好习总书记鼓励我区先行先试的三项改革任务，加快推进行政审批、财税金融、投资价格、国企国资、农区牧区等重点领域改革。同时，以求真务实的精神，加强对改革推进过程中具体问题的研究，确保各项改革措施切合实际、收到实效。积极主动融入国家区域发展大局，推进基础设施互联互通，在融入和服务国家发展战略中拓展发展空间、争创发展优势。拓宽领域谋合作，着力开辟优势产能对外转移通道及能源资源获取路线，加快推进满洲里、二连浩特重点开发开放试验区建设，搞好与周边省区经济技术合作和基础设施共建共享，在创新与俄蒙经贸和产业合作等机制中实现互利互惠。

（五）持续有力改善民生，促进社会和谐

新常态下，按照习近平总书记更加注重保障基本民生、更加关注低收入群众生活、更加重视维护社会大局稳定的要求，在统筹做好教育、卫生、文化、社保等民生工作的同时，多做雪中送炭的事情。持续增加民生投入，扎实推进扶贫开发、百姓安居和农村牧区"十个全覆盖"等重点民生工程，让群众得到实实在在好处。着力推进高质量就业，加大困难家庭人员就业帮扶制度，鼓励创业带动就业。全面推进社会事业发展，促进义务教育均衡发展，加大医疗卫生服务体系建设力度，推进社保扩面提质和精准扶贫工作，进一步完善基本养老和社会救助制度体系，让贫困群众住上好房子、过上好日子。

（六）推进生态文明建设，实现美丽发展双赢

新常态下，按照打造祖国北疆生态文明风景线要求，坚持源头严防、过程严管、后果严惩，治标治本多管齐下，努力实现百姓富、生态美有机统一。要在"洁"上下功夫，全面推行清洁生产，严格控制污染排放。在"治"上下功夫，深入推进水污染、大气污染、重金属污染治理，解决好损害群众健康的突出环境问题。在"建"上下功夫，实施好退牧还草、京津风沙源治理等重点生态工程。在"改"上下功夫，加强生态文明制度建设，建立生态环境考核评价体系和责任追究制度，建立排污许可、排污交易与总量减排相结合的污染物总量控制制

度,以及环境污染治理市场化机制。

　　谋事而定、乘势而动。新常态下,改革发展稳定任务艰巨繁重,需要我们牢牢把握党对经济工作的主动权,改进推动经济工作的观念、体制、方式,自觉运用法治思维和法治方式来深化改革、推动发展,以务实重干担当的精神,落实好中央和自治区的决策部署,开创经济社会发展新局面。

（杨臣华　蔡常青　付东梅　刘军　田晓明）

专题二

新常态下内蒙古"十三五"时期
经济发展潜力分析

"十三五"时期,我国经济发展步入新常态,面对传统增长动力减弱、新增长点培育期,如何挖掘、推动内蒙古经济增长的新潜能,释放经济增长新动力,实现新常态经济增长阶段平稳过渡尤为迫切。为此,需要我们深入挖掘新常态下产业、需求、创新、要素、区域等发展潜力,大力拓展经济增长新空间,促进经济"稳速增效"。

一、加快产业结构优化升级,提升经济增长驱动力

近年来,工业和服务业对全区经济贡献率分别在60%和30%左右,农牧业对经济增长贡献维持在4%左右。新常态下,随着农牧业规模化、集约化、标准化和产业化进程加快,农牧业基础地位进一步巩固,但增长空间较为有限。为此,需要我们在推动传统产业优化升级、培育战略性新兴产业、加快发展服务业中挖掘潜力,加快形成支撑经济稳定增长的持久动力。

一是以提高资源综合利用率和产业精深加工度为方向,以培育壮大新兴产业为战略支撑,加快推进"五大基地"建设,为经济增长提供坚实产业支撑和内核。围绕建成保障首都、服务华北、面向全国的清洁能源输出基地,以能源产业转型升级挖潜增效;围绕建成全国重要的现代煤化工生产示范基地,进一步提升煤炭资源综合利用率,提高资源精深加工水平;围绕建设有色金属生产加工和现代装备制造等新型产业基地,以规模化、特色化、集群化和集约化发展为主线,突出"新型",拓宽延伸优势产业链;围绕建成绿色农畜产品生产加工输出基

地,顺应消费需求有机绿色、生态化趋势,大力提升农畜产品精深加工水平。二是拓展服务业发展新空间,释放服务业发展新动力。新常态经济转型升级对生产性服务业要求越来越高,培育壮大以现代物流业、金融业及信息服务业为代表的生产性服务业已成为推动经济增长的新亮点和着力点。与此同时,随着居民生活水平提高、消费观念转变,以旅游业、健康养老服务业为代表的服务消费将成为生活性服务业提质升级的主攻方向,也是释放服务业增长与投资潜力的重点领域。为此,需要我们围绕新型工业化,优先发展生产性服务业,形成现代服务业与优势产业融合发展新格局;围绕居民消费水平升级,丰富服务性产品供给,进一步开拓生活性服务业发展空间;围绕"四新"经济发展趋势,加快信息化与服务业融合发展,以信息化带动服务业转型升级,推进服务业智能化。

二、千方百计扩内需,提升经济增长带动力

"十三五"时期是经济结构重构和发展动力重塑过程,在给我区需求增长带来压力的同时,也倒逼全区需求侧内部结构趋于优化,并释放巨大潜力。一是围绕新常态下转型发展关键领域,加大有效投资力度。以产业结构优化调整为着力点,围绕"五大基地"建设,加大对传统产业延伸升级及新兴产业项目投入力度,提高生产性投资效率,促进产业规模扩大和素质提升。大力支持与消费结构升级密切相关的健康养老、文化创意、信息消费等产业投入,通过新兴服务业发展,增强消费与投资协调性。加大科技创新投资力度,强化新产品开发和新技术应用投资,促进科技转化应用,提升产业整体技术水平和竞争力。围绕促均衡、惠民生,加强环境治理、基础设施和民生投资力度,增进民生福祉。围绕国家支持西部加强基础设施建设契机,加强交通、城建、信息化投资力度,提升基础设施支撑经济发展的能力。二是建立扩大消费的长效机制,激发消费潜能。以提收入、强保障为抓手,提升居民消费能力。以创新消费供给为着力点,加快培育发展智慧生活、绿色低碳、文化旅游、教育文体、健康养老等新兴消费热点,激活消费需求,扩大消费规模。三是深度融入国家开放战略,全面加强区域经贸合作,加快形成内陆开放发展新高地,释放经济发展外需潜力。立足国家"一带一路"战略,把握内蒙古区域发展新定位,深度融入

"丝绸之路经济带"战略,共同推进中蒙俄经济走廊建设;依托区位新优势产业,大力发展"临空""临港"和"临边"经济,构建以经济通道为主要支撑、以呼包鄂等经济腹地为核心、以沿边口岸为重要支点、以其他地区为重要组成的全方位开放格局,提高对外开放水平。

三、推进创新驱动,增强经济增长内生力

"十三五"时期,国家科技创新投入力度持续加大,科技创新环境持续完善,为我区优化要素结构,加快由要素投入型经济向创新驱动型经济转型创造良好条件,我区经济增长由资源要素拉动向创新驱动转轨,由资源型经济向创新型经济转型空间巨大。一是围绕产业结构调整和转型升级,加快科技创新步伐,实现前沿技术领域与传统领域创新的双轮驱动,提高科技创新支撑力。二是完善创新转化机制,推动万众创新,促进创新创业资源对接聚合,加快科技创新向生产力转化。三是以工业转型升级和现代服务业发展为重点,强化模式创新,促进科技创新与产业发展深度融合。四是积极构建适应创新驱动的开放型经济新体制,优化创新要素配置环境,加快区域创新合作,提高开放创新水平。五是优化创新环境,重点在完善创新激励政策、营造公平公正竞争环境上下功夫。六是大力培养重点领域、重点产业、重点学科、重大项目创新人才,提高人才资源配置效率,推动"人口红利"向"人口素质红利"转变,提升人力资本对经济增长贡献。

四、科学配置基本要素,提升经济发展保障力

"十三五"时期,土地集约程度不断加深、融资模式逐步多元、交通设施布局持续完善、区域合作深入推进,将推动我区优化资源配置,全面提升全要素生产率。一是大力拓宽融资渠道。以信贷融资和非信贷融资相结合、间接融资与直接融资相结合,全方位拓展融资渠道。推进区域性股权市场建设,积极发展债券、基金市场,加大资本市场产品创新力度。降低民间资本进入门槛,优化民间投资布局。推广民营经济、国有经济以及外资经济进入同一竞争性

领域的门槛标准化、统一化。完善为民间投资服务的金融体系,为各类民企提供完善配套服务。促进资源与资本市场结合,发挥特色资源优势,推动矿产资源、旅游资源、农牧业资源、林业资源等领域资源资本化。二是推动节地水平和产出效益"双提升",增强土地资源对经济增长贡献率。统筹区域、城乡土地利用,加快对闲置土地的流转和开发利用。优化产业结构和布局,推动产业集群式发展,提升土地集约化水平。探索土地市场机制配置土地资源机制,提高土地利用效率。加强耕地数量、质量、生态管护,推进农村建设用地整治。全面推进高标准基本农田建设,提高耕地质量与产能。加大土地治理恢复。三是完善交通、信息基础设施,坚实经济增长基础。加快城际、城镇、城乡交通基础设施建设,促进公路、铁路、航空客货运输无缝对接。以宽带普及提速和网络融合为重点,完善高速信息网,推进智慧城市建设,加快构建高速、融合、安全的新一代信息基础设施。

五、推动区域协调发展,提升经济增长集聚力

新世纪以来,内蒙古经济高速增长主要依靠呼包鄂等城市经济带动实现。新常态下继续依靠少数优势地区和城市经济已难以支撑全区经济持续健康发展。"十三五"期间,应以培育区域增长极为突破口,在巩固优势地区发展态势的同时,注重扶持几个潜在的重点增长区域,形成更多区域增长极。一是推进以呼包鄂为核心的西部地区率先发展。加快呼包鄂一体化进程,优先推进交通、通信、基本公共服务等领域先行先试,促进资金、技术、人才、管理等要素自由流动。在"呼包鄂"城市群建设基础上向东拓展,打造"呼包鄂集"一小时经济圈。促进"乌海及周边小三角区域"产业转型升级,加快沿黄河、沿交通线经济带建设,增强西部地区综合实力和竞争力。二是促进东部地区加快发展。打造"赤—锡—通"城市群经济带,加强与京津冀协同发展的产业互补,推动工业集聚区和园区建设,积极承接发展具有竞争优势的战略性新兴产业,构建布局合理、配套衔接的现代产业体系。

(付东梅　田晓明　刘军　杜勇锋　徐盼　田洁)

专 题 三

"十三五"时期国际国内发展环境变化和特点对内蒙古的影响

　　"十三五"时期是我国全面建成小康社会的决胜期,也是全面深化改革、全面推进依法治国、全面从严治党的关键时期。分析"十三五"时期发展环境和条件的深刻变化,准确把握经济社会发展的有力条件和制约因素以及面临的机遇和风险挑战,对于科学编制"十三五"规划纲要,建设现代化内蒙古,具有十分重大的意义。

一、"十三五"国际环境变化趋势和特点

(一)国际经济环境出现复杂多变的态势

　　一是世界经济复苏缓慢,全球经济仍存在脆弱性。二是各国产业发展战略加快调整,制造业格局出现重要变化。发达国家纷纷推出"再制造"战略,推动新兴经济体在全球和区域产业分工的新一轮调整,提升区域专业化分工和融合水平。三是全球能源格局出现重大变化。随着北美能源自给率以及各国新能源和清洁能源比重的提高,推动世界能源结构改善,并导致全球油气市场供求关系发生变化。四是新一轮技术革命孕育兴起,前沿技术酝酿群体突破。金融危机爆发后,各国普遍加大了科技创新力度。新能源、先进制造、3D打印、人工智能等交叉融合技术成为研发的热点。信息技术的广泛应用与传统产业的深度融合与创新,正在引发影响深远的产业变革,形成全新的生产方式,拓展新的增长空间。

（二）各国之间合作竞争更加深化和激烈

一是区域间合作继续深化，国际贸易和跨境投资快速恢复。现阶段，各国充分认识到加强彼此间合作的必要性，区域合作组织和新兴大国呈现出新的活力和动力。欧盟通过地中海联盟扩大了区域合作的边界，西半球国家决定成立拉丁美洲和加勒比共同体等。东亚启动了涵盖 16 国的"区域全面经济伙伴关系"（RCEP）谈判及中日韩自贸区谈判。二是全球投资贸易规则酝酿新变化，国际竞争更加激烈。以美国为首的发达国家主导发起了跨太平洋战略经济伙伴关系协议（TPP）和跨大西洋贸易与投资伙伴关系协定（TTIP），设置了更高标准的自由贸易和投资规则，重新划分全球和区域自由贸易体制。

（三）地缘政治和非传统安全因素增多

一是亚太地区经济的崛起。美国调整了战略选择，把战略重心转移到亚太，使得亚太地区局势更加紧张。二是中东乱局日益扩大，动荡局势加剧扩散。三是美欧、俄罗斯激烈博弈，正在使脆弱的全球经济复苏面临更大的不确定性。

二、"十三五"国内环境变化趋势和特点

（一）我国经济潜在增长率趋于下降，转入中高速增长阶段

"十三五"时期，受人口增长速度放缓、外部需求减弱、人均资本下降、消费需求培育还需较长时间等因素影响，我国潜在增长率下降，经济转入中高速增长阶段。

（二）产业结构酝酿新形态，新兴产业和服务业成为发展重点

"十三五"时期，我国产业结构得到进一步优化。产业结构将朝着服务业加快发展、工业中高加工度和技术密集型产业比重上升、价值链由低端向中高端跃升、经济发展由要素驱动向创新驱动转换、由高碳模式向低碳模式转型。战略性新兴产业和服务业支撑作用明显增强，将成为发展的新亮点。

（三）新一轮居民消费结构升级，带动消费和投资增长

"十三五"时期，通过供给创新，消费潜力将进一步得到释放，消费在推动经济增长中的作用会明显增强。一是商品性消费继续较快增长，处于偏旺状

态。二是消费的传导功能使得结构升级的经济效应得到放大。三是带动投资结构优化。四是消费的增长能进一步消化高投资形成的积累。

（四）科技创新进入加速期，创新将成为新引擎

我国新一轮创新驱动战略，创新要素的跨省转移速度将更快，区域科技创新中心将加快形成，必将助推重大科技突破。

（五）资源环境问题备受关注，绿色低碳循环发展成为重点

"十三五"时期，随着绿色低碳型新常态的确立，一方面，推动产业向市场主导型、清洁低碳型、集约高效型、延伸循环型、生态环保型和安全保障型转变，实现低碳绿色发展；另一方面，传统资源型经济扩张的空间将进一步压缩，产业结构加快调整。

（六）区域共同体深入推进，区域合作新格局逐步形成

"十三五"时期，是我国区域合作、区域共同体发展的重要时期，京津冀、长江经济带等区域间交流合作将进一步加强，区域合作领域将会更广、更深。

（七）对外开放新格局逐步形成，外部合作机遇增强

"十三五"时期，随着"一带一路"战略的深入推进，我国与外部世界互动的广度、深度和频度显著提高，利用外部机遇增强，国际影响力上升，海外投资将逐步增加。但外部环境复杂程度前所未有，对处理对外关系能力提出更高要求。

（八）各项改革深入推进，改革红利逐步显现

"十三五"时期，随着我国全面改革深入推进，改革的红利逐步显现，将成为支撑新一轮经济增长的重要动力。

三、"十三五"时期国内外发展环境对内蒙古的影响

（一）"十三五"时期国内外环境变化和特点给内蒙古带来的挑战

1. 对内蒙古以资源型为依托的经济模式的挑战

第一，国内外供需形势发生了很大变化。随着中国经济步入以中高速增长为标志的新常态，经济增速回落，全国能源消费增速也步入下行通道。国际石油价格连续下跌，对煤炭等资源价格产生打压作用。第二，资源环境约束日

益加强。在资源环境约束日益加强的形势下,环保压力持续加大,环境容量接近极限。第三,资源型产业大多是产能过剩比较严重的行业。"十三五"时期这些行业的扩张空间将严重受限,传统资源型经济的空间将被进一步压缩,只有低碳创新才能为转型发展提供驱动力和新的发展空间。

2. 对内蒙古重化工业主导的产业模式的挑战

内蒙古的产业结构过度依赖重化工业。第一,国际上发达国家再制造业化,新兴经济体则凭借低廉的劳动力成本争夺中低端制造业,内蒙古的工业必须向中高端转化,从而在新一轮国际产业分工中争得一席之地。第二,内蒙古规模以上工业中能源、冶金、化工等重化工业排放占到三分之二,对能源需求很大,造成了资源浪费并且牺牲了环境。第三,重化工业吸纳劳动力的能力相对较低。第四,服务业发展严重滞后阻碍构建多元支撑的产业体系。

3. 对内蒙古单一投资拉动向"三驾马车"协调拉动转变的挑战

新常态下,由于产能相对过剩,劳动力成本上升,资源环境承载能力接近极限,依靠高强度投入铺摊子的空间越来越小,投资增长乏力将是未来很长一段时间经济下行风险的主要来源。必须增强战略性新兴产业和服务业的支撑作用,改善投资的质量水平,有效提升我区固定资产投资效益。我区消费对经济贡献依然较弱,低于全国 10 个百分点左右,进出口对 GDP 增长的拉动只有1 个百分点左右。未来一段时期提振消费和进出口,促进三驾马车协调拉动经济增长任重道远。

4. 对内蒙古生产力集聚发展的挑战

第一,非公有制经济总体发展水平偏低,竞争力不强;非公有制经济进入领域有限,产业层次不高;政策落实难,非公有制经济服务环境亟待优化;非公有制经济面临的市场竞争压力加剧。第二,内蒙古县域发展还很不充分。县域城镇化率只有 38% 左右,大部分经济强县严重依赖能源产业,产业层次低、发展不平衡、城镇发育不足、基础设施薄弱等都是"十三五"期间亟待解决的问题。第三,产业的集中、集聚和集约性弱。主要表现为产业园区布局分散、入园企业数量少、规模小,企业集聚程度低,产业发展中初级产品多、高附加值产品少等。

5. 对内蒙古要素驱动型发展模式的挑战

从劳动投入看,全社会劳动投入增长将逐步放缓,但是抚养支出上升、储蓄率下降、投资资本减少;从资本投入看,由于资本过度深化导致资本边际回报率加速递减,大量资本沉积于生产能力过剩环节,导致投资效率大幅下降,而这种趋势在短期内很难得到有效改善,传统要素规模驱动力逐步减弱,依靠廉价生产要素驱动的经济高速增长模式已难以为继。内蒙古如果不尽快促进经济发展从资源驱动转向创新驱动,极有可能面临经济过度下滑的风险。

6. 对内蒙古民生和社会事业发展的挑战

第一,基本公共服务水平相对较低,并且在城乡和地区间存在不平衡。第二,"十三五"时期,全区可支配的资金增速减缓甚至减少,但民生支出只增不减,财政支出加大,加剧了地方财政收支矛盾。第三,按照新调整的扶贫标准,全区仍有200多万贫困人口,一些特殊困难群体的基本生活问题还需努力解决。

7. 对内蒙古社会管理方式的挑战

"十三五"时期,内蒙古处于社会需求的快速增长期、社会结构的深刻变动期、社会矛盾的集中凸显期和社会改革的深入推进期,社会建设和管理面临新的风险。第一,由发展水平提高引发的人民对发展目标的新期待。人民群众对社会公平正义、社会保障、公共服务等方面的要求将越来越强烈,解决社会发展滞后于经济发展的问题会显得更加迫切。第二,城镇化步伐加快,不仅深刻改变人们的生活方式和社会阶层结构,也给社会组织和社会管理带来很大压力。第三,对加快建立适应人口老龄化的社会建设模式和社会保障制度提出了新的要求。第四,在全面深化改革的关键时期,必然涉及更大范围和更深层次的利益关系重新调整,不同利益群体对不同利益的诉求和矛盾可能进一步凸显,社会突发事件增多。

(二)"十三五"时期国内外发展环境给内蒙古带来的机遇

1. 中高速增长带来的机遇

中高速增长为内蒙古经济提质增效、推动资源能源节约利用、资源转化增值、促进经济发展方式转变提供了空间,也为内蒙古体制改革和结构调整创造相对宽松的宏观环境,逐步增强微观主体对中高速增长的适应能力。

2. 结构优化带来的机遇

"十三五"期间,我国产业结构将朝着农业现代化、工业智能化、服务业信息化发展,这必将促使内蒙古的产业结构和需求结构发生重大变化,为提升消费对内蒙古经济增长的贡献带来新机遇。

3. 经济增长新动力带来的机遇

"十三五"期间,国家将推动科技创新为核心的全面创新,以需求导向和产业化方向,健全技术创新市场导向机制,从传统的投资拉动增长转向创新驱动增长,内蒙古可抢抓创新驱动发展战略机遇,进一步缩小与发达地区的发展差距,努力实现赶超跨越。

4. 全面深化改革带来的机遇

"十三五"期间,我国的改革攻坚将坚持问题导向,从解决经济发展中的难点和突出问题入手,按照全面深化改革的总体部署有序推进,为内蒙古实现经济提质增效提供有力制度保障,激活其新的发展引擎。

5. "一带一路"战略和中蒙俄经济走廊建设带来的机遇

我国"一带一路"战略的实施,受益最大的区域将是深度参与的沿线省区市。内蒙古作为"一带一路"的重要组成部分,将进一步拓展经济发展空间。同时,中蒙俄经济走廊建设有利于完善我国全方位对外开放格局,内蒙古要抓住机遇,加强与蒙古国、俄罗斯等国在能源、交通、文化、旅游等方面的合作,实现互惠互利。

6. 国家产业政策完善和创新带来的机遇

"十三五"期间,我国将会进一步简化产业政策,更多地让市场发挥决定性作用,突出政府产业服务能力建设,调动社会创新积极性,保障公平竞争,加强市场监管,促进内蒙古加快转变经济发展方式,增强经济发展的可持续性。

7. 京津冀协同发展、新型城镇化等战略的实施带来的机遇

"十三五"期间,随着我国区域发展的协调性和城镇化水平、基本公共服务均等化水平进一步提高,以及京津冀协同发展、环渤海一体化发展、西部大开发、东北振兴等战略的深入实施,内蒙古在全国的战略定位更加凸显,这为促进内蒙古区域协调发展带来了重要机遇。

8. 创新社会治理体制、提高社会治理水平带来的机遇

"十三五"期间,我国将更加注重政府在社会治理中的主导作用,推进政社分开,放开市场准入,推动社会组织明确权责,充分发挥社会力量在社会治理中的作用,为内蒙古增强社会发展活力与增加社会和谐因素的统一提供动力。

9. 市场机制的完善带来的机遇

"十三五"期间,国家将继续完善社会主义经济法律制度,通过大幅度减少政府对资源的直接配置,完善产权保护制度,建立公平、开放、透明的市场规则,完善主要市场决定价格的机制等一系列改革举措,进而推动经济结构调整和经济发展方式转变,为内蒙古经济健康发展带来新机遇。

（金英　韩淑梅　郭淞沈　赵秀清　康磊　张宁）

专题四

内蒙古"十三五"经济社会发展目标
和指标体系研究

"十二五"中后期,在复杂多变的国际大环境下,我国经济进入了以"中高速、优结构、新动力、多挑战"为主要特征的新常态,内蒙古经济发展也呈现出新的变化趋势。顺应国内外发展环境新变化,实现内蒙古经济持续健康发展和社会和谐稳定,需要我们在客观评估内蒙古经济增长潜力的基础上,结合"十三五"时期发展环境及趋势,提出符合内蒙古新阶段发展要求、体现新常态发展理念和发展模式的规划目标。

一、内蒙古"十二五"规划目标完成情况及
"十三五"时期经济增长潜力评估

(一)内蒙古"十二五"规划目标完成情况

根据目标完成度方法评价结果,《内蒙古"十二五"规划纲要》制定的经济社会发展主要指标完成情况较好,其中,进展良好及以上程度的指标 23 项,占指标总数 74.2%。从指标类别看,资源环境类指标完成情况最好,经济发展和人民生活类指标完成较好,科技教育类指标完成情况较差。从指标属性看,约束性指标完成情况较好,预期性指标完成情况相对较差。

(二)内蒙古"十二五"中前期经济增长的主要支撑点

从产业看,第一产业对经济增长的基础性支撑作用较为稳定,第二产业特别是工业为内蒙古经济增长的主导力量,第三产业对经济增长的支撑作用逐年

下降。2011—2013 年,第一产业对经济增长的贡献率稳定在 4% 左右;第二产业对经济增长的平均贡献率为 66.96%,支撑经济年均增长 7.86 个百分点,其中,工业对内蒙古经济增长的平均贡献率为 60.57%,支撑经济年均增长 7.11 个百分点;第三产业对经济增长的平均贡献率为 29.27%,支撑经济年均增长 3.44 个百分点。

从需求看,投资是拉动内蒙古经济增长的关键因素。"十二五"以来,投资对内蒙古经济增长表现出强劲的拉动作用,总体呈走高趋势,消费对经济增长的贡献趋降。2011—2013 年,内蒙古投资对经济增长的贡献率均保持在 80% 以上,明显高于全国平均水平。同期,消费对经济增长的贡献率仅为 37% 左右,低于全国平均水平 15 个百分点左右。

(三)经济增长潜力分析

1.产业发展趋于均衡,但工业仍是支撑经济增长的主导力量

一是随着农牧业规模化、集约化、标准化和产业化进程加快,农牧业基础地位将进一步巩固,预计"十三五"期间第一产业年均增长 3.5% 左右。二是工业经济仍将处于主导地位,传统能源工业经济增长带动力趋弱,但工业结构优化有望取得新进展,对工业效益提升形成有力支撑。"十三五"期间,受市场需求和国家产业政策影响,内蒙古煤炭、冶金、传统化工增长将有不同程度回落。但随着自治区"五大基地"建设推进,清洁能源、新型煤化工、农畜产品加工等产业将迎来较快增长。预计"十三五"期间第二产业、工业增加值年均分别增长 9.5% 和 10% 左右。三是服务业稳定发展,内部结构持续优化。"十三五"时期,随着《关于加快发展生产性服务业促进产业结构调整升级的指导意见》《关于加快科技服务业发展的若干意见》等政策的进一步落实执行,我区服务业发展环境持续改善。而且,工业化、城镇化进程加快将推动我区消费结构提档升级,新技术、新商业模式在服务业领域的广泛渗透和运用,促使内蒙古服务业步入提质升级轨道,发展空间得到进一步拓展。此外,随着国家"一带一路"和自治区"一堡一带"建设的稳步推进,内蒙古对外开放不断推进,也将带动我区服务贸易快速发展。预计"十三五"期间服务业增加值年均增长 7.5% 左右。

2.需求结构趋于改善,投资、消费拉动更加协调

投资对经济增长发挥关键性作用。"十三五"时期,内蒙古仍处于工业化、城镇化快速推进期,新兴产业基础薄弱,基础设施尚需完善,城乡公共服务有待进一步健全,全区仍有较大的投资需求和空间,一批重大项目的建设将带动投资稳定增长。另外,随着促进民间投资各项政策的深入落实,我区民间投资潜力将得到释放,资金保障进一步加强。

消费拉动经济增长的基础性作用将得到巩固。"十三五"时期,我国城乡居民消费需求不断升级,消费市场潜力巨大,处于潜力释放的历史拐点。国家将坚持需求管理和供给管理并重,提高居民收入,优化消费环境,完善社保体系,培育新兴消费领域,消费的经济主导地位将被进一步确立。另外,国家和自治区将持续加大对新型消费的培育力度,拓展消费领域,我区潜在消费需求将逐步得到释放。

3.重点领域的改革攻坚将为经济发展注入持久动力

"十三五"时期,我国将以建立"规范、高效、公平"的社会主义市场经济体制为根本目标,以理顺政府与市场以及政府、企业、社会的关系为核心,纵向深化关键领域改革。随着改革的深入推进,我区市场经济体系更趋开放、有序,经济发展的活力将被进一步激发,经济增长的内生性动力会显著增加。

4.新型城镇化和统筹城乡发展一体化将成为推动内蒙古经济平稳增长的重要引擎

城镇化是扩大内需和促进产业升级的重要抓手。同时,随着城镇化不断推进,城乡一体化进程也将不断加快,基础设施建设、公共服务一体化等方面将取得突破,城乡间公共资源配置更趋均衡,生产要素流动更趋自由,这将促进内蒙古经济社会融合发展和需求空间提升。

5.支撑经济增长的各要素仍满足经济增长需求

"十三五"时期,内蒙古劳动力、资金和环境成本将处于上升通道,但支撑经济增长的各要素供给仍满足经济增长需求。一是随着国家深化教育领域综合改革,我区也将加强教育及职工职业技能培训工作,劳动者素质提高为创造新的人口红利创造条件。二是随着资源市场化配置机制逐步形成,内蒙古经济均衡发展的资源供给条件向好。三是国家将实施建设用地总量控制及减量化战略,对我区新增建设用地产生影响。但随着城乡土地综合利用及集约节约用地不断推进,内蒙古的土地供给完全可以满足经济发展需求。四是创新融资模式,优化财政支出结构,资金供给有保障。

二、内蒙古"十三五"规划指标体系构建

(一)构建指标体系的重要依据

充分对接"全面建成小康社会"战略,深入实施"8337"发展思路,以促进社会公平正义、增进人民福祉为出发点和落脚点,立足区情,综合考虑"十三五"时期内蒙古经济社会发展的新环境、新要求,构建符合内蒙古实际的科学合理的规划指标体系。

(二)构建指标体系的基本原则

综合性和系统性原则、简明性和实用性原则、稳定性和连续性原则、可比性和区域性原则。

(三)指标体系基本框架、内容及特点

框架结构。初步构建由经济发展、民生改善、创新驱动、文化繁荣、生态文明、社会和谐6个方面共42项指标组成的内蒙古"十三五"规划指标体系基本框架。主要内容(参见附表)。

指标体系新特点。既有继承又有创新。"十三五"规划既强调对"十二五"规划思路的延续性,又结合"十三五"时期内蒙古经济社会发展的新环境、新趋势,按照党的十八大和十八届三中、四中全会精神以及2020年实现全面建成小康社会宏伟目标的总体要求进行创新调整。与"十二五"规划指标体系相比,增加了创新驱动与和谐发展两方面,突出了创新的重要作用,拓展了社会和谐发展的内容。

既有共性又有个性。多项保留指标与其他省份大体近似,便于进行横向比较。同时,新体系在结构调整上突出内蒙古经济发展特色。

三、内蒙古"十三五"主要经济社会发展指标预测

(一)三次产业及地区生产总值

利用内蒙古宏观经济年度模型,通过种植业总产值和畜牧业总产值对第

一产业增加值进行解释,测算出"十三五"时期第一产业增加值平均增速处于3%—5%的区间;通过工业增加值和建筑业增加值对第二产业增加值进行解释,测算出"十三五"时期第二产业增加值平均增速处于9%—12%的区间;通过第一、二产业增加值和社会消费品零售总额对第三产业增加值进行解释,测算出"十三五"时期第三产业增加值平均增速处于6%—9%的区间。利用生产法的概念,以第一、二、三产业增加值相加得出地区生产总值。经测算,"十三五"时期,地区生产总值增加值平均增速处于7%—8%的区间。

(二)投资与消费

根据 VAR(向量自回归)模型得出,"十三五"时期,我区消费平均增速在9%—12%的区间范围内,投资增速在11%—14%的区间范围内;由 Jonhamson 协整检验可知,长期中,我区消费、投资和国内生产总值之间存在协整关系,消费对经济的产出弹性为 0.944,投资对经济的产出弹性为 0.677;由误差修正模型可知,短期内,我区消费、投资和国内生产总值之间相互作用,促使经济由非均衡状态逐渐向长期的均衡状态趋近。

(三)民生改善

"十三五"时期,我区经济吸纳就业能力稳步增强,城镇新增就业人数累计达到 125 万人。收入分配结构更加合理,全体居民人均可支配收入年均实际增长 8%以上,居民人均收入占人均 GDP 比重达到 35%。城乡区域协调发展,城镇空间布局进一步优化,人口城镇化率高于 66%;社会保障覆盖面进一步扩大,城镇参加基本养老保险人数达到 670 万,城镇职工基本医疗保险、城镇居民基本医疗保险参保率达到 99.5%,新型农村牧区合作医疗参合率达到99%。保障性住房建设加快,城镇保障性安居工程建设达到 100 万套。社会公共服务均等化程度提升,每千人拥有执业医师数达到 3 人。

(四)创新驱动

"十三五"时期,我区经济发展动力增强,研究与试验发展(R&D)经费支出占 GDP 比重达到 1.2 个百分点以上,每万人发明专利拥有量多于 0.5 件。以创新驱动转型升级,高新技术产业产值占规模以上工业总产值比重持续提升,达到 18%以上。创新成果转化工作扎实推进,人均技术市场成交额达到800 元,新产品销售收入占主营业务收入比重达到 5%以上。

（五）文化繁荣

"十三五"时期,我区文化事业进一步发展,文化及相关产业增加值占GDP 比重达 2%以上。继续高水平、高质量地普及义务教育,九年义务教育巩固率达 95%以上。教育投入增加,财政用于教育支出达到 720 亿元。深入实施文化惠民工程,文化服务供给持续加大,每万人拥有文化机构数达到 0.8 个以上。居民教育文化娱乐服务消费占家庭消费支出比重达 12%以上。

（六）生态文明

"十三五"时期,我区资源利用效率将明显提高,单位 GDP 能源消耗降低5%,单位 GDP 二氧化碳排放降低 6%,单位工业增加值用水量降低 10%,能源结构更加优化,非化石能源占一次能源消费比重控制在 6%以内;全区耕地保有量不少于 697.73 万公顷,基本农田保护面积不少于 608.13 万公顷;生态建设步伐加快,到 2020 年,全区森林覆盖率将达到 23%,活立木蓄积量达到 15亿立方米。全区草原生态保护与恢复形势良好,草原总面积不少于 8800 万公顷。继续建设和完善垃圾处理设施,切实改善人居环境,城市生活垃圾无害化处理率达 95%。优化城市生态功能品质,城市人均公园绿地面积达 22.7 平方米,空气质量达标天数比例达 95%以上。

（七）社会和谐

"十三五"时期,我区城乡居民收入稳定增长,城乡居民收入比降至 3 以下。有效提升预防和控制事故的能力,每万人交通、火灾事故死亡人数控制在0.48 人以内。矛盾纠纷化解机制更加完善,群众反映的问题得到妥善、及时处理,信访案件办结率达到 100%。

四、完成"十三五"规划目标的保障措施

（一）加强协调管理

提高规划水平,充分发挥规划的先导作用、主导作用和统筹作用。以国民经济和社会发展总体规划为统领,以专项规划、国土规划和土地利用规划、区域规划、城市规划为支撑,形成各类规划定位清晰、功能互补、统一衔接的规划体系。围绕各领域目标,加强经济社会发展政策的统筹协调,注重政策目标与

政策工具、短期政策与长期政策的衔接配合。各级政府要通过完善市场机制和利益导向机制,创造良好的政策环境、体制环境和法治环境,打破市场分割和行业垄断,激发市场主体的积极性和创造性。

(二)加强监测评估

完善监测评估制度,加强监测评估能力建设,加强统计工作,强化对规划实施情况跟踪分析。自治区各职能部门要加强对规划相关领域实施情况的评估,接受自治区人民代表大会及其常务委员会的监督检查。规划主管部门要对约束性指标和主要预期性指标完成情况进行评估,并向自治区党委、政府提交各指标年度进展情况报告,同时向社会公布。

(三)完善要素体系

以市场化和法治化为取向,以体制机制创新为动力,构建统一开放、竞争有序的要素市场体系,促进要素自由流动,提高资源配置效率。推进股权融资,健全完善多层次资本市场体系。创新财政资金的分配方式,推进财政基金与金融资本、政府性资金与社会资本相结合,对各类功能相似的财政专项资金加大统筹整合力度。构建有利于技术市场健康发展的地方法规和政策体系,建立面向社会、覆盖全区的技术交易服务平台,健全以企业为主体的协同创新机制。建立土地增值收益分配机制,完善和规范土地租赁、转让、抵押二级市场,建立反映市场供求关系和要素资源稀缺程度的价格形成机制,推进土地利用方式转变。深化人力资源市场体制改革,促进人力资源有效配置。以制定和完善信用法规制度为保障,以建立信用监督和信用服务两个体系为重点,全面推进社会信用体系建设。

(四)深化对外合作与交流

坚持区域协调和可持续发展,加强区内外、国内外各层次对口交流与协作,实行信息互通、资源共享,形成多元化、多层次的区域合作体系。充分发挥各方优势和特色,按照"市场主导、政府推动、自愿参与、开放公平、优势互补、互利共赢"的原则,遵循区域经济发展规律,不断拓宽合作领域,拓展区域发展空间,提升合作层次和水平,形成良性互动、共同发展的格局。

(李力　付东梅　杜勇锋　徐盼　杨力英　蔡雨成)

附表：内蒙古"十三五"规划指标体系构建

指标类别	序号	指标名称	单位	属性
经济发展（八项）	1	地区生产总值	亿元	预期性
	2	公共财政预算收入	亿元	预期性
	3	服务业增加值占 GDP 比重*	%	预期性
	4	非公有制经济比重	%	预期性
	5	城镇化率*	%	预期性
	6	旅游业总收入	亿元	预期性
	7	规模以上农畜产品加工业产值	亿元	预期性
	8	居民消费支出占 GDP 比重*	%	预期性
民生改善（八项）	9	城镇新增就业人数	万人	预期性
	10	居民人均可支配收入占人均 GDP 比重	%	预期性
	11	全体居民人均可支配收入*	元	预期性
	12	城镇参加基本养老保险人数	万人	预期性
	13	城镇职工基本医疗保险、城镇居民基本医疗保险参保率	%	预期性
	14	新型农村牧区合作医疗参合率	%	预期性
	15	城镇保障性安居工程建设	万套	预期性
	16	每千人口拥有执业医师数*	人	预期性
创新驱动（五项）	17	研究与试验发展（R&D）经费支出占 GDP 比重*	%	预期性
	18	每万人口发明专利拥有量*	件/万人	预期性
	19	高技术产业产值占规模以上工业总产值比重	%	预期性
	20	人均技术市场成交额	元/人	预期性
	21	新产品销售收入占主营业务收入比重	%	预期性

指标类别	序号	指标名称	单位	属性
文化繁荣（五项）	22	文化及相关产业增加值占 GDP 比重*	%	预期性
	23	九年义务教育巩固率	%	预期性
	24	财政用于教育支出	亿元	预期性
	25	每万人拥有文化机构数	个	预期性
	26	居民教育文化娱乐服务消费占家庭消费支出比重*	%	预期性
生态文明（十二项）	27	单位 GDP 能源消耗降低*	%	预期性
	28	单位 GDP 二氧化碳排放降低*	%	预期性
	29	非化石能源占一次能源消费比重	%	预期性
	30	单位工业增加值用水量降低	%	约束性
	31	主要污染物排放减少	%	约束性
	32	耕地保有量	亿亩	约束性
	33	森林覆盖率	%	约束性
	34	活立木蓄积量	亿立方米	约束性
	35	草原总面积	万公顷	约束性
	36	城市人均公园绿地面积	平方米	预期性
	37	空气质量达标天数比例	%	预期性
	38	城市生活垃圾无害化处理率*	%	预期性
社会和谐（四项）	39	城乡居民收入比*	以农为1	预期性
	40	20%高低收入家庭人均可支配收入差距倍数	以农为1	预期性
	41	每万人交通、火灾事故死亡人数	人	预期性
	42	信访案件办结率	%	预期性

专 题 五

内蒙古"十三五"经济持续健康
发展的动力机制研究

"十三五"时期,随着我国经济由高速增长向中高速增长的过渡和转换,以及市场对能源需求逐步下降,全区经济发展的内涵和条件已经发生诸多重大转变。在这种背景下,如何挖掘内蒙古未来经济持续健康发展的动力,是"十三五"时期的一个重大课题。

一、"十三五"期间内蒙古经济发展的阶段性特征及动力源

(一)"十三五"期间内蒙古经济发展的阶段性特征

经济增长进入换挡期。随着国家潜在增长率下降,曾经支撑我区经济快速发展的能源、劳动力、资本等传统要素供求关系发生重大变化,未来我区潜在增长率下降将成必然趋势,这是30多年高速发展的必然结果,也是客观经济规律作用的体现。

经济发展进入转型升级关键期。一是产业结构加快升级。2013年,全区第二产业比重比2010年下降0.6个百分点,第三产业上升0.6个百分点,产业结构加快升级的特征已开始显露。二是消费对经济增长的贡献将出现回升。随着经济增长方式的加快转变,今后一段时期,投资由前期的高速增长转变为合理增长,消费对经济增长的贡献率将出现回升态势。

经济发展进入"四化"融合发展期。一是信息化和工业化深度融合。我

区面临的资源、环境压力加大,迫切需要发挥和利用信息技术的作用,提高传统工业的技术水平。二是工业化和城镇化良性互动。我区已经进入城镇化和工业化快速发展阶段,但城镇化滞后工业化,还有很大发展潜力。三是城乡一体化协调发展。内蒙古城镇化率在未来较长一段时期内将保持每年提高1个百分点左右的增速,这将为城乡结构转换创造十分有利的条件。

经济发展进入创新驱动时期。进入人均GDP 1万美元发展阶段后,土地、劳动力等一般性要素规模驱动力减弱,经济增长将更多依靠人力资本质量和技术进步,创新将成为驱动发展新引擎。

(二)"十三五"期间内蒙古经济发展的动力源

动力来源于"五大基地"建设的优化升级。清洁能源产业优化空间在于围绕"清洁"和"输出",搞好资源转化和综合立体清洁能源输出通道建设;现代煤化工产业优化空间在于围绕"示范带动"和"有序推进",强化产业升级示范和产业链后续延伸;有色金属加工和现代装备制造等新型产业优化空间在于围绕"新型"和"现代",推动有色产品向终端化、装备制造向高端化延伸发展;绿色农畜产品生产加工产业优化空间在于突出"绿色、安全和品牌",大力发展现代高效农牧业和农畜产品加工业;旅游业优化空间在于突出"草原文化和北疆特色",推动旅游产业与现代服务业的有机融合。

动力来源于内需主引擎的不断加力。新常态下继续发挥投资的引领作用,关键在于挖掘投资新的增长空间。对我区而言,民生性、公共消费型基础设施建设,已有产能的优化升级,教育、文化、健康、旅游等消费领域以及生态环保建设投资都具备较大增长潜力。消费方面,家政服务、网络消费、文化体育、健康消费和特色消费将开拓出我区消费增长的巨大空间。

动力来源于城乡统筹的持续推进。目前内蒙古人均GDP已超过1万美元,人民生活水平不断提高,但面临的城乡居民收入差距扩大、农村牧区劳动力转移困难、县域经济发展不均衡等问题仍较突出。加快城乡统筹发展,破解城乡二元结构和"三农三牧"难题的过程中将形成巨大的需求。

动力来源于创新驱动力的不断增强。近两年,中央和自治区大力推进行政审批制度改革和商事制度等改革,降低准入门槛,极大地调动了全社会创业兴业热情,市场主体数量快速增长。全区人口中有六成以上劳动者,如果都投入创业、创新、创造,将产生巨大推动力,成为我区经济增长的重要支撑。

动力来源于改革开放水平的不断提升。"十三五"时期是全面深化改革关键期,简政放权、政府机构改革、财税体制改革等将得到重点推进和落实。自治区本级权力清单的建立,价格形成机制改革、电力市场化改革及土地草牧场确权登记、扩权强县、水权交易流转、电力自营区等试点工作的稳步推进,将进一步激发全区经济发展的内生动力。此外,国家的"一带一路"、京津冀协同发展、长江经济带三大战略,将对加快我区重大基础设施互联互通,融入周边区域发展,提升"五大基地"建设的层次和水平形成重大利好。创新与中蒙俄合作机制,深化三方经贸技术合作、产业合作、人文交流,也将推动我区向北开放再上新水平。

二、"十三五"期间内蒙古发展的动力分析

(一)立足"五大产业基地",加快产业结构调整步伐,培育形成新的经济增长点

围绕建成保障首都、服务华北、面向全国的清洁能源输出基地,以及全国重要的现代煤化工生产示范基地,打造煤电一体、煤化一体的清洁能源输出基地和清洁能源循环产业体系,加快推进洁净煤技术的研发和利用,加快发展煤化工和煤炭深加工领域,通过提高煤炭资源综合利用水平,大幅增强煤炭转化效率,进一步巩固、提升传统优势特色产业带动力。

围绕建设有色金属生产加工和现代装备制造等新型产业基地,以规模化、特色化、集群化和集约化发展为主线,突出"新型",延伸有色金属加工产业链条,主攻铝工业,大力发展铜、铅、锌工业,积极发展镁、钨、钼等其他有色金属产业;突出特色,扩大现代装备制造业规模,着力突破一批关键技术,着力提升基础零部件、工艺、材料等配套水平,着力提高系统设计、集成和全程服务能力,提高产业综合竞争能力。

围绕建成绿色农畜产品生产加工输出基地,深入挖掘优质肉羊带、黄金奶源带、马铃薯黄金带、玉米黄金带以及优质林下产业带等优势产业带资源转化增值潜力,围绕"绿色"创建品牌、凸显优势,围绕"生产"夯实基础、推行标准,

围绕"加工"做强龙头、延长链条,围绕"输出"扩大市场、提高比重,围绕"基地"做大规模、增加效益。

围绕把内蒙古建成体现草原文化、独具北疆特色的旅游观光休闲度假基地,建立健全旅游产业链体系、旅游交通体系、旅游公共服务体系,保障旅游产业发展链条的完整和配套基础条件的完善。加强文化与旅游的深度融合,充分挖掘民族文化内涵,让文化之魂赋予旅游产业发展的每个环节,形成文化旅游共生共荣、共同发展的局面,推动旅游产业发展转型升级。

(二)立足扩大内需,充分挖掘投资新的增长点,培育新的消费热点,形成支撑经济增长的持久动力

充分挖掘投资新的增长点。一是民生性、公共消费型基础建设投资,如高铁、地铁、城市基础建设,防灾抗灾能力、农村的垃圾和水处理、空气质量的改善、公共保障性住房的建设等。二是推动已有产能优化升级的投资,重点是提高煤炭、稀土、有色等矿产资源综合利用率和精深加工度,促进产业向高端、产品向终端发展。三是有利于提升居民消费的投资。城市以汽车、住房、电子科技等适销对路的产品为切入点,同时拓展旅游、教育、文化等服务消费空间;农村仍需努力培植家电等仍居广阔空间市场的传统消费产品,引导企业设计和生产适合农民消费特点、适应农村消费环境和条件的产品,引导流通企业建立和完善面向农村的流通和售后服务网络的投入。四是生态环境保护建设投资。重点发展包括废水处理、废弃物处理和循环利用、大气污染控制、噪声控制等设备和技术、环境监测仪器和设备、环保科学技术研究和实验室设备、环境事故处理和用于自然保护以及提高城市环境质量的设备和技术等。

培育新的消费热点。一是围绕老人服务、健康服务、社区照料三大消费领域,大力发展家政服务消费。构建以家庭为核心,以社区养老服务网络为支撑的居家养老服务体系。发展健康护理服务业。增加病患陪护服务供给,培养病人看护、咨询等服务人员。发展社区生活照料服务,重点发展日托、上门照料等服务项目,鼓励有条件的家庭采取住家护理的方式。二是围绕消费行为现代化、快捷化需求,加快发展快捷、高效、低成本的网络消费,大力培育和发展信息消费。加快信息基础设施建设;增强信息产品供给能力,强化终端产品研发和基础产业创新;加快推进智慧城市、两化融合、教育信息化等重点工程建设。三是围绕中高收入群体消费需求,积极发展享受与发展型消费。增加高档产品、创新商品和投资品的供给。鼓励中高收入群体住房和汽车消费,使高收入群体的潜在购买力尽快转化为有效购买力。四是围绕消费发展的新趋势,努力扩大休闲娱乐消费。开发乡村休闲资源、培育区域特色休闲产品,形成门类齐全、兼顾不同消费群体的休闲产品体系。充分激发全社会特别是青少年、老年人和低收入群体参与旅游休闲活动的积极性。五是围绕健康生活理念不断深化消费需求,积极发展健康消费。设立体检保健机构,把服务对象从病人扩大到亚健康和健康人群。加快医疗、保健器材、保健食品、保健药品等产业发展。加快培养护士、养老护理员、康复诊疗师等从业人员队伍。

（三）加快新型城镇化步伐,激活经济内生动力,打造经济持续发展新引擎

围绕新型城镇化建设,深入拓展投资空间。一是拓宽交通运输通道、旧城区改造、城市轨道、供排水和垃圾处理建设等基础设施建设投资空间。二是提高体育文化、卫生医疗、休闲娱乐、网络通信等公共服务性投资。三是加大装备制造、现代农畜产品加工、住宿餐饮、商业服务等产业投资。

围绕新型城镇化建设,进一步释放消费潜力。一是随着城镇基础设施、公共服务体系建设逐步健全,农牧业转移人口市民化步伐加快,不仅促进新进城市民在"吃、穿、用"等领域消费,也将进一步释放教育、医疗、保障等生活性消费潜力。二是消费供给、消费环境改善将促进消费规模逐步扩大。

围绕新型城镇化建设,大力拓展服务业发展空间。一是推动以商贸、餐饮、旅游等为主要内容的消费型服务业和以金融、保险、物流等为主要内容的生产型服务业的发展。二是加快中央商务区、文化产业园区、科技创业园区、软件园区、现代物流园区和产品交易市场等服务业集聚区建设。

（四）强化创新驱动,以技术、质量、效率为内涵,增强经济发展动力

把调结构、促转型作为创新驱动发展的主攻方向,以创新夯实产业支撑力。一是围绕"五大产业基地"建设,加强科技要素与煤炭、冶金、化工等特色产业的紧密结合。二是围绕生物技术和民族医药、生态环境、节能环保、新能源、新材料、新一代信息技术等领域,加快核心技术的研究与应用,促进创新成果迅速产业化。三是大力培育现代物流、技术研发、信息、创意设计、电子商务、互联网、物联网等新型业态,激活技术、资本、人才等关键创新要素,拓展新经济平台。

充分发挥科技支撑引领发展的核心作用,向发展方式转变要动力。一是围绕新能源研发、节能环保、资源高效利用、煤炭清洁利用及工业固体废弃物资源化利用,大力实施循环经济科技创新工程。二是以科技创新推动节能减排,促进资源能源集聚集约利用。

(五)重点领域关键环节改革的突破以及对外开放水平的提升将为内蒙古发展提供体制和外源性动力

全面深化改革,充分激发经济社会发展的动力。一是继续取消、下放一批自治区本级审批事项;二是稳步推进价格形成机制改革;三是深化财税体制改革;四是深化金融体制改革;五是完善科技体制、养老保险、住房制度等领域改革;六是全面做好改革试点工作。

扩大对外开放,充分激发经济社会发展的活力。一是加快口岸基础设施建设,深化与俄蒙的开放合作。二是借力京津冀协同发展、西部大开发、振兴东北地区老工业基地等区域战略,深入抓好国内区域合作。

三、主要结论及建议

(一)优化政策和市场环境,加快产业转型升级步伐

以强化约束激励,营造有利的政策和市场环境。一是加强产业政策引导;二是完善财税投资政策;三是加大金融支持力度;四是建立健全考核评价体系。

(二)突破投资效益难点,强化消费能力和意愿提升,着力扩大内需增长空间

投资方面,一是调整优化投资结构;二是完善投融资体制;三是拓宽融资渠道,构建多元投资主体。消费方面,一是提高居民消费能力;二是优化消费环境,释放消费潜力。

(三)加快城乡统筹发展,拓展经济发展的动力空间

一是完善规划体系,统筹引领城乡建设;二是促进城乡区域协调发展;三是加快推进城乡公共服务均等化。

（四）强化创新驱动，增强经济持续发展动力

一是加强创新能力建设；二是推进科技成果产业化；三是加强人才队伍建设。

（五）全面深化改革开放，增强经济发展动力、活力

一是加强中央和自治区改革方案举措的落实；二是建立改革评价、监督和风险防范机制；三是健全对外开放的支撑体系。

（付东梅　刘军　田晓明　田洁）

专 题 六

内蒙古"十三五"规划在经济发展方面
需要处理好的几个关系

目前全区上下都在谋划"十三五"发展战略。但是,与以往的五年规划相比,"十三五"规划却有其特殊性,既要完成全面建成小康社会的历史重任,又要在新常态下实现转型升级,还要落实党的十八大以来一系列新理念、新思想、新战略。为此,根据我区的发展基础和"十三五"期间需要解决的重大问题,针对新常态带来的机遇与挑战,我区"十三五"发展战略的谋划、预期目标的确定、调控举措的选择等方面,需要统筹处理好以下几个关系。

一是处理好稳增长与促转型的关系。面对新常态下我区资源型产业发展遭遇困境、经济增长大幅降速的现实,转型升级成为我区"十三五"必须遵循的主题。但目前从理论界到一些政府官员对经济增长和转型升级的关系似乎存在一种误区,认为为了转型升级可以放弃追求增长速度,降低速度是为了给转型升级腾出空间,其实这是一个重大谬误。我国特定的经济特点和以流转税为主的财税体制,决定了我区经济呈现明显的速度效益特征,没有相应规模和速度的经济流量,政府就没有税收、社会就没有就业、企业也不会有利润。此外,尽管我区人均 GDP 水平在全国位居前列,但主要原因是我区人口规模相对较小。从区域竞争力的角度看,人均只反映幸福,体量才决定地位。为了提升我区在全国经济的分工地位,加快做大总量规模、提高经济总量占全国的份额是我区必须追求的目标之一。因此,"十三五"规划必须处理好长期追求转型升级和年度追求经济增速的关系,绝不能把新常态或转型升级作为降低经济增速的理由,尽管新常态下保持较高的经济增速有很多困难,但规划目标及年度调控导向上一定要坚持能快就不要慢的原则,通过稳投资、促消费、拓出口,使我区经济保持相对较高的增长速度。

二是处理好稳投资与促消费的关系。近几年来,由于我国出口需求遇到困难,投资需求也在放缓,国家把促进经济增长的重点放在激活国内消费需求上,这对于国家层面无疑是一种正确的战略选择。在此背景下,我区在经济调控导向上也出现了扩大消费需求的声音。但我区作为区域经济,还真不能把一些宏观经济的理论生搬硬套。首先,"三驾马车"的理论并不完全适用于区域经济,越是微观的区域越不适用。其次,消费需求不仅取决于个体消费水平,更取决于区域人口规模。我区人口规模较小,消费需求不可能对我区经济增长起到支撑作用。再次,我区的产业结构以满足中间需求的投资品为主,面向终端需求的轻工制造业发育不足,扩大消费需求的拉动作用并不体现在我区,形不成经济增长的内生动力。此外,从我区 GDP 构成看,2014 年 GDP 增长的投资贡献率为 93.4%,消费贡献率为 40.9%,出口贡献率为-34.3%,投资需求每下降 1 个百分点,需要消费提高 3.5 个百分点才能弥补。因此,为了保持较高的经济增长速度,我区"十三五"在注重扩大消费需求的同时,必须继续坚持投资主导的方针,千方百计地保持较高的固定资产投资规模和速度。

三是处理好调结构与强支柱的关系。在现实的理论研究和区域规划编制过程中,许多地区过分地注重三次产业结构的数字比例,也对产业结构的"一业独大"问题过分诟病,这是又一个把宏观经济理论不恰当地应用于区域经济的典型案例。其实,三次产业结构并没有一个绝对合理的标准,不存在多少比多少就比多少比多少更优的问题,不同地区产业特点不一样,结构比例自然不一样,即使同一地区不同发展阶段也会表现不同,三者之和就是 100%,所占比例是此消彼长关系。某个时期工业增长快,二产比重就会上升,农业和服务业比重肯定会下降。三次产业结构演变可以从宏观角度一定程度地反映一个国家或地区的产业形态变迁,但反过来把某一特定比例作为调控目标并不科学。对于区域经济来说,没有必要过分追求所谓产业体系的全面和产业结构的比例,关键是看你这个区域有没有在更大区域或全国范围内有核心竞争力和重大影响力的支柱产业。当然,对于某个特定地区来说,如果有多个支柱产业自然更好,但在目前全球化竞争的时代,一个地区能够有一两个产业甚至在全球价值链的某个环节有所作为,都是难能可贵的事情,"一业独大"要比"一业不大"好得多。对于我区来说,依托丰富的矿产资源,在能源、化工、有色等行业已经形成了巨大竞争优势。"十三五"期间,我区必须处理好提升传统产业与培育新兴产业的关系。一方面要抓住新技术革命、区域竞争格局变迁带来的新机遇,适时地引入和培育一些战略性新兴产业,努力促进支柱产业多元化发展。但可以预计,"十三五"期间新兴产业不可能替代传统支柱产业而对经济增长起到支撑作用。因此,我区必须把传统特色优势产业的做大做强放在更加突出的位置,力争把煤炭、电力、化工、有色等产业做成在全国同行业具有规模、技术、成本等多种竞争优势的超级产业,发挥好资源型产业对我区经济增长的支撑作用。

四是处理好抓实体与促虚拟的关系。从宏观理论层面讲,实体经济和虚拟经济是一种相互依赖和相互促进的关系,在一个封闭的经济体内,虚拟经济既不能没有也不能过度。如果虚拟经济不发达,实体经济发展所需要的要素融通、产业重组等就难以实现。但如果虚拟经济过度繁荣,社会资本都去炒来炒去和买空卖空,就会对实体经济形成挤出效应,不利于社会实体财富的产出和积累。2008年美国金融危机爆发导致金融泡沫破灭,国内房地产过度繁荣导致的一系列问题,都引发了"回归实体经济"的呼声。但是,如果从区域经济和产业价值链的角度看,虚拟经济部分正是处于微笑曲线两端、效益最好的环节,虚拟价值约占整个价值链的70%。一个地区掌握了虚拟经济部分才能在区域分工中占据优势地位,才能整合其他地区的资源要素并在区域竞争中获得更多收益,这正是许多城市争做金融中心、科技中心、贸易中心的根本动因。而对于我区来说,目前最大的问题并不是虚拟经济过度,而是虚拟经济发育严重不足。我区是全国煤炭最大产区和调出区,但自己却没有定价权;我区有规模可观的皮毛绒产量,但批发交易市场却不在我区;我区工商企业的总体资产证券化率不到全国平均水平的一半。无论是产业延伸、产业多元还是产业升级,当然都会增加一些效益,但从全球价值链的角度看,基本还是在实体加工制造领域30%的价值空间想问题。因此,绝不能世界和国家层面喊回归实体经济,我区也人云亦云地跟着喊回归实体经济。恰恰相反,我区更需要走出"仅从产业层面想出路、仅从加工增值找效益"的低端发展模式,学会利用金融工具和市场工具的力量提升我区经济发展水平和区域竞争力。为此,要做好转型升级这篇文章,我区"十三五"规划需要对科技、金融、市场交易等生产性服务业的发展和体制机制创新做出重点规划,对科技研发体系及成果转化机制、要素和产品交易市场、金融服务体系和产品创新、资源资本化等重点领域深入谋划,尽快推动我区制造业与生产性服务业"两业融合",推动我区经济形态由资源型和加工制造型经济向资本型和资产型经济跃升。

(赵云平)

专题七

"十三五"时期内蒙古推进改革的
有效途径和实现方式的研究

"十三五"时期是改革的攻坚时期,自治区的改革任务是在重要领域和关键环节取得突破性进展,为科学发展与社会和谐提供有力保障。根据自治区改革实际,准确把握改革的规律和新特点,明确各项改革之间的相互关系,改革的有效途径和实现方式,推动改革健康有序进行。

一、"十二五"期间改革存在的主要问题

"十二五"期间,内蒙古按照国家的总体部署,结合地方实际,不断探索改革领域、方式和路径,通过建立组织机制、推进改革试点等方式,在经济、文化、社会、生态文明等方面取得了一定成效。当前,我区改革推进过程中仍然存在一些矛盾和问题。

(一)改革体制机制缺乏创新

在简政放权方面,我区虽然取消和下放了大量行政审批事项,但主要还停留在具体事项的数目删减上,而从体制机制上如何保证保留的审批事项高效公正运行、未来如何从体制上确保简政放权的持续推进等方面,并未提出新的体制机制,缺少好的思路。

(二)改革推进的协调性不够

从改革推进和落实层面看,有的地方反映,各专项小组之间、各部门之间以及旗市区之间的改革工作存在不平衡现象,民主法制、纪检等领域与经济、

生态、文化、社会领域改革相比还稍显滞后;有的基层,上级出台一项改革政策后就马上跟进,缺乏整体设计,没有形成与之配套的政策和制度,存在照搬落实的情况。从改革实施效果层面看,目前对各项改革任务实施进度和效果情况的督促检查尚未形成定期的监督检查机制,在引进第三方评价、开展改革实施效果评估和激励约束等方面的工作有待进一步加强。

(三)改革措施不配套问题突出

发展形势倒逼改革提速,但目前我区某些领域的改革表现出准备和应对不足。一些政府部门的改革步伐仍然赶不上市场主体的需求,影响了改革的效果。改革不同步、配套不畅以及放权打折扣的现象不容忽视。以行政审批为例,一方面是国家、自治区有关部门下放投资项目审批等部分行政审批权限到基层,但配套的行政审批权限并未同步下放到地方,导致企业依然往上"跑"。另一方面,2013年以来国家、自治区和盟市虽然取消或下放了大量项目审批事项,但是环保等部门并没有同步改革,开展前期工作还要求发展改革部门的许可文件,不仅没有减轻项目单位的负担,也给发展改革部门的改革造成了困扰。

(四)基层对如何改革在认识上准备不足

以呼伦贝尔市为例,呼伦贝尔市市委高度重视改革工作,截至目前,2014年已先后召开了5次市委常委会、4次领导小组会议、12次专题座谈会研究全面深化改革工作。制定出台了多项改革方案及时间表、路线图等文件,明确了全面深化改革的任务和工作重点。但旗市区和部门层面对改革认识不足,不知道改什么、怎么改,推进力度不大。究其原因,与对改革事项的研究不深不透有关,导致改革工作方案不够细致具体,对承担单位缺乏有针对性的指导。

(五)个别地方对推进改革存在等待和观望现象

一是存在一些畏难情绪。全区改革工作同时面临着稳增长、保就业、防通胀、控风险的艰巨任务,还要提质增效、治理污染,多重目标协调配合的问题十分突出,使少数干部产生畏难情绪或避实就虚。二是把改革与发展对立起来。投资刺激发展观念依然严重,对能够争取到土地、优惠税收和投资的改革事项充满热情,极力回避稳增长挑战,最终又回到靠上项目、拉投资、提增速的老路上来。三是一些地方存在"不作为,等上级、等其他地区"的消极倾向。自主改革的动力不足,怕担责任、担风险的情绪比较浓,有的不敢触动敏感的改革事项,工作缺乏主动性。

(六)财权与事权划分不合理

当前基层政府财源较少,却又承担着民生领域改革的重要任务,尽管一些项目有上级政府的资金支持,但所需的自筹配套资金仍很难到位。如扎兰屯市蘑菇气镇是所在区域的中心镇,该镇面临着加快城镇化步伐、完善推进城乡统筹改革发展的紧迫任务,但镇政府每年只有120万元的行政经费,新农村和小城镇建设只能逐项争取上级专项转移支付,改革发展受到了制约。

二、"十三五"期间推进改革的基本途径

"十三五"期间,内蒙古将按照党的十八届三中全会关于全面深化改革的总体部署和自治区"8337"发展思路的总体要求,以建立规范、高效、公平的社会主义市场经济体制为根本目标,从以下几方面入手,实现推进改革的基本途径。

(一)紧密结合和围绕发展推动改革

要处理好改革的力度、发展的速度、社会的可承受度之间的关系,以更大的勇气和智慧深化改革。要紧密围绕加快转变发展方式、加快改善人民生活等重点和关键领域推动改革。例如,我区地广人稀,加之经济发展水平差异大,贫困旗县、边远地区金融服务不足,针对该问题可以通过改革,鼓励金融创新,丰富金融市场层次和产品,支持小额贷款公司规范发展,鼓励金融机构在贫困旗县、边远地区设立营业网点;探索涉农涉牧专项资金与金融机构新的合作方式;鼓励自治区各金融机构创新金融产品;进一步简化社区支行、小微支行的审批流程。

(二)通过坚持依法治国深化改革

全面深化改革和全面推进依法治国是相辅相成、并行不悖的。一是通过全面深化改革,推进体制机制创新,促进社会公平正义,用足、用好、用活《关于进一步促进内蒙古经济社会又好又快发展的若干意见》赋予我区的先行先试权利,促进改革红利的加快释放、充分释放;二是通过全面推进依法治国,确

保我区改革沿着法治轨道有序推进,为完善国家治理体系和治理能力现代化提供有力的法制保障。

(三)利用开放倒逼改革

我区有着扩大开放的良好条件,自治区党委政府提出建设我国向北开放桥头堡和充满活力的沿边经济带。打造"一堡一带"的过程就是我区投资环境改善的过程,就是相关领域改革的过程。因此,我区应适应经济全球化不断发展的趋势,密切关注全球经济体制变革的大方向,充分借鉴国际有益经验,结合中国国情和现实需要,构造既与国际通行规则相一致、又与国家和自治区长远发展利益相契合的体制机制,不断提高开放型经济的质量和水平。

(四)以转变政府职能为突破口推进改革

只有全面正确地履行政府职能,把该管的事情管好、管到位,才能适应经济社会结构的调整变化,更好地满足人民群众的新期待。"十三五"时期,随着我区经济步入新常态,推动经济发展从主要依靠要素投入和规模扩张为主,逐步转向创新驱动和提高效率为主,需要政府进一步转变职能,为市场主体充分发挥作用腾出空间,以增强全社会的创新活力。推动政府职能向创造良好发展环境、提供优质公共服务、维护社会公平正义转变。

(五)通过顶层设计和基层创新并重协调推进改革

改革既要注重顶层设计,又要充分发挥基层创新精神。要加强对于改革的统一领导,注重统筹规划、整体布局,协调配套推进各领域和各环节的改革,也要鼓励基层探索,尊重群众的首创精神。"十三五"期间,我区要协调推进改革,要把自觉维护上级特别是中央大政方针的统一性、严肃性和因地制宜、充分发挥基层的主观能动性结合起来。一方面,要紧密围绕中央要求,做好政策部署的贯彻落实;另一方面,要做好自治区层面的统筹协调,就体现自身特点的改革任务做好推进工作。

(六)通过加大改革试点力度引导改革

推进综合改革试验,是新时期调动地方政府积极性,加快推进改革的重要方式。"十三五"时期,我区应发挥盟市旗县各自优势和积极性,依据不同地区的发展基础及优势,鼓励开展适宜推进的改革试点。对一些暂不具备条件在全区推进的改革,优先鼓励盟市、旗县区积极争取和创造条件先行先试,这样既有利于积累经验,也有利于为全区改革储备政策。一方面,要积极争取成为国家某一领域改革的试点,率先改革,总结经验;另一方面,也要在自治区职责和权力范围内,积极寻找综合或者单项内容,选择合适的地方进行试点。

三、完善改革推进方式和机制的建议

"十三五"期间,内蒙古应充分考虑改革工作的不同特性和要求,重点建立和完善以下几方面的推进方式和保障措施,持续推进和完善自治区的改革工作。

(一)健全和完善网络化改革工作体系

旗县区政府作为改革的重要层级和实施主体,可参照自治区、盟市建立综合配套改革的领导小组和工作机构,明确专职机构和人员,研究部署本旗县区的改革工作,定期向上级汇报改革进展情况。自治区应鼓励基层根据自身特点,设立有地方特点的改革推进机构。同时,要重视改革任务的细化分解。对综合复杂性改革任务要组织有关单位进行细致研究,制定科学合理的改革路线图和时间表,合理确定承办单位,使改革目标能够顺利实现。

(二)建立改革的需求调查机制和决策研究咨询机制

建立渠道畅通的改革利益表达机制,建立规范化、经常性的改革社会参与机制。一是建立改革需求调查的成效机制。可以将各级政府重大改革决策及时在网络上发布,让老百姓了解政府的行为,实行改革决策的透明化。二是确保涉及广大民众利益的改革方案制定公开化,让各个利益群体都可以在改革方案制定过程中平等地表达诉求。三是引导社会组织参与改革咨询。积极引导和规范社会组织参与改革,充分发挥社会组织对推进改革的能动作用。

(三)加强改革的宣传动员

在信息化时代,媒体和舆论的力量日渐强大,因势利导地发挥媒体舆论的力量推动改革攻坚,是新时期完善改革工作机制与推进方式的重要组成部分。要充分发挥新闻宣传的舆论导向作用,切实加强先进典型宣传、改革政策解读、舆情分析引导,争取群众对改革的理解、支持和参与,充分调动各方面参与和推进改革的积极性、主动性和创造性,进一步凝聚改革共识,增强改革合力,积极营造深化改革的良好氛围。

(四)尝试用项目库推进改革

通过基层调研、专家咨询会、委托机构进行社会调查,以及通过公众建议和热线等渠道获得改革试点建议信息,整理形成改革试点项目建议。建立自治区改革试点项目库,项目库包括正在实施的改革试点项目、近期准备推出的改革试点项目、正在方案研究阶段的改革试点项目。对已经推进的改革试点项目,要加强实施督导、检查和跟踪,及时总结评估,推进改革试点得以完整实施。

(五)扩大地方综合改革范围

一是把充分发挥改革试点的作用作为推进结构性改革的重要途径,进一步扩大改革试点范围,特别是选择具有代表性的区域加大试点力度。二是加强改革试点的项目和资金支持。自治区设立全面深化改革专项资金或奖励基金,或者将现有的一些项目资金整合成全面深化改革试点专项资金,鼓励各地和各部门勇于推进改革试点工作。三是加强改革试点的风险评估与防范。建立重大改革试点的风险预警防范机制,以化解改革的潜在风险。四是加强改革试点的跟踪监测、监督评价和责任落实。建立改革项目领导责任制、改革项目化管理制度、改革先试点再评估后推广的制度、改革宏观监测体系和年度改革综合评价报告制度,建立及时调整和纠错的机制,完善评估机制,大力推行第三方评估。

(六)完善政策激励和考核评价机制

一是制定全面深化改革奖惩激励办法。设立综合配套改革创新奖,评选在全区推进改革试点工作中成效突出的改革创新案例,对成绩突出和具有示范意义制度创新的盟市旗县单位给予表彰奖励。二是加强干部改革创新经验的学习和工作交流,形成长效机制和制度化的政策。选派年轻干部到改革创新前沿地区交流、挂职和学习。

(康磊 赵秀清 黄占兵 王冬石)

专 题 八

"一带一路"建设中的内蒙古机遇

　　《推动共建丝绸之路经济带和 21 世纪海上丝绸之路的愿景与行动》提出,围绕共同打造开放、包容、均衡、普惠的全球区域经济合作架构,促进经济要素有序自由流动、资源高效配置和市场深度融合,推动基础设施互联互通,发掘区域内市场潜力,提升经贸技术合作水平,创造需求和就业。在基础设施、物流、农畜产品、文化旅游和能矿产业合作、新兴产业投资等领域对内蒙古蕴含着大量的机会。未来以新亚欧大陆桥、中蒙俄、中国—中亚—西亚、中国—中南半岛等国际经济合作走廊以及海上以重点港口为节点,共建中巴、孟中印缅两个经济走廊,特别是中蒙俄、中国—中亚—西亚两个经济走廊将形成"西出北上"两翼核心圈层,贯穿了欧亚大陆东边连接亚太经济圈,西边进入欧洲经济圈,通过共商共建共享打造的欧亚非利益共同体和命运共同体将聚焦人类的福祉。

　　内蒙古在共建"一带一路"愿景与行动中,特别是在中蒙俄经济走廊建设中具有明显优势。首先是区位优势。内蒙古横跨我国东北、华北、西北,内与 8 省区毗邻,外与蒙古国、俄罗斯两国有 4221 公里的边境线接壤,有铁路、公路、空港口岸共 19 处,拥有中俄最大口岸满洲里和中蒙最大口岸二连浩特,已经形成了铁路、公路、航空三位一体的立体化口岸及交通、物流、通信体系。其次是传统和文化优势。中俄、中蒙之间的友谊源远流长,内蒙古不仅有连接内地与蒙古、俄罗斯的古丝路、古茶路、古盐路的历史古道,也有与两国之间在经贸往来、地区合作、文化交流等方面的密切联系。再次是经济结构互补。经济互补性及契合度是深化合作的基础,中俄、中蒙存在产业结构、市场结构的差异性和经济技术的互补性,经济相互依存度及相互关联度较高,双边经济融合度较高,也有进一步深化的潜力。

内蒙古作为资源富集区、水系源头区、生态屏障区、特色文化区,从经济发展、生态安全和向北开放等角度看,产业定位和功能定位十分重要,一直肩负着我国向北开放的桥梁和窗口的使命,具备服务于"一带一路"国家愿景与行动的多项功能。内蒙古自治区"8337"发展思路明确定位,要努力建设充满活力的沿边经济带,打造祖国北部边疆亮丽风景线,在积极推动国家新型清洁能源输出基地建设和"一带一路"愿景与行动落地的同时,在中蒙俄经济走廊建设中发挥更大作用,进一步巩固和提升内蒙古在国家生产力布局和经济分工体系中的优势地位。

一、"一带一路"为全面更好地发挥
连接俄蒙优势提供了机遇

共建"一带一路"的愿景与行动,不是我国自拉自唱的独奏戏,也不是一直被外界误导的中国海外投资是非市场主导、资源攫取、单方获益、过剩产能转移等,而是共商共建共享的合奏大舞台,是需要国与国之间战略对接和耦合的务实行动,是"从市场机制的角度出发,由商业驱动,推动产业协调和培育,实现合作双方的互利互赢",也是通过"一带一路"建设促进共同发展、实现共同繁荣,达到合作共赢的目的,更是增进理解信任,加强全方位交流,打造政治互信、经济融合、文化通融的利益共同体、命运共同体和责任共同体的愿景与行动。由此,世界经济新的增长中心将形成于"一带一路",作为我国重要经济腹地的中西部地区也将伴随着"一带一路"的建设,迈向经济社会持续健康和民生福祉的发展进程,在这个过程中,内蒙古可以凭借连接俄蒙的优势,培育发现一批新兴战略性产业,建立发展一套与产业结构相适应的高端装备制造和现代服务业等配套支撑体系。

二、"一带一路"为全面构建经贸合作区
打造对外开放升级版提供了机遇

近年来,我国与俄、蒙之间以资源产品为主的边境地区贸易合作呈现出发

展势头好、增长快和潜力大等特点。但也存在一些困难亟待解决,其中基础设施互联互通不畅问题尤为突出,口岸通关功能和法律依据亟待完善对接。需要把中蒙俄经济走廊作为"一带一路"建设的重要规划,加快推进我国与俄、蒙毗邻地区跨境铁路、公路等基础设施互通互联建设步伐,进一步增强我国对俄、蒙毗邻区域"亲诚惠容"的影响,并按照"依次推进,先易后难,多方参与,主动让利"的原则,推进中俄、中蒙贸易投资便利化制度安排和边境自贸区建设。以满洲里、二连浩特和策克、甘其毛都这 4 个口岸为基础,共同商建跨境自由贸易区或跨境经济合作区。

三、"一带一路"为加快建设连接欧亚 经贸大通道提供了机遇

中蒙俄经济走廊是"一带一路"西出北上的重要一翼,区域内国家正处于经济发展的上升期,后发优势强劲,但迫切需要解决交通、电力、信息等基础设施严重不足的难题。内蒙古恰好处于"一带一路"向北和向西开放推进的国际经贸走廊连接点上,从这个独特的区位角度看,建设内蒙古连接欧亚经贸过境大通道十分必要。一是依托满洲里口岸,共建内连东北(黑吉辽、蒙东)经济区、大连港、锦州港,外接俄罗斯欧亚大铁路至欧洲腹地,打造满洲里跨境自贸区和呼伦贝尔中俄蒙合作先导区;二是依托二连浩特口岸,共建内连京津冀经济区、天津港、秦皇岛港,外接蒙古国乌兰巴托铁路,延伸与俄罗斯欧亚大铁路连接至欧洲腹地,推进呼包鄂一体化协同发展,打造以呼包鄂为核心的沿黄河沿交通线经济带,进一步深化创新与俄罗斯、蒙古国开放合作机制;三是依托京包、包兰、兰西和临策—哈密铁路,共建向西经新疆至中亚的经贸大通道、连通中国、中亚、西亚的经济走廊,推动呼包鄂榆城市群开发开放;四是依托甘其毛都口岸,共建向北连接蒙古国新计划的铁路、联通蒙古国南部集聚区,向南连接西安、广西、广东,贯穿长江经济带,延伸到海上丝绸之路;五是依托珠恩嘎达布其口岸和二连浩特口岸,共建二连浩特经锡林浩特至锦州港大通道,连接锦州港、营口港及环渤海经济区,外接蒙古国东南部集聚区,直通俄罗斯欧亚大铁路,打造锡(林郭勒)赤(峰)朝(阳)锦(州)中蒙俄国际陆海经济走

廊和合作示范区。

四、"一带一路"为产业和服务贸易提速升级提供了机遇

围绕加快投资便利化进程,消除投资壁垒,加强双边投资保护协定,避免双重征税协定磋商。一是大力发展能电产业合作,加快跨境电力与输电通道建设,积极推动清洁、可再生能源合作;二是促进农牧业产业合作、水资源合作、生态保护、新一代信息技术、生物制药、蒙医药、新材料等新兴行业产业领域的深入合作;三是加快边境口岸"单一窗口"建设,发展跨境电子商务等新的商业业态;四是加强自由贸易区建设和通关条件改善方面的合作,通过这些合作推动产业和贸易双提速,让产业与贸易双引擎拉动内蒙古经济持续稳步发展。

五、"一带一路"为构建多层次的政府间关联政策沟通交流机制提供了机遇

虽然内蒙古与蒙古国交流具有天时地利人和的有利因素,但也有一些制约因素,例如以省区与国家进行沟通协调身份不对等等,需要探讨由国家授权省区领事代办权,进行政策沟通和协调,在政策、机制等方面,构建多层次的关联政策沟通交流机制,推动实现信息互换、监管互认、执法互助、海关合作等"通关"便利机制,推动检疫检验证书国际互联网核查,开展"经认证的经营者"(AEO)互认。一是创新合作机制,吸引能够在投资地大规模带动就业、增加税收、改进公共和服务设施的投资项目,构建改革开放的新格局。二是从中蒙俄三方的相关利益各方角度,用"同理心"去倾听、判断和研究,根据相关国国情差异来推动发展、深化合作。要以市场机制为原则,形成合力,同时,通过管用好用的政策推进创造良好的经商环境。三是围绕政策沟通、设施联通、贸易畅通、资金融通、民心相通等合作重点,以务实的行动来推进经贸、技术、人文等多领域、多层次的合作。

六、"一带一路"为改善民生福祉提供良好的机遇

国家大力"支持民族地区以共建丝绸之路经济带和 21 世纪海上丝绸之路为契机,在口岸建设、基础设施互联互通等方面给予扶持,完善对口支援工作机制,重点向基层特别是农牧区倾斜,结合'十三五'规划制定,继续编制并实施国家扶持人口较少民族发展规划、兴边富民行动规划、少数民族事业规划。加大支持教育事业优先发展力度,把义务教育和职业教育作为重中之重"。内蒙古紧紧围绕全面建成小康社会目标,加快融入和实施共建"一带一路"愿景与行动,以提高基本公共服务水平、改善民生为首要任务,以扶贫攻坚为重点,以教育、就业、产业结构调整、基础设施建设和生态环境保护为着力点,把发展落实到解决区域性共同发展问题、增进民生福祉、促进民族团结上,推动各民族和睦相处、和衷共济、繁荣发展。一是多措并举扩大就业,支持发展农牧业、农畜产品加工业,鼓励发展农牧民专业合作组织,促进农牧民就业和稳定持续增收。二是加快产业结构调整,大力发展清洁能源产业、现代农牧业、服务业、文化旅游业等优势特色产业,努力提升民族品牌培育和企业质量管理水平。三是继续推进基础设施建设和新型城镇化进程,加快建设交通、水利、信息、能源、科技、环保、防灾减灾等项目。四是集中力量扶贫攻坚,坚持国家民族和区域相统筹原则,建立精准扶贫工作机制,积极发展特色优势产业,增强自我发展、内生增长的"造血"能力。

七、"一带一路"为智库联盟合作与拓展公共外交提供了机遇

智库肩负着服务国家"一带一路"建设的重大使命,具有行使公共外交功能、提升国家软实力的责任,也是发挥智库应有的"文明互鉴、思想交流、政策沟通"的引领作用。目前,这些应有的作用和功能还面临诸多挑战,需要通过智库联盟促进精英合作,凝聚共识、达成共识、扩大交流、务实合作,有效推动"一带一路"建设。一是通过智库之间人员交往和接触,宣传解读我国相关政

策法律,充分了解彼此的政策意图和深层次问题,进而提出有建设性的意见和建议供决策参考。二是通过开展跨国议题的政策研究、国际合作、国际会议和论坛等活动,利用各种传播媒介与方式,与国外智库精英和公众进行进一步对话与沟通,使国外公众深入认识和理解中国,获取国外公众的正面观感。三是通过不同渠道以不同形式在不同场合,与国外智库和公众进行广泛接触实现充分对接,包括文化对接、贸易对接、规则对接以及情感对接,增强本国文化的吸引力和政治影响,寻求国际社会特别是民间社会对中国立场、中国声音和中国价值的理解和支持。

(杨臣华)

专 题 九

内蒙古推进中蒙俄经济走廊建设的着力点

《推动共建丝绸之路经济带和21世纪海上丝绸之路的愿景与行动》(以下简称《愿景与行动》)指出,发挥内蒙古联通俄蒙的区位优势,完善黑龙江对俄铁路通道和区域铁路网,以及黑龙江、吉林、辽宁与俄远东地区陆海联运合作,推进构建北京—莫斯科欧亚高速运输走廊,建设向北开放的重要窗口。我区与俄罗斯、蒙古国陆路相连,边境线总长4261公里,占全国陆地边境线长的19.4%,现已开放口岸16个,共有19个边境旗市(15个旗,4个市),57个边境乡镇(苏木)。2014年,我区口岸进出境货运量7085.7万吨,是2010年的1.35倍,其中对俄口岸进出境货运量3038.7万吨,对蒙进出境货运量4047万吨。满洲里和二连浩特分别是我国最大的陆路口岸和我国对蒙古国的最大口岸,分别承担中俄陆路运输的65%和中蒙货物运输95%的任务。2014年,满洲里口岸进出境货运量3010.6万吨,占全区进出境货运总量的42.5%,"苏满欧""鄂满欧""湘满欧""渝满俄"等经满洲里口岸各类过境班列460列,在向北开放中发挥着重要作用。

一、问题的提出

(一)突出战略对接是推进中蒙俄经济走廊建设的重要前提

充分了解和掌握中蒙俄发展战略的基础上,找准基础设施节点和合作领域的对接,才能更好地推进中蒙俄经济走廊建设。

2009年俄罗斯出台《2025年前远东和贝加尔地区经济社会发展战略》,

作为俄罗斯实施"远东开发战略"纲领性文件,将提振经济、调整结构、改善民生、加强对外合作列为首要任务。2016—2020 年主要目标是兴建大规模能源项目,增加过境客运和货运量,建立核心运输网络,提高产品出口份额。2021—2025 年主要目标是发展创新型经济,完成大型能源和交通项目建设等。2012 年普京总统指出"全面走向亚太地区是俄罗斯未来成功及西伯利亚和远东地区发展的重要保证",并制定了《西伯利亚和远东发展法(草案)》。2013 年普京总统发表国情咨文时指出,发展西伯利亚和远东地区是俄罗斯 21 世纪的优先方向。2015 年俄政府确定农业、加工业、化工、机械制造和住房建设为财政拨款优先发展领域。同时,俄罗斯实施"跨欧亚铁路"计划,跨欧亚西伯利亚大铁路 9288 公里,跨越 8 个时区,是贯通西伯利亚的交通动脉,打通俄罗斯的远东通道,沿途经莫斯科、车里雅宾斯克、鄂木斯克、新西伯利亚、伊尔库茨克、赤塔、海兰泡和哈巴罗夫斯克,最后抵达符拉迪沃斯托克(海参崴)。主要包括贝阿铁路和西伯利亚大铁路的现代化改造,预计 2020 年这两条铁路的运输能力将达到每年 5000 万吨。

2009 年 10 月中俄签署《中华人民共和国东北地区与俄罗斯联邦远东及东西伯利亚地区合作规划纲要(2009—2018 年)》提出,发展贝加尔—阿穆尔铁路干线将使布里亚特共和国、雅库特共和国、赤塔州(外贝加尔边疆区)、阿穆尔州及哈巴罗夫斯克边疆区的现有矿产地接近现有的交通运输线路,特别是接近通向西伯利亚大铁路乃至符拉迪沃斯托克(海参崴)、纳霍德卡、苏维埃港、瓦尼诺等海港及与中国、朝鲜和蒙古接壤的边境口岸的门户。计划延长涅留恩格里—雅库茨克铁路,建设"东西"交通运输走廊,发挥俄远东港口优势,缩短货物运输时间,这就需要扩大和新建中俄口岸,提高滨海边疆区铁路的通过能力。

基于身处欧亚之间的地理优势,2014 年蒙古国准备实施"草原之路"计划,通过运输贸易振兴蒙古国经济。计划从阿尔坦布拉格开始,向乌兰巴托延伸,最后连接扎门乌德。主要由 5 个项目组成,总投资约 500 亿美元,具体包括连接中俄的 997 公里高速公路,1100 公里电气线路,扩展跨蒙古铁路,天然气管道和石油管道。同时,蒙古国铁路规划第一阶段是建设连接南部戈壁地区战略大矿的横向铁路,即从达兰扎德嘎德(南戈壁省省会),经塔旺陶勒盖煤矿、查干苏布拉格铜矿、宗巴音至东戈壁省,与连接我国和俄罗斯的纵向铁路相接,再经苏赫巴托尔省最终到达乔巴山(东方省省会),全长1100多公里,该条铁路修通后,可直接通往俄罗斯港口——符拉迪沃斯托克,成为蒙古国的第二个出海口,之前主要从中国天津港进出货物。全部计划完成后,基本上可以形成连接蒙古国各地的铁路运输网。

因此,对于中俄而言,我国华北和东北是俄方合作的重点地区,与俄毗邻的内蒙古和东北三省是合作的前沿地区。这就需要我们加强经满洲里和二连浩特铁路与西伯利亚大铁路的联通性,才能更好地发挥大通道作用;对于中蒙而言,需要加强与蒙方南部铁路网节点的联通,尤其是加强与重点矿区、省会城市的基础设施互联互通,才能更好地拓宽合作领域。

(二)突出通道建设是推进中蒙俄经济走廊建设的关键点

"一带一路"贯穿亚欧非大陆,一头是活跃的东亚经济圈,一头是发达的欧洲经济圈,中间广大腹地国家经济发展潜力巨大。丝绸之路经济带重点畅通中国经中亚、俄罗斯至欧洲(波罗的海);中国经中亚、西亚至波斯湾、地中海。而中蒙俄经济走廊建设,突出发挥好我区成熟口岸优势,借助与蒙古国、俄罗斯的通道优势,拓展与欧洲腹地的经贸往来和人文交流。一是以满洲里为节点,发挥满洲里—赤塔铁路线优势,外延至伊尔库茨克、莫斯科至欧洲腹地,内延至大连港、秦皇岛港及东北经济区,或者内延至天津港及京津冀经济区。二是以二连浩特为节点,发挥二连浩特—乌兰巴托—乌兰乌德铁路线优势,外延至蒙古国、俄罗斯至欧洲腹地,通过集二线内延至京津冀经济区。三是以呼和浩特为节点,发挥京包—包兰—兰新、临河—策克、策克—哈密铁路优势,对外向西经新疆联通哈萨克斯坦及中亚五国。同时,发挥呼和浩特国际航空口岸优势,开设和增加与俄罗斯符拉迪沃斯托克(海参崴)、哈巴罗夫斯克(伯力)、伊尔库茨克、雅库茨克和蒙古国乌兰巴托等航线,形成国际航空网络。四是以策克、甘其毛都等口岸为节点,加强与蒙古国拟建戈壁地区铁路线、铁路网横线及东部区铁路线、西部区铁路线连接,与乌兰巴托铁路联通,形成与重点矿区的重要通道。五是以黑山头、室韦等口岸为节点,加强与俄罗斯东部地区的沟通与联系,形成与重点矿区的重要通道。六是以珠恩嘎达布其口岸为节点,加强与蒙古国苏赫巴托省的沟通联系,形成内连锡赤朝锦协同发展经济带的重要通道。

通过上述通道建设，能够更好地统筹国内国外两个大局，加强与俄蒙通道平台建设，在开展与俄蒙全方位合作的基础上，加强与欧洲和亚洲市场的联系，拓宽合作领域和范围。

（三）突出"五通"建设是推进中蒙俄经济走廊建设的重要内容

《愿景与行动》提出，沿线各国资源禀赋各异，经济互补性较强，彼此合作潜力和空间很大，这是推进中蒙俄经济走廊建设的关键，需要我们在兼顾中蒙俄共同需求、兼顾互利互惠和合作共赢、兼顾长期发展和近期计划、兼顾经济往来和人文交流、兼顾机制创新和模式创新的基础上，重点围绕跨境铁路、公路、信息、电网、皮带、管道，推进基础设施互联互通建设；围绕能源、生态、农牧业、文化旅游等领域，推进产业合作；围绕推进投资贸易便利化，促进贸易畅通；围绕深化人文交流和深化医疗卫生合作，密切民心相通；围绕提高跨境金融服务能力，简化跨境贸易和投资人民币结算业务流程，推进资金融通。

（四）突出口岸建设和管理是推进中蒙俄经济走廊建设的重要环节

从未来口岸发展趋势看，需要把握好"三个转变"。口岸正从单一的开放通道向资源配置中心转变，口岸在全球资源流通配置中的地位日益重要，口岸服务功能和范围得到较大的拓展；口岸布局正从自然布局向根据经济服务区域布局转变，腹地经济已经成为口岸生存和发展的重要支撑；口岸功能从简单的通道向现代化的口岸体系转变，既服务于国内外用户，又促进所在地口岸经济发展。

从口岸适应未来跨境合作要求看，需要把握好"五个适应"。一是需要适应通关管理高效化，通过推动内陆同沿海沿边通关协作，实现口岸管理相关部门信息互换、监管互认、执法互助，形成既符合国情又具有国际竞争力的管理体制机制；二是需要适应投资贸易便利化，加速要素跨境的流通，为国际贸易交易创造一个协调的、透明的、可预见的环境；三是需要适应人员往来便利化，才能更好地加强国与国、民与民之间进行文化、教育、医疗卫生、宗教等人文交流和合作，实现民心相通；四是需要适应产业合作协同化，随着产业合作领域的拓展，需要不同的合作模式和过境方式；五是需要适应跨境基础设施网络化，中蒙俄均积极寻求参与地区物流网络，进一步深化合作。

这就需要我们提高口岸管理和服务水平。既要明确口岸功能定位，实现由注重数量向注重质量转变，区分专业口岸和综合口岸，避免同质同构竞争；又要理顺口岸腹地互动关系，积极发展"泛口岸经济"；还要提高口岸运行效率，加快推进"三互"建设。

二、主 要 建 议

（一）树立"两个大局"思想

秉承"亲、诚、惠、容"理念，妥善处理好与俄罗斯和蒙古国的关系，坚持睦邻友好，守望相助，建立安宁的周边环境；坚持将心比心，以诚相待，营造良好的互信氛围；坚持讲情重义、先义后利，建立良好的利益共享机制；坚持和而不同、兼容并蓄，建立区域共同发展机制。

（二）合理有序推进合作项目建设和储备

开展跨境合作项目涉及不同国家，具有一定的复杂性，需要依托已有基础，分层分类，先重后轻，先易后难，循序渐进，确保项目有序接替，支撑有力。依托现有基础即充分利用现有通道、口岸设施资源，避免大量新建和新增投资；分层分类，就是要明确国家、自治区、盟市、旗县市的分工，确定不同类型地区的重点任务；先重后轻，就是对关系全局的干线通道、基础网络、互联互通关键环节等重大项目优先部署；先易后难，主要是对国家间关系相对稳定、合作意愿强烈、容易达成共识的项目优先考虑；对那些尽管有合作意愿但达成共识难、前景不明朗的项目，要缓期开展，严格控制风险。

（三）加强智库间交流合作

缺乏对俄蒙政治、经济、文化、社会、政策、法律、投资环境等情况的全面了解，是目前推进中蒙俄合作的"瓶颈"。建议设立专门的针对俄罗斯、蒙古国的研究机构，加强与俄罗斯和蒙古国智库间的合作交流，针对三国关心的领域和内容共同开展合作研究，做好政策和项目对接，服务于三国政府和人民。

（张永军）

专 题 十

拓展内蒙古对外开放新格局

开放是实现国家繁荣发展必由之路,也是增强地区发展活力的重要路径。十八届五中全会明确提出,要牢固树立创新、协调、绿色、开放、共享发展理念,构建陆海内外联动、东西双向开放的全面开放新格局。我区作为向北开放的重要桥头堡,抢抓国家实施"一带一路"发展战略机遇,破解中蒙、中俄合作难题,夯实发展优势,实现以开放促发展、促改革、促创新,意义重大。

一、找准突破口和着力点

(一)发展理念上,要更加注重统筹国内国际两大局

十八届五中全会明确提出,要推进双向开放,促进国内国际要素有序流动、资源高效配置、市场深度融合。这就要求我们推进中蒙俄经济走廊建设构筑向北开放新格局中,必须顺应全球化趋势,拓宽开放领域,加强"活跃的东亚经济圈"和"发达的欧洲经济圈"间的市场联系,实施优进优出战略,提升我区产品市场竞争力。

(二)机制创新上,要更加注重国际规则和国际框架

十八届五中全会明确提出,要完善法治化、国际化、便利化的营商环境,健全有利于合作共赢并同国际贸易投资规则相适应的体制机制。这就要求在开展中蒙俄合作过程中,要充分利用现有双多边合作机制深化交流合作,发挥上海合作组织、中国—东盟自由贸易区等现有多边合作机制,加强与相关国家合作,共同参与中蒙俄经济走廊建设。同时,借鉴上海、广东、福建、天津自由贸

易试验区建设的经验和做法,营造与国际规划接轨的营商环境,探索建设中蒙俄自由贸易试验区,形成吸引外资、发展对外贸易的新平台。

（三）合作载体上,要厘清合作园区功能定位和整合升级

十八届五中全会明确提出,提高自由贸易试验区建设质量,在更大范围推广复制。加快实施自由贸易区战略,推进区域全面经济伙伴关系协定谈判,推进亚太自由贸易区建设,致力于形成面向全球的高标准自由贸易区网络。这就要求我们在推进我区边境经济合作区、跨境经济合作区建设中,要充分考虑口岸基础、中蒙中俄经贸合作现实,根据口岸功能定位,充分吸收国内外合作区建设和经营经验,一方面,积极稳妥地推进跨境经济合作区、边境经济合作区建设,形成对外开放重要的载体;另一方面,也需要对周边国家和地区市场进行充分研判,对市场风险进行充分评估,谨慎推进跨境经济合作区建设,避免一哄而上、重复建设。

二、未来发展重点和突破口

十八届五中全会比较系统地提出了完善对外开放战略布局、形成对外开放新体制、推进"一带一路"建设、深化内地和港澳大陆和台湾地区合作发展、积极参与全球经济治理、积极承担国际责任和义务等六大任务,这为把我区建成向北开放的桥头堡和充满活力的沿边开放带指明了方向和重点。

（一）强化内外联动,拓展区域发展空间

依托口岸,切实发挥我区联通俄蒙优势,与沿线国家共同谋划中蒙俄经济走廊建设。如,依托满洲里口岸,形成内连东北经济区,外接俄罗斯欧亚大铁路至欧洲腹地的经济走廊;依托二连浩特口岸,形成内连京津冀经济区,外接乌兰巴托铁路和俄罗斯欧亚大铁路至欧洲腹地的经济走廊;依托珠恩嘎达布其口岸和二连浩特口岸,形成外接蒙古国及俄罗斯欧亚大铁路至欧洲腹地,内接环渤海经济区的经济走廊,等等。就我区而言,也需要借助二连浩特口岸和集二线,辐射带动乌大张"金三角"发展;借助于满都拉口岸、甘其毛都口岸、策克口岸和京包线、包兰线,辐射带动呼包鄂发展;借助于珠恩嘎达布其口岸和赤大白铁路,辐射带动锡赤通经济带发展。

（二）稳步推进五通建设，切实开展全方位务实合作

十八届五中全会提出，必须丰富对外开放内涵，提高对外开放水平，协同推进战略互信、经贸合作、人文交流，努力形成深度融合的互利合作格局。重点抓好：一是推进基础设施互联互通。把基础设施互联互通作为我区参与中蒙俄经济走廊建设的优先领域，加强基础设施规划、技术标准体系的对接，抓好交通、能源、通信等基础设施的关键节点和重点工程，畅通陆海联运通道，逐步形成比较完善的区域基础设施网络。二是积极搭建合作平台。中蒙俄经济走廊建设是一条合作共赢之路，是我国与俄罗斯、蒙古国实现战略对接、实现国家间战略协作的有效平台。建设好跨境经济合作区、重点开发开放试验区等开放开发合作平台，促进产品、服务和生产要素的流动和聚集。三是全面深化经贸合作。投资贸易合作是我区参与中蒙俄经济走廊建设的重点内容，也是加快区域经济一体化的基本要求。争取我区加强与其他国家和地区组织合作，采取不同国别组团投资、不同行业组团投资等方式，开展境外投资合作。四是加快产业合作开发。按照优势互补、互利共赢的原则，围绕农牧业合作、能矿和制造业合作、物流合作、跨境旅游合作、生态合作、金融合作等重点领域，推动上下游产业链和关联产业协同发展。五是加强人文交流。奉行"国之交在于民相亲"的理念，坚持正确义利观，大力弘扬"和平合作、开放包容、互学互鉴、互利共赢"的丝路精神。加强与俄蒙在教育、文化、旅游、卫生等领域交流合作。

（三）适应国际化发展要求，创新对外开放新体制

习近平总书记指出"中国正在实施新一轮高水平对外开放，努力构建开放型经济新体制，推进外商投资管理体制改革，大幅减少外资准入限制，加大知识产权保护"。近年来，我区对外开放虽然取得了明显成效，但与未来建设中蒙俄经济走廊的要求和需求、特别是适应国际化规则看，仍然存在一定差距，亟待突破。这就需要我们把握：一是充分利用积极利用现有双多边合作机制深化交流合作，发挥上海合作组织（SCO）、中国—东盟"10+1"、亚太经合组织（APEC）、亚欧会议（ASEM）、亚洲合作对话（ACD）、亚信会议（CICA）、中阿合作论坛、中国—海合会战略对话、大湄公河次区域（GMS）经济合作、中亚区域经济合作（CAREC）等现有多边合作机制作用，加强与相关国家沟通，共同参与中蒙俄经济走廊建设。如，加强中俄、中蒙等在第三国的合作，共同投资参与产业、基础设施建设等领域建设。二是改革口岸和边境地区管理模式，将边境旗市纳入"扩权强县"试点范围，扩大边境旗市经济社会特别是对外开放管理权限，增强发展活力动力。三是在尊重相关国家主权和安全关切的前提下，抓好战略对接，共同创新合作模式。这就需要我们在秉持"亲、诚、惠、容"理念，主动对接俄罗斯跨欧亚经济联盟、跨欧亚铁路计划和蒙古国"草原之路"计划等发展战略，创新合作模式，实现互利共赢。

（张永军）

专题十一

宁夏与阿拉伯国家合作交流情况的调研报告

宁夏深处西北内陆,既不沿边又不靠海,自然地理条件给宁夏发展外向型经济带来了制约。近年来,宁夏利用"穆斯林省区"的人文优势,将国家战略和自身开放相结合,把穆斯林文化作为中阿合作的"先行军",以中国—阿拉伯国家博览会为平台,加强与穆斯林国家在旅游、会展经济、清真食品和穆斯林用品等多个领域的经贸合作,对宁夏融入"一带一路"建设,带动经济发展起到了积极作用。作为蒙古族自治区,我区应借鉴宁夏的发展思路和做法,以"蒙古族文化"为桥梁纽带,促进我区对蒙合作交流大发展。

一、宁夏与阿拉伯国家开放合作的背景

伊斯兰文化是世界三大宗教文化之一,全球共有 50 多个穆斯林国家,16亿穆斯林人口,约占世界人口的四分之一。阿拉伯地区是世界重要的穆斯林聚居区,也是世界伊斯兰文化的核心地区,在全世界 16 亿穆斯林群体中拥有巨大影响力。我国共有 2000 多万穆斯林,其中回族约占 50%,宁夏回族自治区有 233 万回族,占宁夏总人口的 35.6%,是我国最大的回族聚居区,也是我国穆斯林人口最集中的地区之一。相同的宗教信仰、相近的风俗习惯和较强的民族认同感,为宁夏与阿拉伯国家的开放合作奠定了深厚的民族文化基础。

建设面向阿拉伯国家和穆斯林地区的内陆开放型经济试验区,是我国构筑全方位对外开放格局的重要组成部分,也是突破主要大国对我国包围封锁、拓展陆疆开放的有效途径。地处我国西北内陆的宁夏,充分发挥民族和文化

优势,从 2010 至 2012 年,在银川成功举办了 3 届中国(宁夏)国际投资贸易洽谈会暨中阿经贸论坛。从 2013 年起,中阿经贸论坛更名为中国—阿拉伯国家博览会,由商务部、贸促会和宁夏人民政府共同举办。中阿经贸论坛升格为中阿博览会之后,进一步丰富了内涵,推动以经贸为重点向综合展会转变,对全面加强与阿拉伯国家的合作起到巨大的推动作用。在此期间,宁夏内陆开放型经济试验区、银川综合保税区也获得国务院批复。宁夏借助中阿博览会、"两区"建设等一系列平台,全力打造我国面向阿拉伯国家开放的战略高地。

二、宁夏与阿拉伯国家开放合作取得的成效

(一)经贸合作总量和范围不断扩大,带动引领作用持续释放

2010 年以来,在中阿博览会的带动下,先后签订各类项目协议 799 项,总投资达 10613 亿元,其中合同投资 3828 亿元,合作项目由石化、轻工向农业、新材料、装备制造、生物制药、能源化工、现代服务业等多领域拓展。同时,中阿博览会展会活动成交量大幅提升,2013 年展会活动的贸易总额达 3.2 亿元,中阿采购商、供货商签订的协议数目快速增长。宁阿经贸合作更是取得飞跃式发展,仅 2014 年上半年,宁夏与阿拉伯国家贸易额就达到 30.5 亿元,同比增长 2.6 倍。

(二)人文交流不断加强,交流渠道进一步畅通

5 年来,先后成功举办了 3 届中阿大学校长论坛,达成中阿合作办学、建立政府(学校)奖学金以及学生互换、学分互认的学生双向流动等一系列协议;2013 年及 2015 年中阿博览会期间共签订了 14 项广播电视合作协议,并推动我国优秀电视节目翻译成阿语,传播到阿拉伯世界。此外,积极派出科技合作团队到阿拉伯国家在新能源、现代节水农业和清真食品检测、标准制定、认证体系等方面开展技术合作。

(三)阿语教育持续推进,阿语人才培养优势明显

20 世纪 80 年代,宁夏就与世界伊斯兰联盟合作,建起了宁夏伊斯兰教经学院、同心阿拉伯语学校,目前宁夏在校学习阿语的学生将近 4000 人。多年来,培养了大量合格的阿语人才。据不完全统计,现在广州、浙江义乌等地大

约有宁夏培养的 2000 多名阿语人才,他们中有的充当中东国家穆斯林客商的翻译,有的充当中东客商的在华代办,有的已经开始自办外贸中介企业,对中阿贸易合作做出了贡献。

(四)清真食品和穆斯林用品得到阿拉伯民族的认同,合作前景广阔

目前,宁夏从事清真食品生产、加工、经营的个体工商户近 3 万家,宁夏的清真食品和穆斯林用品已经进入沙特阿拉伯、阿联酋、科威特、埃及等穆斯林国家,宁夏已与马来西亚、泰国等国家 HALAL 认证机构达成了相互认证协议。此外,中东阿拉伯国家粮食、蔬菜大量依靠进口,比如科威特希望在宁夏建立肉食品基地、粮食基地和蔬菜生产基地。宁夏将成为中国清真产业联通世界的重要集散地和前沿阵地。

三、对内蒙古的启示

近年来,我区以资源贸易为主的对蒙经贸合作发展势头强劲,蒙古国已成为我区对外开放的第一大国。但是在中蒙合作中,始终存在官热、民冷的现象,无论是国家还是地方政府层面,缺乏互信是影响中蒙关系长期稳定发展的最大障碍。俗话说"国之交在于民相亲,民相亲在于心相通",我区应借鉴宁夏同阿拉伯国家合作的经验,今后应进一步发挥蒙古族民族、宗教和文化的桥梁纽带作用,促进与蒙古国的睦邻友好关系,守望相助,增进互信,共谱中蒙合作新篇章。

(一)内蒙古与蒙古国合作有条件比宁阿合作做得更好

我区与蒙古国山水相连、人文相亲、口岸相通、经济互补,与宁阿合作相比,具有更加优越的合作条件和基础。一是文化更认同。全世界 16 亿穆斯林群体分属于多个不同的民族,仅我国的穆斯林就包括回族、维吾尔族,哈萨克族等多个民族。而内蒙古与蒙古国的蒙古族虽然有着长达几十年的分离,但是均属于同一个民族,有着相同的宗教信仰、共同的语言和相近的传统文化。二是通道更便捷。宁夏深处西北内陆,既不沿边又不靠海,且没有内陆口岸,宁夏合作的阿拉伯国家主要分布在西亚和北非,需要建立面向阿拉伯国家和穆斯林地区的空中通道,东向出海、西向出境的陆海通道;而内蒙古与蒙古国腹背相依、山水相连,双方边境线长达 4200 多公里。且我区对蒙古国开放的口岸就有 10 个,开展对蒙贸易物流成本相对较低。三是产业更互补。宁夏与阿拉伯国家合作的重要领域是汽车、油气和清真食品产业,而汽车、油气产业在宁夏不具有优势,清真食品由于没有形成互认标准,影响进入阿拉伯国家市场。内蒙古以资源开采和加工型工业为主,近年来不仅发展迅速,并且积累了成熟的经验和技术。蒙古矿产资源储量丰富、分布广,但资金、技术相对匮乏。利用我区的资金和技术开发蒙古的矿产资源,具有更强的互补性。

（二）内蒙古与蒙古国合作应充分发挥文化的"黏合剂"作用

蒙古国民族文化在形成过程中深受地缘、历史等因素影响,长期依靠苏联,产生出一种强烈的"不安全感",追求文化独立的意识强烈。由于担心对中国经济依存度过高威胁蒙古国经济安全,蒙古国部分民众对中国在蒙开发能源、资源持有戒心,因文化差异产生的冲突和碰撞,给中蒙合作带来不稳定因素。因此,中蒙开展全方位、多领域的合作,必须加强人民友好往来,增进相互了解和传统友谊,为开展区域合作奠定人文和社会基础。

首先,要多方位开辟文化交流平台和通道,以民族艺术、网络媒体、影视作品、文学作品等为载体,在历史文化、民族风俗、人文艺术、图书出版翻译等领域深入开展交流,增进民族认同,促进相互了解、相互认知。其次,扩大对内对外宣传。要充分发挥区内外媒体的宣传作用,多渠道、多层次开辟宣传阵地,提高社会各界对蒙古的历史文化、经济发展、民族习俗等方面的认识与理解。借助蒙古国的各类媒体,开辟内蒙古专版,传播"内蒙古声音"。

（三）内蒙古与蒙古国合作需搭建高层次战略合作平台

蒙古国在外交上采取"第三邻国"战略,在与中俄保持紧密合作的同时,与美国、加拿大、日韩等国家交流频繁。在资源开发、能源综合利用和基础设施建设中,蒙古国仍然平衡各方利益。这使得蒙古国对中国的经贸合作受到越来越复杂的国际关系和贸易网络的影响。今后,我区要与蒙方共同打造更高层次的战略合作平台,使之成为双方合作的助推器。

首先,我区应积极主动申请将已经举办了 6 届的"中国二连浩特中蒙俄经贸合作洽谈会"升格为"中蒙俄博览会"。以立足内蒙古、面向世界特别是蒙古和俄罗斯、服务全中国为定位,以丰富和完善多边交流协商机制和互动合作机制为支撑,加强中蒙在能源、金融、农业、文化、旅游等重点领域的合作。加强中蒙俄经贸合作洽谈会的顶层设计,通过举办会议论坛、展览展示、对接洽谈等活动,构筑丝绸之路经济带高层对话平台,经贸、金融、信息合作平台,人文交流平台,使之成为建设开放内蒙古的重要载体。

其次,办好中俄蒙三方智库国际论坛。"中俄蒙智库合作联盟成立暨首届三方智库国际论坛",已于 2015 年 9 月 17—20 日在蒙古国首都乌兰巴托成功举办。今后要进一步维护和巩固三方学术和智库交流长效机制,通过三国间涉外文化、学术交流活动,进一步增进政府和民众间的相互了解,增信释疑,凝聚共识,为"一带一路"建设打造坚实的社会民意基础。

最后,要推进中蒙跨境经济合作区建设。随着我国与蒙古经济合作战略的推进,在我区边境地区相继建成了一些边境经济合作区,如满洲里、二连浩特等,这些区域对于提升边境地区对外经贸合作水平和层次发挥了一定的作用。近期国务院正式批准设立满洲里综合保税区,成为我区首家综合保税区,满洲里综合保税区具有"内陆口岸"功能。为充分利用内蒙古的区位和口岸优势,应积极推动在我区境内选择适当的地点建立中蒙跨境经济合作区,并配套给予更多的贸易、投资和税收优惠政策。借助此平台,我区要积极承接国内产业转移,利用我区资源型产品加工、能源产业和农牧业的发展优势,加强与蒙古国在产业、资源贸易方面的深度合作,实现互利共赢。

(曹永萍 吴露露 张莉莉)

专题十二

释放投资潜能　增强投资新动力

　　长期以来,投资对内蒙古稳增长作用举足轻重。但受外需不足、传统投资品需求回落影响,以及自身投资结构单一、投资效益较低等内部因素制约,内蒙古传统投资领域空间趋窄,投资呈结构性放缓态势,经济支撑力趋于减弱。新常态下,我区经济增长新动力虽在加快孕育,但短期内难以弥补传统动力减弱带来的影响。新旧动力转接阶段,仍需发挥投资对稳增长的关键作用,在推动投资上规模的同时,更加注重优化投资结构、提升投资效益,以扩大有效投资力促全区经济持续健康发展。

一、把握新常态新趋势,深挖投资增长潜力

　　新常态下,随着国内外市场需求变化,新产业、新业态快速发展,全区产业转型升级、基础设施互联互通、生态环保和民生改善等领域具备较大投资空间。

(一)产业领域

　　鉴于传统重化工业及其领域投资均已相对饱和,农牧业投资占比小,对全区总投资的贡献有限,未来内蒙古产业投资空间主要集中在工业转型升级和现代服务业等领域。工业投资方面,受市场需求持续低迷、传统投资品产能过剩等因素影响,无论是工业经济还是工业投资均在走向一个速度趋缓、结构趋优的新常态,增速回落已是共同趋势,但与此同时,需要关注的是结构性优化特征日趋明显。主要表现为:制造业投资增长将高于传统投资品投资增长,制

造业内部高科技行业投资增速将较传统制造业投资增速快,同时,工业技术改造投资将保持较高增长,而制造业、高新技术产业和传统资源品产业改造升级正是我区工业短板。2014 年,全区装备制造、高新技术产业占工业比重仅分别为 5.1% 和 2.4%,能源重化工占比虽高,但行业科技含量普遍较低、产业链短。以煤化工为例,2012 年,现代煤化工占煤化工产能比重、煤炭转化量比重、产值比重分别为 6.4%、13.7% 和 21.7%,产业能源利用率最高仅为 50% 左右。可见,新常态下,顺应工业转型升级新趋势、新要求,战略性新兴产业和传统产业改造升级将是我区工业发展的重点领域,并带动工业投资潜能的有效释放。

服务业投资方面,新常态下,工业化、城镇化、信息化加速融合发展,以及消费结构升级步伐加快,将推动我区服务业发展提速,有效激发服务业投资潜能。从生产性服务业看,新常态是我区从工业化中期走向后期的关键期。国际经验表明,该阶段基本是走现代制造业和生产性服务业"双轮驱动"和融合发展的道路。这意味着我们不能脱离工业孤立地发展生产性服务业,而是要在分工与互动中选择现代制造业与生产性服务业"双轮驱动"的战略,特别要围绕制造业这个"实体经济",大力发展生产性服务业,把高端服务元素坚实地嵌入制造业之中,通过生产性服务业促进制造业转型升级、推动竞争力提升。由此可见,当前及下阶段,我区工业发展阶段及其工业转型升级要求将对生产性服务业产生巨大市场需求,并将有效扩大生产性服务业投资规模。从生活性服务业看,新常态下,居民消费需求由物质型向服务型消费升级,消费需求转换将催生休闲旅游、文化教育娱乐、健康养老、商务服务、公共设施等领域投资潜力释放。另外,城镇化的加快推进将进一步释放生活性服务业发展空间。经测算,城镇化率每提高 1 个百分点,将带动服务业增加值比重提高 0.77 个百分点。据此,2020 年我区城镇化将带动服务业比重提高 3.85 个百分点,进而促进生活性服务业投资规模扩容。

(二)基础设施领域

与全国平均水平对比,内蒙古交通、能源通道、市政建设及信息基础设施建设方面均有较大潜力可挖。交通基础设施方面。2013 年,内蒙古铁路密度 88 公里/万平方公里,远低于全国 107.1 公里/万平方公里的平均水平;公路密度 1416 公里/万平方公里,不到全国平均水平的 1/3。初步预估,2013 — 2022 年全国新增铁路、公路基础设施投资需求分别为 7.9 万亿和 18.3 万亿,并主要集中在中西部,我区交通基础设施投资潜力可观。能源通道方面。鉴于全区能源外送通道建设滞后,一定程度上影响了外送电规模及天然气开发规模,限制了产能利用率。2012 年,全区火电机组全年平均利用小时数约为 4900 小时左右,低于全国平均水平(全国 5080 小时),加大能源运输通道建设规模极为迫切。市政设施方面。2013 年,全区城市用水和用气普及率分别为 95.2% 和 87.9%,分别低于全国 2.3 个和 6.4 个百分点。全区城市人均道路面积为 19.7 平方米/人,分别较山东和江苏省低 5.7 和 3.5 平方米/人;污水日处理能力仅分别为山东省、江苏省污水日处理能力的 10.7% 和 19.7%。随着城镇化的稳步推进,全区市政配套基础设施投入力度亟待加强。通信设施方面。新常态下,随着信息化加速向互联网化、移动化、智慧化方向演进,以信息经济、智能工业、网络社会、数字生活为主要特征的高度信息化社会将带动通信基础设施领域投资加速扩容。2020 年,全国物联网设备安装基数预计突破 260 亿。信息技术创新的应用与深化,不仅为我区完善通信基础设施提出要求,也为扩投资提供机遇。

(三)生态环保领域

新常态下,资源短缺、环境污染、温室气体排放等要素对经济增长的硬约束日益凸显。2013 年,全区废气中二氧化硫、氮氧化物、烟(粉)尘排放量分别居全国第 2、4 和 3 位;全区森林覆盖率为 21%,低于全国平均水平 0.6 个百分点。这些差距表明,我区需以更大的环保投入力度加快生态环境保护建设。初步预估,在大气、水、土壤 3 个"十条"以及 PPP 等融资新模式的推动下,2020 年,全国环保总投资有望达到 17 万亿元,占比全国 GDP 比重达 1.5%。鉴于内蒙古生态环境保护建设的艰巨性,我区生态环保领域投资潜力可观。

(四)民生改善领域

当前,全区教育、医疗、文化、养老等社会事业领域供给规模、服务质量与城乡居民日益提高的需求仍不相适应,已经成为制约全面建成小康社会的重要障碍。2013 年,内蒙古普通高校生师比为 16.26∶1,高于全国平均水平 5.5∶1;每万人拥有医疗机构床位数达 48.1 张,分别低于山东和陕西省 21.9

张和 1.1 张；医疗卫生机构数仅为山东省、陕西省的 30.8% 和 62.6%。另外，覆盖农村牧区的道路、住房、饮水安全保障等基础设施仍待完善。新常态阶段是全面建成小康社会的决胜阶段，随着民生保障加码、公共服务均等化水平提升，将带动民生领域投资潜力释放。

二、优化投资主引擎，增强投资新动力

新常态下，需牢牢把握"扩大内需"这一战略基点，着眼于补短板、调结构、促均衡、上水平，稳定投量、优化投向、注重投效，切实发挥好有效投资对经济增长和转型升级的关键推动作用，增强经济发展主动力。

（一）围绕提升创新能力、推动已有产能转型升级要动力

以高新技术产业和战略性新兴产业为重点，加大科技基础工程建设投资力度。从基础研究、技术标准、知识产权等方面入手，加大战略性新兴产业，创新基础设施等创新领域投资。以体制机制创新为主线，引导创新要素向企业集聚，鼓励企业加大研发投入。推动高新技术开发区和园区加快发展，加强技术市场平台、生产力服务中心、科技信息平台等高科技公共服务平台建设，扩大优化创新环境的投资。另一方面，以科技创新为动力、以新模式新业态为方向，谋划实施一批推动经济发展方式转变和产业结构优化升级的重大项目，扩大有效投资。重点围绕资源转化增值，延长资源型产业链条，加大对已有高污染、高耗能产能优化升级的投资力度。以扩大消费供给入手，利用市场化手段，引导各类资金向休闲旅游、健康医疗、文体娱乐、信息通信等新兴服务业集聚，扩大现代服务业领域投资。

（二）围绕完善基础设施建设要动力

围绕提供基本公共设施和满足居民基本生活需求的传统基础设施领域，增动力、补短板。重点加快城际、城镇、城乡交通基础设施建设，促进公路、铁路、航空客货运输无缝对接；加快推动呼和浩特、包头轻轨建设。以宽带普及提速和网络融合为重点，完善高速信息网，推进智慧城市建设，加快构建高速、融合、安全的新一代信息基础设施。另一方面，从更注重于生活质量改善和全方位需求提升的民生性、公共消费型基础设施投资要动力。加快供水设施技

术改造和水质监测机构建设,保障饮用水安全;继续加大污水处理设施建设和改造投入,提高设施运行效率;加快垃圾处理设施建设,推进垃圾减量化、无害化、资源化和产业化;加快集中供热热源建设,加大供热二次管网改造力度;加快推进天然气管道建设,建立清洁、安全的城镇能源供应体系;加强排水和暴雨内涝防治设施建设。

(三)围绕改善民生要动力

以提升居民生活质量为目标,优化公共服务和民生保障,加强基本公共服务业均等化投入力度。突破医疗养老基础设施瓶颈,加大医疗健康领域基础设施投入,完善社会养老服务体系,城市社区、农村卫生服务体系。加强文化教育领域基础设施投资,重点加强大中小学校舍安全工程建设,加大城市图书馆、博物馆、科技馆、艺术中心、创意产业园投入力度。加快体育场馆、健身场所、户外运动场所、居民健身设施投入。完善物流网络,加大现代化仓储、包装、多式联运等设施建设,建立健全面向农村牧区的流通和售后服务网络,加大完善物流园区体系与高效便捷的综合运输网络的投入。

(四)围绕生态环境保护要动力

立足建设我国北方重要生态安全屏障要求,重点围绕新能源替代、大气污染防治、污水处理及再生利用、垃圾回收、城市园林绿化、水土保护等领域投资,拓空间、增动力。优化能源消费结构,大力推进电力、煤制气项目建设,严格控制原煤输出量,提高煤炭就地转化率,变输煤为输电和油、气等清洁能源。认真落实大气污染防治条例,推动燃煤机组超低排放改造,深入开展燃煤锅炉综合整治,全面淘汰燃煤小锅炉,加大扬尘污染防治力度,构建大气污染防治长效机制。优先完善污水配套管网,继续推进污水处理设施建设和升级改造,加快提高污泥无害化处理处置和污水再生利用水平。全面加强生态环境保护,组织实施好天然林保护、京津风沙源治理等重点生态工程。加强水土资源保护,加大水土流失综合治理投入力度。

(付东梅　田晓明)

专题十三

调整优化投资结构　提高固定资产投资效益

2014年,内蒙古固定资产投资效益排名全国靠后,除项目建设周期长、投资回收期长以及市场变化等因素影响外,投资结构不合理、项目市场化程度不高也是制约全区投资效益的重要原因。后期,需要围绕提高投资效益,加快调整优化投资结构、深化投融资体制改革及加快推进项目市场化进程,力促全区投资提质增效。

一、内蒙古投资效益排名全国靠后

反映投资效益的指标很多,其中,固定资产投资与地区生产总值之比可以较为直观地反映每一单位固定资产投入能够形成的地区生产总值数量,是衡量总量效益的常用指标。投资效果系数,即地区生产总值增加额与全社会固定资产投资额的比值,可以反映每一单位固定资产投资能够形成的地区生产总值增量,是衡量增量效益的常用指标。

从固定资产投资与地区生产总值之比看,2014年,内蒙古为1∶1.02,即每投入1元固定资产投资,可形成1.02元的地区生产总值。从全国及各省区情况看,2014年,全国为1∶1.27,即国家每投入1元固定资产投资,可形成1.27元的生产总值,高于内蒙古0.25元;各省区中,每1元固定资产投资能够形成地区生产总值最高的为上海(3.92元),最低的为青海(0.83元),按由高到低的顺序排列,内蒙古排全国第25位。

2014年,每1元固定资产投资能够形成地区生产总值最高的10个省

(市)区中,除黑龙江和湖南外,均为东部发达省份;最低的10个省(市)区中,除安徽和山西外,均为西部欠发达省区,东、中、西部地区投资效益差距明显。从西部各省份情况看,2014年,每1元固定资产投资能够形成地区生产总值最高的为四川(1.26元),最低的为青海(0.83元),按由高到低的顺序排列,内蒙古排西部第7位,略高于宁夏、甘肃、西藏和青海。与周边资源型省份相比,内蒙古每1元固定资产投资能够形成的地区生产总值分别低于山西、陕西0.05元和0.03元。

从投资效果系数看,2014年,内蒙古投资效果系数为0.074,即每完成1元固定资产投资,仅增加0.074元的经济总量。从全国及各省区情况看,2014年,全国投资效果系数为0.087,高于内蒙古0.013。各省区中,投资效果系数最高的为上海(0.256),最低的为山西(0.05),排名前7位的均为东部发达省份,内蒙古排第25位。西部地区平均投资效果系数为0.091,高于内蒙古0.017,内蒙古排西部第9位,略高于甘肃、青海和宁夏。与周边资源型省份相比,内蒙古投资效果系数低于陕西0.019,高于山西0.024。

2014年,东、中、西部投资效果系数分别为0.123、0.092和0.091,这意味着东部地区每1元的投资能够创造0.123元的GDP增量,而在中西部只能创造0.092元和0.091元的GDP增量,差距仍然较大。从西部各省份情况看,2014年,投资效果系数最高的为重庆(0.116),最低的为宁夏(0.066),按由高到低的顺序排列,内蒙古排西部第9位。与周边资源型省份相比,内蒙古低于陕西0.019,高于山西0.024。

总体看,无论是总量指标还是增量指标,均反映出我区固定资产投资效益不高,经济增长处于高投入、低效益的困境,严重影响我区经济可持续发展。

二、内蒙古投资效益低下的主要原因

一是主要投资领域项目建设周期长、投资回收期长,投资效益无法在当年得到体现。从投资领域看,我区的固定资产投资主要集中在能源、冶金、煤化工等资源型产业及基础设施领域。2014年,全区高耗能行业投资占全部投资比重为24%,基础设施投资占全部投资比重为29%。目前,自治区重点调度的重大项目中,60%以上仍集中在煤电、煤化工等能源开采和重化工行业,该类项目的显著特点是投资额大、建设周期长。合理的建设周期有利于提高投资效益,而较长的建设周期则意味着在建投资规模增加或年度完成投资额减少,长时间占用和耗费大量资源,投资效益无法在即期得到体现。同样,基础设施建设项目由于具有经济效益的外溢性,其本身从产品的销售和服务收费中获得补偿较少,它的直接经济效益并不十分明显,因此投资回收期较长,投资效益通常也需要一段时间后才能得到反映。此外,季节性因素使得我区项目建设周期较南方地区更长,一定程度上也影响了投资效益。

二是受市场变化及周期性因素影响,部分投资没有达到预期收益。目前,我国正处在工业化中期向后期过渡的历史阶段,钢铁、有色等耗能产品以及相应的重化工业比重峰值临近,重化工业的能源需求增长将明显放缓,导致能源需求总量增速的回落。受此影响,我区能源、原材料产品市场空间明显缩减,这些领域内已投入资金的收益也相应受到影响,进而导致整体投资效益的下滑。

三是投资结构不合理、投资项目技术含量低导致投资效益损失。我区投资效益不高,与投资结构及项目技术含量低有着密切的关系。2014年我区三次产业投资比重为6:51.8:42.2,第二产业投资占比偏高。但从第二产业内部看,投资明显向能源重工业倾斜,在重工业中又以采掘工业、原料工业投资为主,这些工业大部分深加工程度低、技术含量少、附加值低。从产业投资效果系数看,2014年内蒙古第二产业投资效果系数为0.08,不仅分别低于东部上海、北京和广东0.29、0.33和0.2,也低于西部贵州、陕西0.13和0.09。相比东部发达地区而言,我区目前只利用了资源禀赋优势,投资项目技术含量不足。而东部上海、广东等地区已处于工业化后期,产业结构完成向高加工度工业的升级,资本和技术密集型的先进制造业和现代服务业比重远高于我区,技术进步和人力资本对经济增长的拉动效应大大增强,这是决定其投资效益较高的主要原因。

四是市场化程度不高制约了投资效益提升。市场化程度的高低决定着投资效益的高低,2014年数据表明,投资效益较高的地区均是市场化程度较高的东部沿海地区。相比之下,我区投资仍以政府为主导,企业投资主体作用发挥不足,直接影响了整体投资效益。此外,从资金来源看,我区民间投资虽然在最近一段时期内总体保持较快增长,但投资增量偏小、产业进入壁垒等问题依然存在,民间投资领域仍然受较大限制,如在通信、环保、教育、卫生等领域仍存在较高的产业进入壁垒,民间投资进入的深度和广度明显不足,造成投资整体效益缺乏新的支撑点。

三、提高内蒙古投资效益的几点建议

一是调整优化投资结构。以产业结构优化调整为着力点,围绕"五大基地"建设,将资金更多聚焦到清洁能源基地建设和现代煤化工、战略性新兴产业、先进制造业、现代服务业上。同时,加快形成构建大项目带动、小项目配套跟进的投资发展格局,提高生产性投资效率。加快培育以消费需求为导向的投资增长模式,大力支持与消费结构升级密切相关的健康、养老、社区服务、文化创意和信息消费等产业的投入。通过新兴服务业的发展,增强消费与投资的协调性。加大科技创新投资力度,重点在能源转化、重大装备、新材料、节能环保、生物医药、电子信息等领域加大新产品开发和新技术应用投资力度,加大技术市场、科研创新平台、重点科研机构建设投资力度。加强环境治理改造、基础设施和民生项目投资力度,加大对外开放投资。

二是深化投融资体制改革。大幅缩减政府核准投资项目范围,下放核准权限。大幅减少投资项目前置审批,实行项目核准网上并联办理。大幅放宽民间投资市场准入,鼓励社会资本发起设立股权投资基金。政府采取投资补助、资本金注入、设立基金等办法,引导社会资本投入重点项目。建立科学的投资项目管理机制,完善投资调控体系,处理好各部门之间的衔接和协调,形成市场引导投资、企业自主决策、银行独立审贷、融资方式多样、中介服务规范、宏观调控有效的投融资体制。在政府投资项目中推广和规范招投标制、合同制、监理制,规范政府投资主体行为,节约政府投资;规范地方政府举债融资机制,加强地方政府债务管理,按新预算法要求,将地方政府债务纳入预算管理。建立新型城镇化融资体系,积极鼓励和引导社会投资。推广运用公私合作(PPP)模式,在城市基础设施及基本公共服务领域内引进民间资本,盘活社会存量资本,激发民间投资活力。

三是加快推进市场化进程。进一步厘清理顺政府和市场的关系,走出政府主导投资的增长模式,强化政府投资对民间投资和社会资本的带动和引导作用。继续简政放权,进一步取消、下放一批市场主体感受明显,真正具有含金量、带有标志性的重大审批事项,把决策权真正交给市场、还给企业。加快垄断行业改革,允许非公有资本进入公用事业和基础设施领域,进一步引入市场竞争机制。推进城市商业银行和农村信用社的改革,为民营资本进入金融领域创造条件。降低创新创业门槛,构建一批低成本、便利化、全要素、开放式的众创空间,发挥财政资金杠杆作用,通过市场机制引导社会资金投入,支持初创期科技型中小企业发展,激发大众创业、万众创新的热情。

(包思勤 付东梅 刘军 杜勇锋 徐盼)

附表:

附表 1 2014 年全国及各省区市固定资产投资与地区生产总值比

(单位:亿元)

排序	地 区	2014 年地区生产总值	2014 年固定资产投资总额	固定资产投资与地区生产总值比(投资为 1)
	全 国	636463	502004.9	1:1.27
1	上 海	23561	6012.97	1:3.92
2	北 京	21331	6873.44	1:3.10
3	广 东	67792	25843.06	1:2.62
4	浙 江	40154	23554.76	1:1.70
5	黑龙江	15039	9587.09	1:1.57
5	江 苏	65088	41552.75	1:1.57
7	天 津	15722	10490.37	1:1.50
8	山 东	59427	41599.13	1:1.43
9	福 建	24056	17911.71	1:1.34
10	湖 南	27048	20575.33	1:1.31
11	四 川	28536	22662.26	1:1.26

续表

排序	地　区	2014 年地区生产总值	2014 年固定资产投资总额	固定资产投资与地区生产总值比（投资为 1）
12	吉　林	13804	11254.84	1：1.23
13	湖　北	27367	22491.67	1：1.22
14	广　西	15673	13287.6	1：1.18
14	重　庆	14265	12136.52	1：1.18
16	辽　宁	28627	24426.83	1：1.17
17	河　南	34939	30012.28	1：1.16
17	云　南	12815	11073.86	1：1.16
19	海　南	3501	3039.46	1：1.15
20	河　北	29421	26147.2	1：1.13
21	江　西	15709	14677.04	1：1.07
21	山　西	12759	11976.96	1：1.07
23	贵　州	9251	8778.4	1：1.05
23	陕　西	17690	16840.44	1：1.05
25	新　疆	9264	9058.31	1：1.02
25	内蒙古	17770	17431.05	1：1.02
	内蒙古*	17770	11920.26	1：1.49
27	安　徽	20849	21069.24	1：0.99
28	宁　夏	2752	3093.92	1：0.89
29	甘　肃	6835	7759.62	1：0.88
30	西　藏	921	1069.23	1：0.86
31	青　海	2301	2788.91	1：0.83

注：2014 年各省区市地区生产总值来源于《内蒙古统计月报》，2014 年各省区市固定资产投资额来源于国家统计局网站。其中，国家统计局网站公布的 2014 年内蒙古固定资产投资总额为 17431.05 亿元，《内蒙古统计月报》公布的同期数据为 11920.26 亿元（口径为城乡 500 万元以上项目）。

附表 2　2014 年全国及各省区市投资效果系数

投资效果系数排名	省　份	投资效果系数
1	上　海	0.256
2	北　京	0.211
3	广　东	0.190

投资效果系数排名	省　份	投资效果系数
4	天　津	0.136
5	江　苏	0.125
6	福　建	0.121
7	浙　江	0.120
8	重　庆	0.116
9	山　东	0.114
9	湖　南	0.114
11	湖　北	0.108
12	贵　州	0.103
13	四　川	0.099
14	河　南	0.095
14	江　西	0.095
16	新　疆	0.093
16	陕　西	0.093
18	广　西	0.092
19	海　南	0.090
20	云　南	0.087
21	西　藏	0.084
22	安　徽	0.083
22	黑龙江	0.083
24	吉　林	0.075
25	内蒙古	0.072
25	甘　肃	0.072
27	青　海	0.070
28	河　北	0.069
29	宁　夏	0.066
30	辽　宁	0.064
31	山　西	0.050
	全　国	0.087

注:全国及各省区市投资数据来源于国家统计局网站,口径为500万元以上项目,不含农户。

专题十四

激活消费潜力　培育消费新亮点

新常态下,内蒙古经济发展进入增速换挡、增长动力转换、质量效益提升的关键期。面对中长期潜在增长率下降、传统增长动力渐趋减弱、市场需求不足的新形势、新问题,要实现全区经济增长阶段的平稳过渡,推动经济发展提质、增效、升级,需在稳住投资的基础上,着力打造消费重要"引擎"。为此,需要我们主动认识、适应、引领消费新常态,积极顺应居民消费结构升级趋势,以创新供给激活消费需求,深度挖掘个性化、多样化消费潜能,构建经济发展新动力和增长点,推动全区经济平稳健康发展。

一、提质扩容消费是新常态下推动经济
持续健康发展的内在要求

新常态下,扩大内需的难点和重点在消费,潜力也在消费。十八大报告提出使经济发展更多依靠内需特别是消费需求拉动,其核心就是把经济发展建立在消费持续扩大、民生不断改善基础上,让消费在经济发展中唱主角。长期以来,内蒙古经济突出表现为投资率偏高、消费率偏低的需求失衡型特征。2000—2011 年,内蒙古最终消费率由 56.8% 降至 38.5%。2013 年全区最终消费率为 40.9%,低于全国平均水平 8.9 个百分点。经济增长动力的长期失衡致结构性矛盾愈加突出,加剧经济运行不稳定性,不利于经济持续健康发展。新形势下,推动经济增长的需求特征、供给条件、资源配置模式等正在发生深刻的趋势性变化,以投资为主的传统增长引擎逐步减弱,亟待挖掘消费潜

能,提升消费对经济增长的支撑力,推动经济发展模式由投资单轮驱动向投资和消费双轮驱动转型。为此,要把握好新一轮消费结构升级、居民收入水平提高、人口结构变化、城镇化带来的利好机遇,以创新供给激活消费需求,深度挖掘个性化、多样化消费潜能,打造消费升级版,推动全区经济持续健康发展。

二、把握新常态新趋势,激活消费增长潜力

从发展阶段看,进入人均 GDP 1 万美元发展阶段后,服务业将实现较快发展,进而激发消费需求增长。当前,内蒙古已进入人均 GDP 1 万美元阶段,服务业的加快发展,尤其是商贸流通、休闲旅游、健康养老、医疗保健等新兴服务业的加快发展,将拓展消费增长空间。

从消费需求看,城镇化是扩大内需的最大潜力所在。据测算,城镇化率每提高 1 个百分点,将形成城镇居民年人均 384.8 元的消费需求。当前,我区仍处在城镇化快速发展阶段,预计 2020 年城镇化率达 65%,由此推算,至 2020年,基于城镇化带来的城镇居民新增年消费规模将达 361.4 亿元。

从消费群体看,根据消费行为理论,中等收入群体的消费倾向相对较高,对消费的扩容提质有重要推动作用。2020 年,我国中等收入群体占比预计达40% 以上,规模至 6 亿人左右。扩大中等收入群体比重是新常态下推进社会转型的重要内容,随着收入分配制度改革、补齐小康民生"短板"等一系列政策落地实施,将推动我区中等收入群体比重提升,进而有效促进消费上规模、上水平。

从消费领域看,随着居民收入提升,多样化、个性化消费理念兴起,以及信息化技术的广泛应用,不但拓展了吃、穿、用等消费领域的内涵和外延,更有力推动信息、教育文体、休闲旅游、医疗保健等新型消费热点发展。新常态下,居民消费升级转变为买好房子、好汽车、好手机等高品质商品和现代化服务,消费结构将从商品消费转向服务消费,从传统消费转向新型消费。按照消费发展趋势,新常态下,交通和通信、医疗保健、文教娱乐等服务消费的增速将远远快于食品类和衣着类,占总消费的比重大幅上涨,服务消费成为拉动消费增长的主要动力。同时,新型消费增长强劲,网络消费、网上购物将成为居民消费

重要渠道。

智慧生活消费方面。随着"互联网+"、大数据、云计算等新技术在三次产业的广泛应用,智能化产品将渗透到居民生活的方方面面,智能手机、平板电脑、互联网电视消费量将稳步增加,可穿戴设备、智能家电等新兴信息产品将成为新的消费热点。预计 2015 年,我国信息消费规模将超过 3.2 万亿元,较 2014 年增长 20%以上。2014 年,全区信息消费规模已达 450 亿元,按 20%增速保守估计,2020 年,全区信息消费规模预计达 1343.7 亿元,将带动经济总量增加 4541.7 亿元,成为经济增长重要动力。

绿色环保消费方面。当前,绿色经济理念逐步融入生产、流通、消费等各环节,社会对环境污染的持续关注将激发绿色健康消费快速增长,环保防护类产品以及绿色有机食品消费将保持较高增长速度,新能源汽车、环保型家居建材等消费热点凸显。以绿色家居建材消费为例,2009—2014 年,全国绿色建筑年均倍增发展,今后将更加注重质量、效益提升,绿色环保消费将成为推动消费上规模不可忽视的力量。

休闲旅游消费方面。旅游消费更加注重休闲、体验,旅游产品逐步由观光向观光、休闲、度假并重转变。调查显示,游客消费结构中交通费用比重在明显下降,住宿、餐饮、购物支出占比在逐步提升。另外,随着旅游消费观念趋于成熟、个性化消费需求逐步提升,体验式旅游快速升温。2014 年,全区自驾车游客占比达 45%,表明休闲旅游潜力空间较大。

教育、文化、体育、消费方面。2013 年,全区城镇居民文教娱乐消费占消费支出的 10.6%,低于全国平均水平 2.1 个百分点,表明我区文体娱乐消费仍有较大的上升空间。新常态下,政府逐步推进基本公共文化服务标准化、均等化,扩大公共文化设施免费开放范围,将有力推动教育、文化、体育产业加快发展。同时,大数据、"互联网+"等技术与教育文体领域的融合发展,教育文体消费趋于个性化、专业化、服务化和便捷化,将有效激发教育文体消费潜能。

养老、健康、家政消费方面。随着人口老龄化步伐加快,以及健康、休闲生活理念兴起,养老、健康、家政领域面临极大发展潜力。从养老消费看,2020 年,全区老年人口比例预计达 20%,进入深度老龄化社会。与之伴随的是家庭小型化与"空巢家庭"增多,社会化养老需求将迅猛增长。随着养老服务设施不断完善,医疗康复、老年用品等养老服务供给加快,将有效释放我区养老消费潜力。从健康消费看,2012 年,我国健康产业产值占 GDP 比重仅为 5% 左右,远低于欧美发达国家 15% 左右的平均水平。健康产业发展滞后一定程度上制约了健康消费提速,2013 年我区城镇居民医疗保健支出仅占生活性消费支出的 7%。随着健康服务业体系逐步完善、健康服务产品趋于丰富,健康消费规模将加快扩展。从家政消费看,人口老龄化、家庭小型化趋势将推动家政消费快速发展。相关数据显示,全国城市居民中约有 70% 居民有家政服务需求。随着家政行业逐步细化,家政服务网络平台不断完善,家政服务业将保持强劲增势,有效满足居民家政消费需求,促进我区家政消费领域提质升级。

三、培育消费增长新动力,力促消费扩容升级

围绕消费能力提升要动力。以提收入、强保障,稳定消费预期,增强消费欲望。深化收入分配制度改革,强化税收调节收入的作用,扩大中等收入者比重;完善企业工资正常增长机制,保障居民工资性收入稳定增长;加大轻税减费力度,打造低成本、便利化、全要素众创空间,增加居民经营性收入;完善资源开发、征地拆迁补偿办法,保障和增加居民财产性收入;加大转移性支付力度,实现居民多渠道增收;推动实现基本公共服务均等化,消除居民消费后顾之忧。

围绕中高收入群体需求要动力。瞄准中高收入群体消费需求,积极培育发展型、服务型消费热点,加大医疗保健、娱乐休闲、文化旅游等服务型消费供给力度。围绕多样化、个性化消费需求,加大"定制化供给"等新型消费供给。

围绕创新消费供给、激活消费需求要动力。顺应"四新"经济发展趋势,加大信息、家政、养老、健康、休闲、旅游等新型消费业态供给。一是从信息消费要动力。实施"宽带中国"战略,推广"三网融合",支持 4G 网络建设和业务发展,加快城市百兆光纤工程和光纤入户,大幅提高网速。制定"互联网+"行动计划,打造"互联网+"产业生态圈,释放传统领域信息消费潜力;大力培育本土电子商务经济发展,推进本地网店规模化发展,推动呼和浩特和乌海国家信息惠民、物联网等重大应用等试点示范工程,发展网络购物和农村牧区电商

配送,开展国家省院合作远程医疗试点工程。二是从绿色环保消费要动力。完善相关法律法规和政策体系,优化绿色消费环境。加大绿色生态产品供给,促进消费向绿色化、可持续化转型。继续实施节能产品惠民工程,实施城市停车设施及新能源汽车充电设施建设工程。三是从休闲旅游消费要动力。加强旅游与文化、生态、科技融合,打造"草原内蒙古"品牌,提升特色旅游供给能力。着力构建旅游产业链、交通和公共服务体系,优化旅游消费环境。落实好职工带薪休假制度。鼓励旅游企业组建经营联合体,实施旅游休闲"优惠套餐"。加快自驾车、房车旅游等产品开发,支持汽车旅馆、自驾车、房车营地等旅游休闲基础设施建设。四是从教育文体消费要动力。以增量与提质并重,加大多样化、高品质教育文体消费供给。支持职业院校、社会培训教育机构开发培训项目、开展社会服务,满足多样化教育消费需求。加快基本公共文化服务体系建设,推动文化创意、设计服务与相关产业融合发展。加强体育场馆、全民健身活动中心、健身房(馆)等设施建设力度。五是从健康、养老、家政消费要动力。支持社会力量举办规模化、连锁化的养老机构,鼓励开展居家养老服务模式创新。支持社会资本举办非营利性健康服务机构,逐步扩大具备条件的境外资本设立独资医疗机构试点。积极培育大型家政龙头企业和中小专业型企业,开展家政服务人员培训,搭建家政信息化平台,以扩大家政服务供给、激活家政消费。

(付东梅　田晓明)

专题十五

内蒙古煤化工产业发展面临的
主要压力及对策建议

2014 年以来，受国际石油价格持续回落、能源消费结构加速调整等因素影响，传统煤化工产业成本优势剧减，投入产出比明显下降。而且，随着国家产业政策、环保政策趋紧趋严，全区煤化工产业发展已陷入"骑虎难下"困境。虽然当前发展煤化工产业面临诸多压力和考验，但从自治区发展实际看，一定时期内，煤炭仍是内蒙古经济发展的最大优势所在，煤化工仍是我区将资源优势转化为经济优势的现实选择。因此，新常态下，需要我们积极应对煤化工产业面临的诸多压力，多措并举，努力推动煤化工产业稳健成长，进一步提升其对全区经济发展支撑力。

一、内蒙古煤化工产业发展面临的压力

（一）源自市场

煤化工经济效益主要取决于石油及其石化制品价格。2015 年以来，国际油价延续震荡下滑态势，上半年，WTI 油价平均 53 美元/桶，远低于上年同期 101 美元/桶的价格，油价的大幅下跌直接削弱煤制油的竞价能力。上半年，全区多数煤制油企业已陷入零利润甚至亏损困境，如鄂尔多斯伊泰煤制油公司营业收入由去年同期 6.36 亿元下降至 4.63 亿元。另外，国际油价下跌极大降低石化产品成本，大幅提高其市场竞争力，对煤化工产品价格形成强烈冲击，压缩了煤化工企业盈利空间。据测算，煤制烯烃、煤制乙二醇的盈亏平衡

点均在 50 美元/桶左右。以煤制烯烃为例,在原油价格为 100 美元/桶时,煤—甲醇—烯烃成本低于原油制烯烃成本 1000 元/吨左右,但随着原油价格的大幅走低,煤制烯烃价格优势已大不如前。如:上半年,神华包头煤制烯烃项目营业收入较上年同期下降 13.4%。短期看,国际油价上涨支撑不足,一定时期内仍将保持 40—50 美元/桶的低位震荡态势。中长期看,需求面的逐步改善将拉动国际油价有所回暖,但很难回归至 100 美元/桶高利润时代,预计在 70—80 美元/桶徘徊。国际油价的低位运行,加上化工产品产能过剩局面短期难改,一定时期内,煤化工企业盈利仍显艰难。

(二)源自政策趋紧

在煤化工产业成本优势削弱、盈利空间收窄背景下,煤化工政策趋紧趋严,使本已经营困难的煤化工企业雪上加霜。主要表现为:一是产业政策门槛趋高,煤化工产业发展"遇冷"。2014 年以来,国家陆续出台《关于规范煤制油、煤制天然气产业科学有序发展的通知》《能源发展战略行动计划(2014—2020 年)》等政策,抬高了煤制油、煤制气项目准入审批标准,提高了能效、水耗、环保标准,把部分有发展潜力、有市场需求,但资金、规模不达标准的企业拒之门外,也使部分已开工项目、拿到"路条"项目停滞搁浅。二是环保标准趋严,环保成本高企。目前,煤化工示范项目尚未有明确环保标准,"零排放""零污染"等最严格的环保要求使企业环保成本剧增。据测算,净水、污水处理、废气硫回收、固废处理等环保设施直接投资占煤化工项目总投资的 5%—15%,每吨有机废水的零排放系统无害化处理成本高达 2000 元,对投产建设初期企业利润实现造成较大压力。三是税收政策趋紧,企业税负偏重,煤制油领域尤为凸显。自 2014 年下半年以来,财政部连续 3 次发文提高成品油(包括煤基油品)消费税。以伊泰煤制油为例,目前,消费税分别占到柴油、石脑油产品收入的 27.3% 和 49.6%,使柴油、石脑油综合税负分别达 40% 和 64.4%,直接导致每生产 1 吨柴油和石脑油分别减少盈利 1411.2 元和 2105.2元。尽管部分企业以开发石蜡、溶剂、轻烃等化学品增加盈利,但由于其市场容量较小,难以弥补大宗煤化工产品价格下跌缺口,企业经营困境难缓解。

(三)源自资金紧张

煤化工属于资金密集型行业,无论投资建设期还是建成运营期,均需要大量资金支撑。这既是造成煤化工企业投资期资金压力较大的主要原因,也使得企业在正常投产运营期需继续承担较大财务成本。尤其当前,在石油价格低迷、下游需求疲弱和要素成本上升的背景下,企业整体效益持续下行,资金链更为紧张。2015 上半年,煤制烯烃项目原料和能源成本小幅下降,但其下游制品 PE 和 PP 的价格降幅均超过 1000 元/吨,导致神华包头煤制烯烃项目的经营收益从上年同期的 9.77 亿元降至 2015 上半年的 5.61 亿元,降幅达 42.6%。此外,目前银行在煤化工项目上普遍采取的贷款限制政策,使得煤化工企业融资难问题十分突出,尤对一些产品有科技含量、有市场需求的企业的再投资造成较大影响。如鄂尔多斯大路工业园区久泰集团是以煤化工生产为主的民营企业和拥有自主知识产权的国家级高新技术企业,投资建设的甲醇制烯烃项目及顺丁橡胶项目总工程量已完成 80%,计划 2016 年建成投产,届时可实现年销售收入 103.6 亿元、利税 31.5 亿元。但由于银行授信收紧,后续资金缺口使项目推进缓慢,既不利于企业正常经营运行,也使地方经济受到损失。

(四)源自配套公共服务滞后

煤化工是技术密集型行业,需要大批掌握先进技术和管理知识的专业人才。我区煤化工企业主要集中于地理位置远离主要城镇的工业园区,目前,园区市政配套设施大多配备,供水、供电、道路、燃气等设施基本实现全覆盖。但随着入驻各工业园区企业数量的不断增多,产业人口的大量集聚,园区公共服务功能滞后问题日益凸显,尤其是医疗、适龄子女入托入学等基本公共服务欠缺及其服务质量欠佳,极大影响了煤化工企业职工长期扎根园区的积极性,技术人员留不住现象较为突出,不利于煤化产业及其相关企业的长远发展。

二、对 策 建 议

(一)扬长避短,强化煤化工产品与市场对接

围绕将自治区建成新型煤化工生产示范基地的战略定位,以市场为导向,以效益为中心,集中力量做好煤化工"大"和"细"两篇文章。一是围绕规模和产能大型化,科学构建煤化工产业集群。严把市场准入,严格控制新增产能规模,加快推进煤化工示范项目集聚化、规模化、产业化发展,提升煤化工规模效

益。二是立足资源优势,瞄准市场需求,以市场求效益,积极延伸产业链,拓宽产品面,促进产品差异化、高端化。适度优先发展煤制乙二醇、煤制烯烃、煤制芳烃等市场空间大、前景好的现代煤化工项目。进一步延伸下游精细化工产业链,探索煤经甲醇制烯烃延伸生产聚乙烯、超低密度聚乙烯,以及丙丁共聚聚丙烯、融熔聚丙烯等树脂;煤制乙二醇延伸生产聚酯同时,开发煤经草酸二甲酯、碳酸二甲酯生产聚乙醇酸及聚碳等技术路线;拓展甲醇制二甲醚制乙酸甲酯产业链;推进芳烃原料路线多元化和芳烃—聚酯一体化发展。积极发展煤基多联产,逐步形成"煤气化合成—电力联产""煤层气开发与化工利用、煤化工与矿物加工联产"等产业体系,实现煤、电、化、热、冶、建材等多产耦合,打造循环互补延伸产业链。

(二)制定差异化政策,推动自治区煤化工适度优先发展

立足煤化工产业作为国家生产示范项目和保障能源安全的战略定位,强化政策扶持,推动煤化工产业适度优先发展。产业政策方面,以自治区70年大庆为契机,根据《关于进一步促进内蒙古经济社会又好又快发展的若干意见》,积极争取、加快制定有助于推动自治区煤化工稳健发展的差异化产业政策,尤其在项目核准、环境评审、资源配置等方面给予大力支持。进一步加大对重点园区、基地的支持力度,争取将自治区已具有产业发展基础和市场潜力的二期现代煤化工续建项目纳入全国六大煤化工基地范围,同时将煤化工产业发展较为成熟的园区明确定为全国现代化煤化工生产示范基地,从国家层面加大组合性政策扶持,突破要素瓶颈制约。环保政策方面,加快现代煤化工行业环保标准制定,支持现代煤化工产业规范发展;针对水资源丰富、环境容量宽裕地区,适当放宽用水、能耗等环保指标;对因目前工艺水平达不到循环利用的废弃物,要求企业实现资源化存储;引导企业在生产环节中推广应用干熄焦发电、煤气制甲醇、粗苯精制、污水深度处理、中水回用等多种工艺,实现节能降耗;进一步缩减煤化工环保审批手续、时间和资金成本,降低项目前期综合成本;设立绿色煤化工专项资金,对主动实施煤化工绿化优化工程、在环保领域做出突出贡献的煤化工企业适当给予补贴以兹鼓励。税收政策方面,考虑煤制油品与石油基品在稀缺性和清洁度方面的差异,对煤制油品免征或减半征收消费税。此外,针对部分企业资源配置尚未到位,鼓励企业通过市场

化配煤解决资源配置问题。针对煤化工盲目建设、无序发展、终端产品同质化严重等问题,积极探索在自治区范围寻求区域协作,提升核心竞争力。

(三)多措并举,助推企业缓解资金链紧张

一是推出担保加信用融资服务模式,向经济效益好、产品精细化程度高的煤化工企业提供免抵押信用贷款,对获得担保贷款的企业全额返还保费,在风险可控的前提下,鼓励银行放大对单一企业的贷款规模,解决企业投资期的资金需求。二是对因资金短缺停工,但生产相对环保且产品市场前景较好的企业给予适当财税扶持,促进企业尽早复工建成、投产达效。三是统筹财政存量资金,适当安排增量资金,形成合力,对煤化工产业给予扶持。加快设立煤化工产业扶持基金,重点支持产业链条长、产品附加值高、污染排放少的煤化工项目,对企业在产品精深加工、降低排放方面的研发给予补贴。

(四)加强公共服务供给,解除煤化工企业职工后顾之忧

加强工业园区公用配套设施建设,加大对工业园区及周边生活配套区、社区服务中心等民生设施投入力度,根据企业需求,加快建立、完善为园区企业生产和职工生活配套的公共服务体系,着力解决好职工吃、住、行、娱乐、购物、就医以及子女入学等切身问题。积极引导民间资本进入园区社会事业领域,建立健全社会事业多元化投入机制,促进园区社会事业加快发展。制定和完善园区人才引进培养、薪酬待遇等政策,大力引进园区公共事业发展急需的专门人才,提升园区公共服务质量。

(付东梅　田晓明　杜勇锋)

专题十六

努力打造内蒙古现代物流业升级版

现代物流业发展是支撑新型工业化、信息化、城镇化、农牧业现代化的重要基础,也是衡量一个地区综合竞争力和现代化水平的重要标志。随着国家"一带一路"发展战略尤其是中蒙俄经济走廊建设的稳步推进,随着"互联网+"行动计划的制定和实施,不可避免地催生新的业态,也会使现代物流业的发展模式发生新的变化,如何抢抓机遇,更好地适应现代物流业新常态,对于内蒙古实现服务业持续健康发展,具有重大战略意义。

一、现状与问题:发展基础薄弱,提质增效压力明显

2014 年内蒙古交通运输、仓储和邮政业完成增加值 1397.8 亿元,增长 6.6%,低于上年 0.3 个百分点,占服务业增加值的 20.2%。内蒙古 2014 年国民经济和社会发展统计公报显示,2014 年我区完成货物运输总量 20.4 亿吨,其中铁路 7.8 亿吨,公路 12.7 亿吨,民航 7.6 万吨。完成货物运输周转量 4550.3 亿吨公里,其中铁路 2446.8 亿吨公里,公路 2103.5 亿吨公里。进出口货运总量平稳增长,我区口岸进出境货运量达到 7085.67 万吨,其中进境货运量 4792.98 万吨,同比增长 3.7%;出境货运量 1016.29 万吨,同比下降 21.3%,转口货运量为 1276.4 万吨,同比增长 44%。截止到 2012 年底,我区 5A 级物流企业仅 5 家,占全国(84 家)的比重仅为 6%。从我区开通国际航线的机场货运看,2013 年呼和浩特机场货邮吞吐量 3.26 万吨,居全国第 41 位。海拉尔机场货邮吞吐量 5590.8 吨,居全国第 59 位。满洲里机场货邮吞吐量

2314.5吨,居全国第80位。2014年我区邮政企业和快递服务企业业务收入(不包含邮政储蓄银行直接营业收入)累计完成25.89亿元,占全国邮政行业业务收入0.8%;业务总量累计完成19.47亿元,占全国邮政行业业务总量0.5%。其中快递服务企业业务量累计完成4363.63万件,快递业务收入累计完成10.32亿元。从以上数据粗略看出,我区物流业发展仍处于起步阶段,亟待进一步扩大规模和提升质量。

二、趋势与建议:抢抓政策和市场叠加机遇, 促进现代物流业转型升级

(一)顺应"互联网+"趋势,推进物流业转型升级

"互联网+"作为一种技术手段与传统行业的融合,必将改变传统物流市场运作模式,促进物流业向高效化、精细化、个性化、多样化转变。一方面,促进物流资源优化配置,提高运行效率、降低运行成本,实现质量型、效益型发展。国内研究表明,我国工业企业物流成本占产品销售额9%左右,占生产成本的30%—40%,而发达国家仅为10%—15%。另一方面,"互联网+"为物流业提供创新动力,促进物流业打破原有的封闭式、粗放式发展格局,更大限度地发挥社会化大生产与专业化流通的集约化经营优势,实现由传统仓储物流"点到点"模式向多元化模式变革。因此,我区要紧紧抓住"互联网化"将成为推动物流行业转型发展的原动力,推进传统物流业实现重塑。重点抓好:一是适应货物流通越来越倾向于小批量、多批次、高频率的运作模式,推进物流模式创新;二是围绕"五大基地"建设,借助于电子商务平台,提升我区主要工业品的市场竞争力;三是加快推进移动互联网、云计算、大数据、物联网等与现代制造业结合,实现物流业与制造业联动发展。

(二)抢抓"中蒙俄经济走廊建设"契机,推进区域物流协调发展

国家《推动共建丝绸之路经济带和21世纪海上丝绸之路的愿景与行动》明确提出,加快推进基础设施的互联互通。从通往俄罗斯及欧洲班列运行情况看,"苏满欧"铁路通道11200公里,平均运行时间13—14天,分别比"渝新欧""蓉新欧"快5天和3天,是最短的货运通道。从运输方式看,相比航空、

海运,铁路仅为航空运费的1/4,运输时间是海铁联运的1/3。航空物流业孕育巨大潜力,随着中蒙俄经济走廊建设的稳步推进,呼和浩特、海拉尔、满洲里等航空口岸优势将得到进一步释放。从发展基础看,满洲里口岸是全国最大的沿边陆路口岸,地处欧亚第一大陆桥的重要节点,是我国重要的公、铁、空立体化国际口岸,是中俄欧便利运输通道。2014年满洲里口岸"苏满欧""鄂满欧""湘满欧""渝满俄"等各类过境班列达到460列。2014年我区对蒙古国贸易额40.97亿美元,占全区进出口贸易的28.2%。对俄罗斯贸易额30.54亿美元,同比增长16.2%,随着中俄蒙经贸合作的不断深化,将进一步拓展物流市场空间。从发展潜力看,铁路多式联运将呈现巨大的发展潜力。2014年我区铁路占所有货运量的35.8%,比2013年提高了5.9个百分点;公路占所有货运量的62.3%,比2013年下降了7.9个百分点。随着跨境铁路设施互联互通建设的稳步推进,为跨境物流提供巨大发展空间。从政策支撑条件看,随着国家重点开发开放试验区、边境经济合作区、跨境经济合作区、综合保税园区建设的稳步推进,以及东北四省区通关一体化进程加快,将极大地减少通关成本,降低企业物流成本。这就需要我们基于边境口岸互市贸易区,加快发展集贸型物流模式;基于综合保税区,加快发展保税物流发展模式;基于边境口岸货物中转,加快发展枢纽型物流模式。

　　(三)促进物流园区整合升级和专业物流快速发展,向细分和融合方向发展

　　物流园区是产业集聚的平台,产业集聚是物流园区发展的基础。从我区物流园区的运营管理模式看,主要是政府主导的自上而下的管理模式。随着产业发展和居民消费模式的变革与物流需求结构的深度调整,将促进物流园区调整发展模式,实现由规模扩张向质量和效益提升转变;随着互联网物流企业将末端配送运营、干线整合、全国仓储圈地、信息平台建设、大数据战略、金融服务、延伸到制造代工等,将促进物流业呈现立体模式发展;随着市场竞争加剧,迫使第三方物流公司整合物流仓储空间,寻求规模化经济。《中国城市60强报告》显示,长三角、珠三角和环渤海地区拥有的现代物流仓储空间占据了全国的2/3。随着制造业向中西部地区转移加速,加之沿海地区土地与产业发展的矛盾加剧形成的倒逼机制,将促进中西部发挥仓储空间优势,带动物

流市场的快速发展。因此,我们应以推进自治区级服务业集聚区建设为契机,紧紧围绕生产生活消费模式变化趋势,调整物流园区发展方向和功能定位;继续落实国家促进中小微企业和服务业发展的政策,培育一批现代化物流龙头企业;紧紧围绕建设中蒙俄经济走廊建设,推进跨境物流发展。

(张永军)

专题十七

四川崇州农业经营体系创新对内蒙古的启示

农牧业发展不仅面临着"谁来种地养畜"的现实问题,还面临着"种怎样地养怎样畜"和"怎样种地养畜"的深层难题。党的十八届三中全会提出:要加快构建新型农牧业经营体系来解决农牧业发展中的难题。怎样构建和构建什么样的新型经营体系既需要开展深入研究,更需要总结一些地方好的经验和做法,进行不断探索与创新。本文引述国研中心程国强课题组完成的《农业共营制:我国农业经营体系的新突破》研究文献,总结四川崇州创新农业经营模式。这一模式对内蒙古农牧业发展具有重要的借鉴意义。

一、内蒙古农牧业经营体系的新问题新挑战

(一)耕地草牧场经营分散化

家庭联产承包经营制实施以来,为实现农牧户间承包耕地草牧场地力、生产条件等的相对平衡,长期采取条块划分、分散经营的做法。数据显示,2014年我区户均耕地面积不足 30 亩,分散为 7 块。草原家庭网围栏隔离使草牧场经营分散化、草原碎片化、生态封闭化带来的问题和挑战愈加突出。

(二)农牧业副业化

随着工业化、城镇化的加快发展,惠农惠牧政策的有力实施,农牧户来自工资性、财产性和转移性的家庭收入逐年增加,而经营性收入则逐年下降,加上农牧业生产成本的不断上升,生产效益不断降低,农牧业副业化、兼业化的现象越来越严重。

（三）劳动力弱质化

据农牧厅相关资料显示,我区从事农牧业劳动力中,50 岁以上中老年和妇女均超过 50%,小学及以下文化程度占 50%。特别是大部分牧区远离城镇,交通不便,教育医疗资源短缺等,劳动力弱质化现象更加突出。随着人口老龄化问题进一步凸显和城乡差距的拉大,农牧业劳动力仍有进一步弱质化的发展趋势。

（四）规模经营方式传统化

近年来,尽管我区新型农牧业经营主体加快发展,但土地规模经营仍以传统式的企业和种养大户租赁为主。由于经营不善、利益联结困难,以及种养大户承担风险能力较低等因素,毁约退租、短期经营等现象时有发生,导致用地过度、养地不足,重新划分土地困难,农牧民利益受损,规模经营难以稳定。

二、四川崇州"农业共营制"的做法和经验

（一）确立目标底线,创新农业经营模式

通过认真总结吸取传统规模经营的经验教训,特别是对企业和种植大户租赁土地出现毁约退租、短期经营的反思,崇州确立了目标底线,探索试验新的农业经营模式。底线就是:在坚持和落实土地集体所有权、稳定和强化农户承包权、放开和盘活经营权、保障和提升农业特别是粮食生产能力、改善和贯彻用途管制权的基础上,形成"集体所有、家庭承包、多元经营、管住用途"的新型农业经营体系。围绕底线,确立三大目标:一是破解当前土地细碎、经营分散的难题,实现土地的集中连片和规模化,有效解决"种怎样的地"的问题;二是使土地经营决策权控制在农户手中,农户共同进行生产经营决策与监督执行,确保耕地不撂荒,防止出现土地流转的非农化、非粮化和短期化问题;三是通过经营权中的产权细分和业务外包,培育农业 CEO(职业经理人)队伍、新型职业农民队伍和多样化农业生产性服务群体,促进农业分工与专业化,吸引外出青壮年返乡创业,有效解决"谁来种地""如何种地"以及"科学种地"的问题。

按照底线目标,崇州探索出了专业化、规模化和组织化经营的新模式(称之为"农业共营制"),即以培育农业 CEO 队伍推进农业的专业化经营,以农

户为主体自愿、自主组建土地股份合作社推进农业的规模化经营,以强化社会化服务推进农业的组织化经营。

(二)优化培育机制,建立"三位一体"经营结构

目前,崇州"农业共营制"已初步形成了以农户为核心主体,农业 CEO、土地股份合作社、社会化服务组织"三位一体"的农业经营结构。

1. 培育农业 CEO 队伍

崇州市抓住农业 CEO 既具有较强的农业经营能力,又能与社会化服务主体有效对接的关键需求,探索制定了一系列培育与管理机制。一是开展培训。依托培训中心和实训基地,采取自愿报名与乡镇推荐相结合的方式,对符合条件、愿意从事农业经营的人员进行理论知识与实践操作等专业技能培训。二是制定标准与规则。对全市符合评定标准的农业 CEO,统一颁发《农业 CEO 资格证书》。持证 CEO 可在土地股份合作社、专业合作组织、农业企业、村级农技推广站等竞聘上岗,并享有相关扶持政策。三是强化管理。建立农业 CEO 人才库和考核机制,采取动态管理,实行准入退出机制。四是扶持激励。制定对农业 CEO 在产业、科技、社保、金融等方面的扶持政策与激励机制,如享有水稻规模种植补贴、城镇职工养老保险补贴、持证信用贷款与贴息扶持等。目前,崇州市已培养农业 CEO 约 1500 人,通过竞争上岗的约 800 人,初步建立起一支"有知识、懂技术、善经营、会管理"的农业 CEO 队伍。

2. 建立土地股份合作社

按照农户入社自愿、退社自由、利益共享、风险共担原则,引导农户以土地承包经营权折资折股,组建土地股份合作社。农户作为合作社社员,可直接参与理事会及监事会选举、农业生产计划安排、成本预算以及利益分配方案等决策过程,成为经营管理的实际决策者和控制者,并承担生产成本出资;理事会代表全体社员公开招聘农业 CEO,并与之签订经营合同,对产量指标、生产费用、奖赔规定等进行约定;农业 CEO 负责"怎样种地",提出具体生产计划执行与预算方案、产量指标等,交由理事会组织的村民代表会议讨论,通过后按照方案执行。生产支出由农业 CEO 提出申请,理事长和监事长共同审签列支入账,农资和农机具的放置、申领、使用和处理,实行专人负责,及时公示,接受社员和监事会监督。到 2014 年初,崇州市共组建土地股份合作社 361 个,入社土地面积 21.33 万亩,入社农户 9.46 万户,农业组织化程度达 56.48%。

3.打造"一站式"社会化服务超市

崇州坚持主体多元化、服务专业化、运行市场化的原则,按照"政府引导、公司主体,整合资源、市场运作,技物配套、一站服务"的发展思路,引导社会资金参与组建综合性农业社会化服务公司,整合公益性和社会化农业服务资源,完善了公益性与经营性服务相结合、专项与综合服务相协调的新型农业社会化服务体系。分片区建立农业服务超市,搭建农业技术咨询、农业劳务、全程机械化、农资配送、专业育秧(苗)、病虫统治、田间运输、粮食代烘代贮、粮食银行等"一站式"全程农业生产服务平台,所有服务项目、内容、标准、价格均实现公开公示、明码标价,实现适度规模经营对耕、种、管、收、卖等环节多样化服务需求与供给的对接。到 2014 年初,崇州市已分片建立农业服务超市 6 个,分别联结 22 个农机专业合作社或大户、16 个植保专业服务组织、6 个劳务合作社、2 个工厂化育秧中心和 10 个集中育秧基地,从业人员达 2000 人,服务面积达 14.63 万亩。

(三)科学分配收益,调动各方生产积极性

崇州"农业共营制"将土地股份合作社、农业 CEO 和农户构成紧密联结的利益共同体。按照理事会制定的种植计划,竞聘上岗的农业 CEO 对农户的保底承诺,一般不低于农户自主经营的收入水平(每亩 500—600 元),合作社与职业经理人之间实行除本分红的分配方式,即除去生产成本之后,剩余纯收入按 1∶2∶7 比例分配;其中,10% 作为合作社公积金、风险金和工作经费,20% 作为农业 CEO 的佣金,70% 用于农户的土地入股分红。农业 CEO 若要获得较多的经营收入,就必须通过科学种田进行规模经营以实现规模经济和科技效益。实践证明,农业 CEO 的生产经营,增产降耗作用明显,生产效益比农户家庭经营普遍提高 50% 左右。据统计,2012 年,崇州市农业 CEO 每亩收益 150 元(不含政府补贴),平均年收入 4.5 万元;合作社公积金平均每亩提取 75 元左右;入社农户在收回生产成本后,每亩直接增收约 525 元(不含政府补贴)。特别是广大农民能够从对小规模分散经营的依附中解脱出来,务工劳动由"短工"变为"长工",除了外出务工、分享农业共营成果外,农户还可以获得从事家庭农场、参加专业服务或劳务组织等多种机会,实现多渠道增收。

三、几点启示

（一）创造共营多赢机制，汇聚各参与主体正能量

"农业共营制"保证了各个参与主体的权益，调动、汇聚了各方面的积极性和正能量。其中，农民走出小农经济，参与社会化分工，且具有农业经营决策的真正主体地位；合作社通过经营计划与社员监督，规避合作风险，提高共同经营的稳定性与可持续性；农业 CEO 通过企业家经营方式进行规模经营，实现创业增收；社会化服务组织通过专业化与生产性服务外包，推动农业从土地规模经营向服务规模经营转型，实现各方参与主体的共营多赢。同时，"农业共营制"使耕地资源得到有效保护和合理利用，使粮食生产能力得到加强，农民权益得到充分保障，农业生产力水平及可持续发展能力显著增强，实现微观主体经营目标与国家宏观政策目标的"激励相容"。内蒙古要想从农牧业大区向农牧业强区转变，更好地发挥我区独特的农牧业资源优势，最关键的就是形成一种能够使各方共营多赢的农牧业生产经营机制，调动、汇聚各相关方面的积极性和正能量。因此，"农业共营制"对我区农牧业发展具有重要启示作用。

（二）培育两类经营主体，推动农牧业分工合作

"农业共营制"培育了两类新的农业经营主体，即农业 CEO 与农业专业服务组织。前者培育了农业企业家与职业农民群体，改善了农业的知识分工与决策经营效率，促成了科技和先进生产手段的应用，优化了农业资源配置，实现了现代物质技术装备、企业家能力等先进生产要素与经营方式的高效对接，提高了土地产出率、资源利用率、劳动生产率，促进了现代农业经营的集约化、专业化、组织化和社会化，增强了农业的可持续发展能力；后者发育成为农业生产的专业化组织，促进农业的技术分工与合作，让那些从分散经营中解放出来的农民，除外出打工外，更多地去从事农业劳务、机械操作、农资配送、农产品运输、粮食烘贮等专业化服务，提高了生产效率。新时期，我区农牧业发展迫切需要能人带动引领和专业化分工合作，也就是说，农牧业 CEO 与农牧业专业服务组织的有效培育和壮大对于破解我区农牧业生产经营中的瓶颈制

约至关重要。"农业共营制"两类新型农业经营主体的培育模式对我区具有重要的启示和借鉴意义。

(三)创新土地规模经营机制,推动农牧业长效化制度化发展

"农业共营制"打破了传统的"公司+农户""合作社+农户"或"种养大户+农户"的低效化、短期化土地规模经营模式,实现了既能充分发挥能人经济(农业CEO)的优势,也能更好地调动农户参与土地股份合作化集体规模经营的积极性。与传统规模经营合作社相比,农民土地股份合作社具有明显的优势:一是合作社所形成的生产规模,能够有效吸引职业经理人(CEO),以达成"企业家能力"与其经营服务规模的匹配;二是通过合作形成的集体谈判,能够大大降低经营服务的谈判与缔约成本;三是土地规模所激励的职业经理人(CEO)竞争性进入,能够有效降低农户及合作社对经理人的监督与考核成本;四是能够有效降低农户、合作社、农业CEO之间关于合作剩余享益分配的谈判成本。在实现这种集体规模经营的过程中,不是剥夺或削弱农户的参与权、话语权、决策权,而是有效地提升这三种权利,调动了农户促增产、盼增收的积极性;不是弱化了农户参与市场竞争的能力,而是提升了这种能力,既可使这种集体规模经营打出自己的品牌,谋求"产、加、销"一体化发展,也可与龙头企业合作,由于集体规模经营增加了农户的谈判能力、维权能力和竞争能力,有利于实现农户和企业两个主体地位平等、利益共享、风险共担,推动农企合作双赢,破解农企合作的矛盾和难题,从而使土地规模经营更具有长效化、制度化。我区不仅农业需要创新土地规模经营方式,推动长效化、制度化发展,牧区面临着草原碎片化、生产经营分散化和生态保护消极化的矛盾也愈加突出,迫切需要创新草牧场规模经营方式,推动牧业发展、牧区繁荣、生态平衡。"农业共营制"模式对我区耕地草牧场规模经营长效化、制度化发展均具有重要借鉴作用。

(杨臣华　张志栋)

专题十八

推动肉羊产业持续健康发展

近年来,在羊肉市场价格高企拉动和国家、自治区惠农惠牧政策有力推动下,内蒙古肉羊产业加快发展,已经成为农村牧区重要的支柱性产业和广大农牧民的主要收入来源之一。但自 2014 年以来,羊肉价格持续下跌,对内蒙古肉羊产业发展产生了较大影响。自治区发展研究中心组织专题调研组,赴四子王旗、正镶白旗和太仆寺旗进行调研,现就肉羊产业面临的市场形势、肉羊产业存在的主要问题等进行分析总结,并提出几点建议。

一、肉羊产业面临的市场形势

当前,羊肉市场总体供给增加、消费疲弱。从供给看,羊肉供给呈快速增长态势。受羊肉价格持续 10 多年上涨,特别是 2007 年到 2013 年上涨势头较快,加上利好政策扶持等的影响,肉羊养殖效益逐年增加,养殖规模和数量加快扩张,全国和自治区羊肉产量分别由 2007 年的 382.6 万吨和 80.82 万吨,上升到 2014 年的 428 万吨和 93.8 万吨。同时,为平抑国内羊肉价格,国家加大了进口力度,海关数据显示,2013 年和 2014 年我国羊肉进口量分别达到 25.87 万吨和 28.29 万吨,同比分别增长 108.7% 和 9.3%。从需求看,羊肉需求增长受到抑制。受宏观经济增速放缓影响,一些传统行业收入下降,对牛羊肉等中高档肉类消费低迷,特别是自 2012 年以来,羊肉消费占比较高的中高端餐饮业不景气,营业额连续大幅下滑,购买力下降,使羊肉需求受到抑制。在羊肉供求影响下,我区带骨羊肉市场平均价格从 2014 年 6 月的 28.7 元/

斤,降到 2014 年 12 月的 26.7 元/斤,再到今年 8 月的 24.7 元/斤。调研发现,今年平均肉羊出栏价格普遍低于养殖成本,8 月份 3 个旗的羔羊出栏带骨羊肉价格仅为 15—16 元/斤,而养殖成本约为 17 元,多数养羊企业、合作社、农牧户处于亏损运营状态。

从长期看,我国羊肉供给仍处于紧平衡状态,随着居民生活水平的持续提高,膳食结构加快调整,羊肉消费增加是大趋势,特别是对我区绿色优质羊肉的需求将会进一步增加,即使是当前,产业链高端的优质羊肉产品销售价格基本未受影响。因此,我区绿色优质肉羊产业市场前景仍然乐观。

二、内蒙古肉羊产业存在的主要问题

(一)生产方式落后,生产成本较高

传统养殖方式由于生产粗放、适度规模化和标准化水平低、劳动力少而弱、雇工较多、良种率低、良种质量差等现状制约,导致肉羊生产成本高、单位产出率低、生产效益差。我区单位能繁母羊的羊肉贡献率仅为澳大利亚的一半,为欧美畜牧业发达国家的 1/3;单体养殖成本也远高于澳大利亚和欧美畜牧业发达国家。

(二)营销模式传统,品牌意识淡薄

我区出栏肉羊仍以原始、传统的营销模式出售,优质没有享受到优价,却受到了劣质羊肉巨大的市场冲击。调研发现,牧区羊和农区羊、草原羊和饲料羊、非育肥羊和育肥羊、高品质肉羊和低品质肉羊的养殖成本、羊肉品质差别很大,但出栏价格没有多大区别,只享受到了羊肉市场大幅降价的冷遇,没享受到高端优质羊肉价格相对稳定的市场红利。同时,我区羊肉产业没有驰名大品牌,质量安全追溯体系不健全,肉羊生产经营者没有将无形的品牌作为有形的产品,甚至高于有形产品去大力宣传和悉心经营。传统的营销模式加上淡薄的品牌意识,使我区优质肉羊产业受市场冲击易,抗市场风险难。

(三)产业链条较短,抗市场风险能力较弱

我区肉羊产业链较短,大部分肉羊在本地简单屠宰后上市销售或以活体销往外省进行精深加工,而在本地进行精深加工的仅占很少一部分,加上我区

羊肉产业生产、加工、销售分离，农牧民、合作社与龙头企业利益联结不紧密等，导致我区优质羊肉只能在产业链底端徘徊，不能更好地享受到精深加工和现代营销等顶端产业链高附加值的收益，也就是说，没有形成肉羊产业的市场缓冲区、低价补充区和风险抵消区，从而使我区肉羊产业抗市场风险的能力较弱。

三、推动肉羊产业持续健康发展的几点建议

（一）提高肉羊单位产出效益

在生产成本持续攀升、资源环境约束趋紧的情况下，提升肉羊单产水平和降低养殖成本是突破制约瓶颈、提高生产效益的有效途径。建议各级政府：一是支持种羊业的发展。各级政府认真落实自治区《肉羊良种发展规划》和《肉羊良种发展方案》，加快牧区蒙古羊三大品系选育提高、提纯复壮和农区半农半牧区优良品种扩繁增量步伐，支持配种站点建设和种羊质量监测体系建设，构建牧区、农区区域特色明显，并与其生产方式相适应的良种繁育体系。二是加大农牧民购买种公羊的补贴力度。扩大种公羊补贴项目范围，做到应补尽补，同时提高补贴标准，将购买种公羊补贴从目前 1600 元/只提高到 3200元/只。三是培育发展种羊企业。目前，我区已培育发展的内蒙古赛诺草原羊业有限公司、内蒙古五一种畜场等种羊企业，但是种公羊培育规模仍较为有限，需要政府支持种羊企业整合或转型改制，推进种羊生产龙头企业产业化发展，辐射带动自治区乃至全国肉羊种业发展。

（二）构建多元销售渠道

构建农牧民直接对接市场、自由选择市场进行交易的机制，是让农牧民适应市场并保障他们利益最大化的有效措施。一方面，在农村牧区建立电子交易平台，发展电子商务。全区以旗县或苏木镇为单位建立电子交易平台，与我区"蒙优汇"农牧业电商平台进行无缝连接，引导农牧民熟练掌握网上农畜产品交易的相关要领，使广大养殖户融入到"互联网+肉羊"产业发展中。另一方面，发展"一对一"市场。内蒙古特别是广大牧区的肉羊因绿色美味而享誉全国，但是广大消费者很难辨别羊肉的来源和质量，只好盲目消费。在肉羊追

溯体系还不能全覆盖的情况下,各级政府鼓励企业利用现代信息技术,发展肉羊养殖户与家庭为主的消费者之间的中介服务,发展"手指羊"市场,使养殖户与消费者进行一对一的交易。

(三)完善农(牧)企对接机制

完善农牧民与龙头企业紧密的利益关系,使农牧户也从加工或销售环节获得部分利益,是保障和提高农牧户收入和共同抵御市场风险的长效机制。一是加快发展合同制利益联结机制。农牧民与企业签订肉羊收购合同,通过规定肉羊的品种、质量、时间、价格、农牧民义务以及龙头企业承诺的服务内容和项目等实现利益分享,逐步发展成为"订单养殖业"。二是大力发展股份制利益联结机制。农牧民以草牧场、基础母羊、种公羊、资金、设备、技术等要素入股,在龙头企业中拥有股份,明确农牧户与企业各自义务,参与经营管理和监督,按股分利。三是鼓励发展合作性质的联结机制。农牧民以专业合作社、专业协会、股份合作社等形式合作办企业,对肉羊进行统一加工、统一销售,延长肉羊产业链条,养殖户直接从加工或销售环节分得利益。

(四)转变肉羊产业发展方式

转变发展方式是我区肉羊产业的发展方向和最终出路,也是提高农牧户收入的根本措施。一是推进适度规模养殖。内蒙古地域广阔,从实际出发,因地制宜,按照农区牧区不同特点分类推进规模化经营。在牧区,以联户、合作社、草牧场流转等形式,大力发展家庭牧场。在农区,发挥土地资源、粮食及秸秆等农副产品资源丰富的优势,发展适度规模的舍饲圈养,争取规模效益。二是发展标准化养殖。以牧区家庭牧场和合作社、农区专业养羊户和大型养羊场为主,建立标准化生产体系,并推行标准化生产规程。加快专业化养殖小区建设,在养殖小区突出抓好品种、饲料、防疫、养殖技术和产品等方面的标准化工作,逐步实现品种良种化、饲养标准化、防疫制度化和产品规格化,促进安全优质羊肉产品生产。三是建立肉羊追溯体系。总结锡林郭勒盟羊肉质量安全追溯体系建设经验,在主要优质肉羊生产区鼓励建立追溯管理平台,推进养殖、屠宰加工、物流配送、终端消费等全产业链的无缝监管,实现来源可追溯、去向可查证、责任可追究的全程追溯体系管理,保障羊肉优质高价。

（五）优化政策扶持导向

国家、自治区支农支牧、惠农惠牧政策扶持力度不断加大，面对肉羊产业面临的危机性问题，政府及有关部门必将认真研究，出台针对性和实效性强，既重眼前、更利长远的政策举措，特别是在注重补贴、基建、扩繁等发展性政策实施的同时，更要注重培育市场、做好品牌、发展"互联网+"等竞争性政策的出台和扶持力度，在市场决定资源配置的大潮中，有力地推动我区肉羊产业持续健康发展。

（杨臣华　宝鲁　张志栋）

专题十九

加快推进土地草牧场制度改革

内蒙古是农牧业大区,土地草牧场一直是"三农三牧"问题的关键。当前,内蒙古土地草牧场制度改革进展顺利,但仍然面临着一些困境。下阶段,以制度化、法制化、市场化改革进一步为土地草牧场松绑,是释放农村牧区持续健康发展动力和活力的现实需求。

一、土地草牧场制度改革现状

(一)土地草牧场制度改革进展

1. 改革的基本方向

随着党的十八届三中全会的召开和《中共中央关于全面深化改革若干重大问题的决定》(以下简称《决定》)的出台,标志着新常态下的改革开放进入了一个全面深化的新阶段。土地制度作为农村改革的一项重点内容,《决定》把农村建设用地、耕地、宅基地等土地都纳入改革内容,并明确了改革方向。《中共中央国务院关于全面深化农村改革加快推进农业现代化的若干意见》(中发〔2014〕1号)文件也提出,完善农村土地承包政策;引导和规范农村集体经营性建设用地入市;完善农村宅基地管理制度;加快推进征地制度改革;发展多种形式规模经营;创新基层管理服务,进一步明确了农村各类土地制度改革的举措。2015年1月国务院办公厅印发《关于引导农村土地经营权有序流转发展农业适度规模经营的意见》,确立了所有权、承包权、经营权"三权分置"的土地制度改革方向。《关于加大改革创新力度加快农业现代化建设的若干意见》(中发〔2015〕1 号)文件提出,稳步推进农村土地制度改革试点。文件强调在确保土地公有制性质不改变、耕地红线不突破、农民利益不受损的前提下,按照中央统一部署,审慎稳妥推进农村土地制度改革。

2.改革进展情况

一是农村牧区改革加快推进。在党的十八届三中全会全面深化改革精神的指引下,按照中央 1 号文件精神及《内蒙古自治区党委全面深化改革领导小组关于分类有序推进改革的方案》,我区加快推进农村牧区改革,于 2014 年9 月份自治区政府制定并下发了《内蒙古自治区土地承包经营权确权登记颁证试点工作实施方案》《内蒙古自治区完善牧区草原确权承包试点工作实施方案》和《内蒙古自治区基本草原划定工作实施方案》。按照自治区的总体部署,从 2014 年 8 月到 2015 年 6 月,在全区 12 个盟市中的每个盟市设立 1 个试点(除乌海市和阿拉善盟各确定 1 个镇外,其余 10 个盟市各确定 1 个旗县作为试点地区),开展家庭承包和其他方式承包的农村牧区土地经营权确权登记颁证工作。

二是在开展耕地、草牧场确权登记颁证工作的同时,农村牧区建设用地、宅基地、林地确权登记工作加快推进,2014 年全区集体建设用地使用权、宅基地使用权确权登记发证率分别达到 61% 和 67%,集体林权确权率达到 99.8%。

三是研究制定的《构建新型农牧业经营体系,完善土地草牧场承包经营权流转的意见》等 4 个改革意见、《健全农牧业信息服务体系和农畜产品市场预警体系工作方案》等 4 个工作方案,以及《内蒙古自治区农村牧区集体经济组织资金资产资源管理制度(试行)》和《草原生态保护监测评估制度》两项制度正在进一步征求意见。根据"改革农牧业补贴制度"的要求,正在开展完善农牧业补贴制度的调查研究,跟踪了解国家及农业部的相关政策和改革进展情况,并将适时研究制定我区完善农牧业补贴制度意见。

(二)面临的主要问题

一是农地草牧场承包权的不稳定性,使农牧民对土地的可靠性产生怀疑,从而减少对土地的长期投入,农地草牧场利用的短期化行为日益普遍,造成农地草牧场资源效益低下和大量农地草牧场资源流失,使农牧民的收入减少,其至出现一些失地农牧民。

二是国家和自治区相关法律法规的改进已经整体滞后于农村牧区土地制度改革的实践,法律约束是当前农村牧区土地制度改革面临的最大约束。现行《农村土地承包法》中与促进土地流转相关的法规限制性太强,缺少自愿性的协调机制和利益激励机制,限制了集体经济组织和农牧民对土地产权的灵活有效运用,压缩了在农牧业生产经营活动中改善土地资源配置、提高个人和社会福利的空间;任何单位和个人不得直接与集体经济组织协商,通过直接的土地产权交易在集体土地上从事非农牧业建设和经营活动,这就使农牧民和集体经济组织无法通过农牧业产业和相关非农牧产业的协调发展来提高土地要素的配置效率;现行土地法规赋予政府对农牧用地转化为非农牧用地这一环节的绝对控制权,忽视了农牧民作为土地产权主体所应有的权利,导致农牧民在土地利益分割中处于极其不利的地位,从而使农牧民和集体经济组织失去进一步改进土地利用效率的机会。

三是由于确权登记的方式不同,需要的工作费用相差较大,而且各级财政分摊的费用中旗县承担的比重较大,我区经济困难的旗县基本都是农牧业大县,土地确权登记的任务重、所支付的工作费用大,进一步加重了财政困难旗县的经济负担,甚至使这些旗县难以承受。

二、内蒙古加快推进土地草牧场制度改革的几点建议

(一)推进土地确权的法制化和科学化管理

农村牧区土地管理应加强政府领导,规范组织管理,明确职责分工,要求各部门积极配合参与,给予财政支持,保证经费预算与落实,积极稳妥推进农村牧区土地确权登记各项工作。同时,还要加强宏观管理体系法制化建设,做好立法和执法工作,实现农村牧区土地确权的法制化。具体操作有:先开展农村牧区土地的面积、质量、权属关系等基本信息的调查,建立农村牧区地籍管理档案;进一步完善土地承包制度,明确各主体的权利、责任和利益分配;完善集体组织对农村牧区土地建设用地承包金和地租的使用监督机制,并使监管制度化、常态化;建立农村牧区土地草牧场确权纠纷的司法裁决机制,运用司

法手段解决确权纠纷,减少政府干预。

(二)设立农村牧区土地发展权制度

农村牧区土地发展权应包括:农村牧区土地变更为非农牧用地的发展权、在农村牧区土地用途不变的情况下扩大投入的发展权、未利用土地变更为农牧用地或建设用地的发展权、在集体建设用地上进行建设的发展权。同时,在坚持农村牧区土地集体所有的同时,需要在公共财政和预算方面进行科学规划,使土地收益更多地向农牧民倾斜。具体如下:从已开发土地的发展收益中拿出一部分补偿农牧民,体现农牧民的土地主体地位;加大农村公共设施投入,提高农牧民的生存环境和生活质量;设立农村牧区社会风险基金,用来资助需要帮助的农牧民家庭;保障集体农牧民公平享受土地发展增益,最大限度地保护农牧民的根本利益。

(三)逐步推行单嗣继承制

针对农村牧区土地、草牧场牧户经营规模,特别是很多牧区经营规模太小问题,今后应对土地、草牧场使用的继承权施加一定的限制,逐步推行单嗣继承制,确保人均土地、草牧场面积不至于越来越小。否则,无论产权怎样明晰,都改变不了因人口增加给土地、草牧场生态带来的压力。在当代人基本生活条件没有保障的条件下,根本谈不上子孙后代的问题。

(四)赋予农牧民长期而有保障的农村牧区土地使用权

我国的土地立法过分强调对土地所有权的保护,并以所有权决定土地的使用、收益、处分的权利,导致农村牧区土地权属纠纷不断,有限的土地资源不能得到高效、持续的利用。因此,改革农村牧区土地权利配置,就是在确保所有权人权益的基础上,赋予农牧民更多的农村牧区土地使用权。具体来说,一要配置所有权主体和使用权主体平等的法律地位,在不违反法律法规的前提下,所有权主体不能过多地干涉农村牧区土地使用方式。二要赋予使用权主体更多的权益,如增加农村牧区土地使用年限,农村牧区土地使用期满时,如果所有权主体继续转让,先前农村牧区土地使用者有土地的优先使用权等。三要坚持土地集体所有不变,土地农用牧用性质不变,搞活农村牧区土地市场,使农村牧区土地具有商品属性,农村牧区土地使用权主体可以依法具有有偿转让、出租等权利。四要把土地使用权作为土地财产的基础,在征地补偿、土地流转、抵押等方面侧重对土地使用权主体的收益分配,激发他们保护农村牧区土地的愿望。

(五)建立健全农村牧区土地确权成果社会化服务体系

一方面,提高土地调查、土地确权等成果的公开程度,使土地调查测绘成果社会化得到充分应用。具体来说,就是要建立统一的农村牧区土地确权信息管理系统,包括权属调查、地籍测量、土地登记、土地交易、文件和纳税信息都要公开,逐步实现土地确权信息网络交汇、动态更新、成果共享。另一方面,加强监督土地确权成果在产权交易、抵押、收益等方面的应用,提高土地确权成果社会化应用水平。现阶段,内蒙古农村牧区土地普遍是有偿使用,在政策规定许可的范围内,农村土地可以自由流转、出租和转包。这种情况下,政府就可以根据农村牧区土地确权成果进行登记和规划引导,保证土地管理和监管工作的同步和有效。

(六)建立健全土地抵押担保权能

我区应加快探索建立土地草牧场抵押、担保权能,选择土地草牧场生产条件和产业基础好的旗县进行试点,在土地草牧场不随使用主体的转移和利用方式的变化而变更的基础上,以承包权为主体,经营权为客体,赋予土地经营权抵押担保权能。农牧民将承包土地一定年限的经营权抵押给金融机构或其他债权人,不影响农牧民和集体承包关系。为防范农牧民因失去土地承包经营权而影响基本生计,应明确承包地抵押的限定条件,如规定农牧民只能将家庭一定比例的土地作为抵押担保等。如果农牧民到期不能偿还抵押债务,债权人并不能取代承包方成为集体新成员,但可以将农牧民原抵押担保的土地经营权赋予债权人,直到债务人还清抵债后,债权人将土地经营权返还给债务人。同时,建立独立公正的评估体系,在严格市场准入前提下,引入社会中介组织开展农村牧区土地价值评估业务,职能主管部门主要通过评估立项、备案、督查等做好评估管理工作,选择试点形成成熟的操作流程后进行全面推广。

(七)规范土地流转

一要大力培育农村牧区土地草牧场等要素市场,建立有形的农村牧区土地草牧场产权交易市场,引导和规范农牧区承包土地草牧场和集体经营性建设用地入市流转,逐步形成公平合理的农牧区土地草牧场使用权、承包经营权、住房财产权等农牧区产权流转交易价格。二要坚守土地草牧场流转底线。"底线"就是坚持土地草牧场集体所有,坚持依法自愿有偿,把保护农牧民土地草牧场权益放在第一位,不能以牺牲农牧民的土地草牧场利益为代价,让工商资本进入农村牧区,土地流转"非粮化""非农化""非牧化",确保流转土地草牧场用于农牧业生产。对工商资本租赁农牧户承包地超过一定规模的需要进行资格审查。三要尊重农牧民在流转中的主体地位。在流转中不能片面追求流转速度和超大规模,不能搞强迫命令和行政指令。嘎查村级组织只能在农牧户书面委托的前提下才能组织统一流转,禁止以少数服从多数的名义将整嘎查村农牧户承包土地草牧场集中对外招商经营。四要加快土地草牧场流转服务体系建设。加快各旗县、苏木乡镇土地草牧场流转服务体系建设,配备相应的专业人员、现代信息网络设备和必要的办公设备等。争取在3—5年内,每个农牧业旗县和苏木乡镇都能建成体系比较完备、服务比较到位的旗县级土地流转服务站和苏木乡镇级流转服务中心。既为土地草牧场流转提供信息收集、发布、项目对接和市场交易等服务,也为流转双方提供政策咨询、纠纷调解、法律援助等服务。

（宝鲁　张志栋）

专题二十

强化生态红线下的内蒙古草原管理

《中共中央国务院关于加快推进生态文明建设的意见》(以下简称《意见》)中指出:生态文明建设是中国特色社会主义事业的重要内容,关系人民福祉,关乎民族未来,事关"两个一百年"奋斗目标和中华民族伟大复兴中国梦的实现。《意见》同时将生态文明确定为不可逾越的红线。作为我国土地资源多样性丰富地区,内蒙古拥有大草原(8800万公顷)、大沙漠及沙地(2330万公顷)、大湿地(1197万公顷),不仅构成了我国北方生态安全不可替代的战略屏障,同时具有巨大的生态环境价值。但是长期以来,由于受经济、自然、社会、历史等多方面因素影响,大草原已成为典型的生态脆弱区,已有60%以上的草场沙化、退化,同时草原牧区多为欠发达地区,拥有国家及自治区级贫困县18个,占全区牧区旗县总数的55%,经济发展与生态保护矛盾相伴,成为牧区发展的"瓶颈",不仅影响了牧区自身的经济发展,而且对内蒙古乃至全国实现生态文明建设目标影响深远。

一、脆弱的生态环境

内蒙古牧区绝大部分地区干旱少雨,水资源严重匮乏,弱化了草原水源涵养功能,导致草地生态功能失衡,生产力下降。20世纪60年代以来,全区草原"三化"面积占草原总面积由60年代的18%增加到80年代的39%直至目前的62%,每个羊单位拥有的草场面积由20世纪50年代的3.4公顷减少到0.6公顷,产草量从平均每亩125公斤降至71公斤再降至58公斤,荒漠草原产草量平均每亩只有 23 公斤,使草畜矛盾更加尖锐。在此背景下,自 2002 年开始启动退牧还草和禁牧、休牧制度,草原退化趋缓、生态趋于局部好转的同时,草原畜牧业的生产经营成本显著上升,广大牧区居民的收入增长受到很大影响。

二、巨大的建设压力

在《意见》中明确的生态文明建设 5 项主要任务中,草原生态就有 2 项,即草原综合植被覆盖度达到 56%;50% 以上可治理沙化土地得到治理,并且提出严格落实禁牧休牧和草畜平衡制度,加大退牧还草力度。最新的普查结果表明,内蒙古拥有草原面积为 11.38 亿亩,较过去认为的 13.2 亿亩减少了 1.82 亿亩。2002 年国务院决定在内蒙古启动退牧还草工程,此后的十几年间,国家及自治区陆续投入巨资,共完成禁牧围栏 9292 万亩;休牧围栏 11808 万亩,划区轮牧 640 万亩,取得了草原综合植被覆盖度提高 14 个百分点的成就。同时,承担着京津风沙源近 78% 的治理任务。虽然退牧还草工程的实施对促进草原生态恢复、草原畜牧业发展、推动工程区经济社会发展发挥了重要作用,但治理规模仅占草原总面积的 20.65%,占退化、沙化、盐渍化草原面积的 33.3%,急需治理的草原面积仍然巨大,仍有 14.76% 的草原生态恶化势头加剧。现实的情况是,我区草原生态治理的立地条件出现分化,建设难度进一步加大。面对国家日益强化的"生态红线"政策,再用 5 年时间,将草原综合植被覆盖度提高 10 个以上百分点,建设的任务依然十分艰巨。

三、治理中的矛盾与问题

一是缺乏整体性及综合性。项目之间相互割裂,独立运作,没有统一性和相互之间的协调协作,即使针对同一个牧区的项目也是各行其是、各为其主;项目建设内容单一,如退牧还草工程一般仅限于围栏和饲料粮补助,但围栏耗掉了项目的大部分资金,而饲料粮补助标准多年不变且偏低;草原生态治理工程中退牧还草、牧民定居、畜牧生产方式改进、饲草料基地建设、畜种改良、草场改良、草原生态监测等方面的综合性不理想。

二是增收与保护矛盾并存。在草原牧区，尤其是纯牧区，当地的工业、服务业大多比较落后，就业机会少、收入渠道窄，牧民的收入几乎全部来自草原畜牧业，2014年内蒙古牧区居民人均可支配收入中，除转移性收入外，经营性收入占82%，靠天吃饭、靠畜吃饭、靠草吃饭的特点十分显著。牧民有增收致富的愿望，牧畜养得越多越好，同时，草原不堪重负，草场退化，生态环境恶化，草原生态保护迫在眉睫。此外，随着市场化和城镇化进程的加快，牧区的交通、通信、教育及其他生活成本日益提高，牧区居民也更加需要从有限的草地上获取更多的收益，用以维持其相对以往的高消费，牧民增收致富与草原生态保护将会是长期存在的一对矛盾。

三是政策效果不尽如人意。2011年国家启动了草原生态保护补助奖励机制，实行禁牧、草畜平衡补奖政策。2014年自治区支出草原生态补助奖励资金为41.84亿元，覆盖草原10.05亿亩，平均每亩补助奖励4.16元，与日益增长的生产和生活成本相比较，补助奖励的力度明显偏低。同时，与禁牧、草畜平衡相配套的人工饲草料地、棚圈、储草棚、饲草料加工机械、青贮窖等基础设施建设滞后，政策效果受到一定程度的弱化，依靠天然草原放牧的传统生产方式仍然是一些地区和一些牧户的首选，其结果是全区33个牧业旗县中，90.9%存在不同程度的超载，冷季超载量达到1100多万个羊单位，平均超载率为27.8%，最多的达到62.6%，掠夺式的生产经营方式还未从根本上得到解决。

四是忽视了草原生态系统的完整性。用途各异的围栏造成整个草地牧压不均，部分草地因放牧强度过大而退化，同时，牧压不均使部分草地牧草单一化，优良牧草比例减少，草种多样性丧失，草地的整体生产能力下降。此外，多数围栏外草地踩踏严重，植被遭到严重破坏，沙石裸露，逐渐演变成牧道，加剧了草地资源的碎片化，进一步降低了草原的生产功能。

四、强化草原"红线"管理

长期以来，我们一直将草地的生产功能作为第一要务，而忽略其生态功能,实践证明,草地为人类提供的生态功能价值远远超过其生产功能价值。因此,全社会要从可持续发展的角度重新认识草地的生态服务功能,充分利用好我区广袤的草地资源,对草地实行安全管理,有效地发挥草地"三生功能"的作用,使草地生态系统发挥其最佳生态、经济和社会效益。

（一）建立草原监测体系

研究和制订"内蒙古自治区草原监测体系",全面、客观地分析草地的退化现状、分布特点和范围以及存在的问题与发展态势,科学评价草地生态系统的功能、地位和使用程度,从草地生态功能的全局性、生产功能的区域性和生活功能的纵深性,研究彼此之间的共生关系和平衡关系,根据地域差异、空间差异和经济发展水平,确定不同类型草地生态系统生产特性、生态服务价值、生态敏感性和季节放牧重要性,建立草地生态补偿及其草地保护与恢复总体框架,实现对草地"三生功能"的综合协调管理。

（二）突出草原生态服务价值

由于草地在不同地域中所承担的主要职能、生态地位、功能作用和对经济发展的贡献大小不同,其生态服务的重要性也有差异。因此,我区应制定对不同类型和不同退化程度草地的生态服务价值及其损失水平的评价制度,并使之常态化,其目的是深入挖掘草地生态系统服务功能的潜在价值,为国家制定生态建设与生态补偿政策提供决策依据,提高我区合理利用与保护草地资源的可靠性。

（三）实现草原分类生产经营

依据草地资源不同的生态功能现状、生态服务价值、资源利用水平、生态环境的脆弱性程度等差异性,通过科学区划与实施规划,将我区草地从空间上划分为经济功能区、生态保护功能区和适度利用功能区,对其实行分类管理模式,通过对特定区域内单目标的资源利用,分别采取不同的生产经营模式,达到各功能间的互补与优化。通过建设高效经济功能区,将畜牧业生产重心转移,减缓生态功能区的保护压力;建立生态功能区,实施草地"三化"治理、水源涵养,遏制草地生态环境持续恶化的趋势;对混合功能区严格控制载畜量,将季节性轮牧与短期轮牧有机结合,用禁牧和休牧方式逐步恢复草地生态系统的良性循环,实现草地生态系统的可持续发展。

（四）进一步完善补偿制度

由于现行的生态补偿制度和力度尚不能充分体现草地生态价值,草地生态直接的保护者无法获得应有的生态收益,形成成本和收益的不对称、"部分地区投入,全社会受益"的现象,且有失社会公平。只有建立常态的生态补偿机制、通过公益补偿机制寻求经济发展和生态保护的平衡,才能保证草地生态建设实现恢复、保护和发挥草地生态安全屏障功能的目标,才能保障草地生态系统的可持续利用,才能实现草地畜牧业可持续发展的目的。因此,有必要改革现行的由政府部门主导的草地生态补偿制度,建立一个由政府部门、牧民、第三方非利益机构和监督机构组成"四位一体"的生态补偿组织管理体系,建立适合草地生态系统特征与有效的社会参与机制,激励牧民保护生态屏障的积极性,构建相对统一的政策运行和协作平台,保障草地生态补偿政策得以有效实施。

（毕力格）

专题二十一
以改革引领农村土地流转

党的十八届三中全会提出:要建立城乡统一的建设用地市场。这一新制度的设计直指农村土地问题的要害。内蒙古农业及农村的发展已进入全新阶段,如何应对农业兼业化、农村空心化、农民老龄化的趋势,解决"谁来种地"和"怎样种地"的问题,这是农村经济发展到一定阶段的必然需求。加速农村土地流转,有利于提高土地使用效率,提高农业生产效率,提高农民生产经营性收入,促进农业和农村经济的转型发展。

一、土地流转势在必行

内蒙古耕地大多使用效率不高,2013 年人均承包经营的耕地面积为 9.85 亩,实际的种植面积为 7.9 亩,意味着人均承包经营的耕地有近 20%撂荒或移做他用,而这个比例在 10 年前仅有 5.6%。为了增加收入,多数农户家庭的主要劳动力外出务工经商或就地从事非农产业。根据内蒙古经济社会调查年鉴的相关数据分析,2013 年底,全区农民工占农村劳动力的比重为 28.53%,10 年前为 7.32%,尽管目前 66%的农村劳动力仍然从事农牧业生产经营,但其中中老年人以及妇女占相当数量。农民纯收入中来自土地的经营收入比重在不断下降,2013 年,全区农民人均 8429 元的可支配收入中,40%来自耕地经营,而 10 年前这个比重为 68.8%,同时种植业成本大幅增加,以玉米为例,2005 年玉米的中间消耗为每亩 157 元,2013 年达到了 329 元。种地,对于很多的农户而言,越来越成为家庭经营结构中的"兼业"。

二、土地流转的原则

(一) 建立集体土地流转常态机制

政府应按照"建立城乡统一的建设用地市场"的要求,集中力量做好土地集中利用的规划,实行严格的宏观调控和监管,引导各地建立区域性的统一、规范、公平的农地使用权流转市场。

(二) 将土地征用制度法制化

通过立法的方式严格控制征地范围,对于按照法律程序征收的土地要合理确定对被征地农民的补偿标准并妥善安置失地农民,切实保障被征地农民的合法权益。

(三) 建立家庭财产权利的实现形式

对有条件在城镇定居且有稳定收入的农户,通过与集体签订放弃承包地和宅基地的协议,在政策上明确农转非户可将其宅基地及住房对原集体内的农户进行有偿转让。

三、改革的综合举措

改革开放 38 年来,我国的经济形势发生了巨大的变化。随着工业化、城镇化的发展,大批农村劳动力和农村居民进入城镇,我们的制度和规定都应当随着形势的变化而变化。对不符合社会发展规律、阻碍经济发展、影响社会稳定的制度和规定应做出必要的调整。

(一) 统筹社会保障

党的十八大提出:"城乡发展一体化是解决'三农'问题的根本途径。"加快建立城乡一体化的社会保障制度,把农村居民的社会保障纳入地方财政管理,使农村居民享受平等的国民待遇和发展成果,对 60 岁以上的农村户籍居民,由政府提供法定劳动年龄结束后的养老金保障,由财政发给不低于当地最低生活水平的养老金,做到"幼有所养、老有所依",彻底解除农民的后顾之忧。通过建立城乡一体化的社会保障制度,弱化农村土地的保障功能,发挥土地的经济功能,促进农村土地流转,实现资源的高效配置。

(二)统一土地管理

将已执行多年的按性质划分土地的政策改为按用途划分,将土地分为农业用地、工业用地和城乡建设用地,建立以乡镇土地管理所为基础的农村土地管理中心,由其作为发包方与承包农户签订承包合同,明确集体和农户之间的关系,确定使用权流转后的利益分配,以此促进农业增效、农民增收、农地增值。土地管理部门对宅基地价格进行测算,由政府以补贴方式支付给“农转非”家庭或发给“土地券”,用于城镇购房优惠。为此,在着力做好确权登记颁证工作的同时,加快培育使用权交易中介服务机构。赋予农村集体土地完整的产权,包括长久的占用权、使用权、收益权和处置权,进而实现城乡“同地同权、同地同价”,构建城乡统一的土地产权结构。

(三)提高土地占用成本

当前土地轻易被征占的主要原因,在于征地补偿费用同征地者预期能够获得收益相差悬殊,征地者用极小的成本就可以获取巨额利润甚至暴利。要大幅度提高农村土地征用成本,并实施动态管理,充分发挥税收调节的功能,对城市扩展中占用土地者征收高额土地占用税,所得收益用于征地补偿费用和公共服务领域建设,从而减少不适宜的征用土地行为。

(四)调整相关政策

取消按农村户籍人口平均分配承包土地的现行规定,实行按需要和按自身能力分配承包土地的机制,鼓励农民创办家庭农场和农业合作社,引导农村土地向规模化、集约化集中,实行组织化、专业化、组织化、社会化生产,提高农业生产的现代化水平。

对农村土地实行动态化管理。土地承包期限由发包方与承包方根据现行法律、法规协商确定,承包方违反规定,发包方有权按照合同规定收回承包土地。农户目前承包的土地(含山林、水面、滩涂),愿意继续承包的,发包方予以优先保障,但需进一步修改完善承包合同。

取消按承包土地面积发给各项农业补贴的政策。特别是种粮补贴要按农户出售商品粮数量进行补贴,良种补贴要按农户购买良种数量给予补贴,以保障国家粮食安全及补贴政策的有效性。

土地是社会资源,应由全社会共享。农民承包土地应当收取承包费,数额由发包方与承包方协商确定,土地的流转或租赁费用与农民承包土地的承包费之间的差价归承包土地的农民所有。征地收入、土地承包收入全额上缴财政,以解决土地撂荒或耕地移做他用的问题,提高土地的使用效率。

（毕力格）

专题二十二

资源环境约束下内蒙古农牧业转型目标

国务院办公厅《关于加快转变农业发展方式的意见》指出：当前,我国经济发展进入新常态,农业发展面临农产品价格"天花板"封顶、生产成本"地板"抬升、资源环境"硬约束"加剧等新挑战,迫切需要加快转变农业发展方式。资源环境约束下资源的高度依赖性和产业结构的单一性维持的发展方式已经越来越不现实,必须综合考虑内蒙古的区情,考虑生态文明建设带来的机遇与挑战,考虑现阶段内蒙古农牧业发展的资源禀赋、环境承载力、物质基础、人才支撑、制度保障以及科技能力等现实条件,确保实现多重目标。

一、农牧业转型发展的资源压力

(一)人力资源

人力资源在经济发展中,是比自然资源、金融资本更为重要的内在要素。2013 年,内蒙古农村牧区劳动力总人口较 1990 年增加了 294.86 万人,其中农村劳动力人口增加了 249.96 万人,牧区劳动力人口增加了 44.9 万人,但 20 多年来农村增加的劳动力仅有 7.66%仍然从事农业生产,牧区增加的劳动力也只有 24%在从事牧业生产。与此同时,随着城镇化步伐不断加快,城乡之间逐渐由经济"剪刀差"向人力资源"剪刀差"转变,大批农村牧区劳动力进入城市成为不可逆转的趋势。这是新常态下全区人力资源的重大变化,由此带来的农村牧区空心化、农牧业副业化、农牧民断层化现象将日趋严重,从长远来看,"谁来种地""谁来放牧"已成为内蒙古农牧业发展亟待破解的难题。

（二）耕地资源

耕地是农业生产最基本的物质条件。内蒙古耕地具有显著的地区特点：一是旱地面积大，占全部耕地面积的68.2%；二是耕地利用率低，播种面积仅占耕地面积的61.6%；三是整体质量不高，中低产田面积占70%以上。从耕地后备资源看，按照《内蒙古自治区土地利用总体规划（2006—2020年）》要求，到2020年，全区耕地保有量不低于697.73万公顷，比现有耕地总面积减少214.47万公顷，而潜在的耕地资源数量不超过608万亩，随着工业化、城镇化进程加快，耕地减少将不可避免，人地矛盾将更加突出。

（三）草地资源

20世纪60年代以来，全区草原"三化"面积占草原总面积由60年代的18%增加到80年代的39%直至目前的62%。目前，内蒙古草原治理规模仅占草原总面积的20.65%，占退化、沙化、盐渍化草原面积的33.3%，急需治理的草原面积仍然巨大。现实的情况是，内蒙古草原生态治理的立地条件越来越差，建设难度进一步加大。面对国家日益强化的"生态红线"政策，再用5年时间，将草原综合植被覆盖度提高12个百分点，建设的任务依然十分艰巨。

二、农牧业转型发展的多重目标

（一）促进农村牧区全面转型

转变农牧业发展方式是促进国民经济发展转型的重要内容和基础支撑。在当前内蒙古经济发展中，无论在规模上、效益上、技术上、生产手段上，最需要转变发展方式的就是农牧业。用现代农牧业的标准来衡量，内蒙古农牧业低产业化、低市场化、低集约化的现状并未根本转变，生产规模小、经营分散、效率低、科技含量低的现状也未根本改变，转变农牧业发展方式是转变经济发展方式的一个重大战略任务。

（二）加快城乡发展一体化

城乡经济是一种相互依赖的关系，现代化进程中的城镇化、工业化更依赖于农牧业、农村牧区的现代化转型。因此，加快农牧业转型发展，有效解决农牧业发展与工业发展对接、农村牧区发展与城镇发展对接、农村牧区资源要素与城市资源要素对接,从根本上说,就必须转变农牧业发展方式,实现传统农牧业现代转型。因此,转变农牧业发展方式对推进城乡发展一体化具有基础性与战略性的作用。

(三)推进资源节约

充分重视资源承载能力,是加快农牧业发展转型的重要目标。一是实现农牧业资源的减量使用。即通过节约型技术及农牧业品种结构调整,减少农牧业在能源、水资源、土地和草地资源等方面的消耗。二是实现农牧业资源的综合利用。即通过产业内部物能相互交换,实现农业资源的循环高效利用。三是积极推进"互联网+"现代农牧业。即利用互联网提升农牧业生产、经营、管理和服务水平,促进农牧业现代化水平明显提升。

(四)提高农牧业生产效率

长期以来农牧业效率的提高缺乏内生的激励机制。国家在考虑有效供给,农牧民却在考虑"种粮养畜安全",而小规模分散经营与大市场集约化的矛盾也非常突出,低商品化率、低市场竞争力、低效益、低规模化、低组织化等农牧业发展难题亟待破解。因此,如何使农牧业发展更多地依靠科技进步、设施装备的改善、劳动者素质的提高来不断提高农牧业效率,以增强农业综合生产能力、市场竞争能力和可持续发展能力,是加快推进农牧业发展转型的立足点和着眼点。

(五)增加农牧民收入

增加农牧民收入是整个三农三牧问题中的核心问题。在转型过程中,不可避免地受到增加收入难度增大、收入增长速度相对放缓、收入增长点相对有限的影响,这与当前包括经营体制、土地草地制度、市场条件、农牧业技术水平以及推广体系、农村牧区公共投入等因素在内的农牧业发展方式转型滞后密切相关。从这一意义上说,增加农牧民收入也是实现农牧业转型发展的必要条件。

三、实现多重目标的路径选择

(一)更加注重制度创新

一是完善农牧业支持保护体系。内蒙古已经迈入工业化、城镇化的中期阶段,更要加强对农牧业的支持和保护力度。二是完善农畜产品价格支持系统。这是实现农牧业现代化的必备条件。三是加强农牧民增收支持系统。明确农牧民的收入底线,低于这个标准就要加以保护。四是推进农村牧区金融体制创新。迄今为止,农村牧区金融仍然是一个弱项。

(二)更加注重土地改革

未来的农村牧区土地制度应坚定不移地实行土地的集体所有制。政府必须赋予集体土地建设用地使用权与国有建设用地使用权平等的法律地位,应由土地管理部门对集体农用、林用、牧用、渔用土地实行集中统一管理,由其颁发不同使用性质的土地使用证,强化集体土地使用的有偿性,只有这样,耕地的流转、土地的转换才有依法管理的基础。

(三)更加注重完善服务体制

通过农牧业公共服务新体制的构建和不断完善,使各级政府的职能职责与农牧业发展之间的关系更加紧密。各级政府采取财政、税收、信贷、教育培训等政策措施予以强力扶持,不仅可以使农牧业产业服务机构得到大力发展,而且可以切实为农牧民提供产业发展方面的各类服务。

(四)更加注重农牧民决策权

充分保障农牧民在农牧业发展中对自身事务的决策权,高度重视村级组织和农牧业产业组织的民主治理,特别是对于村级集体的土地经营方式、决策权在村民代表会议,由村民代表会议讨论决定村域内各种重大问题。各级政府要做的是研究切实措施,防止村级社会民主的失效和违法,同时提供更多更好的公共服务。

(毕力格)

专题二十三

内蒙古农村牧区居民收入比较与增收路径

当前,我国经济发展步入新常态,农牧业发展的外部环境、内在条件都发生了深刻变化,农牧民增收越来越受到国内、国外资源和市场一体化发展的深刻影响。

2014 年,内蒙古人均 GDP 位居全国第 6 位,其中有 3 个盟市人均 GDP 超过 2 万美元,分别是鄂尔多斯市(33126 美元)、阿拉善盟(30715 美元)、包头市(21108 美元),按照国际通行的标准,上述地区均已进入高收入行列。中国经济研究院发布的《2014 年全国 GDP 含金量排名》显示,我区位居全国第 30 位,并连续 5 年没有变化。全体居民人均可支配收入已超过全国平均水平,城镇居民人均可支配收入进入 10 强,农村牧区居民人均可支配收入则低于全国平均水平,位居全国第 18 位,这与我区 GDP 增速多年保持第一、人均 GDP 进入全国前列的发展成就形成很大反差。党的十八大报告指出:千方百计增加居民收入,努力实现居民收入增长和经济发展同步、劳动报酬增长和劳动生产率提高同步,提高居民收入在国民收入分配中的比重,提高劳动报酬在初次分配中的比重。实现国内生产总值和城乡居民人均收入比 2010 年翻一番。内蒙古也提出了届时发展水平和居民收入达到全国平均水平的奋斗目标。当前,我区与全国一样,在"十二五"即将收官之际,踏上了经济社会发展的新常态之路,其终极目标就是国家强盛、人民富裕。要实现这个目标,农村牧区居民收入的提高无疑是重点也是难点,需要我们认真对待。

一、现状比较

（一）全国比较

2014 年,全国农村居民人均可支配收入平均为 10489 元,我区为 9976 元,位居第 18 位。从国民收入分配来看,2014 年全国农村居民人均可支配收入占人均 GDP 的比重平均为 22.54%,我区为 14.04%;全国城乡居民人均可支配收入平均相差 2.75 倍,我区相差 2.85 倍。

（二）省会城市比较

2014 年全国 31 个省会城市中,呼和浩特市人均 GDP 位居第 8 位,农村居民人均可支配收入位居第 17 位。从国民收入分配看,31 个省会城市农村居民人均可支配收入占人均 GDP 的比重平均为 21.19%,呼和浩特市为 14.25%;31 个省会城市城乡居民人均可支配收入平均相差 2.27 倍,呼和浩特市相差 2.77 倍。

（三）区内比较

1. 盟市比较

2014 年全区 12 个盟市中,农村牧区居民人均可支配收入最高的是阿拉善盟,为全区人均水平的 1.45 倍;最低的是兴安盟,为全区人均水平的 72.92%。从国民收入分配来看,2014 年各盟市农村居民人均可支配收入占人均 GDP 的比重平均为 15.51%,最高的是兴安盟,达到 25.72%,比最低的鄂尔多斯高 19.11 个百分点,各盟市城乡居民人均可支配收入差距最大的是兴安盟,为 3.14 倍,差距最小的是巴彦淖尔市,为 1.62 倍。

2. 市辖区比较

2014 年全区 22 个市辖区,农村居民人均可支配收入水平是全国人均水平的 1.4 倍、全区人均水平的 1.48 倍、80 个旗县人均水平的 1.36 倍。从国民收入分配看,22 个市辖区农村居民人均可支配收入占人均 GDP 的比重平均为 12.24%,城乡居民人均可支配收入差距最大的是石拐区,为 2.67 倍,差距最小的是海拉尔区,为 1.38 倍。

3.旗县比较

2014 年全区除市辖区外的 80 个旗县中,农村居民人均可支配收入最高为东乌珠穆沁旗,是全国人均水平的 2.09 倍,全区人均水平的 2.2 倍,80 个旗县人均水平的 2.02 倍;最低为化德县,是全国人均水平的 51.2%,全区人均水平的 53.84%,80 个旗县人均水平的 49.43%。从国民收入分配来看,80 个旗县农村居民人均可支配收入占人均 GDP 的比重平均水平为 11.43%,城乡居民人均可支配收入差距最大的是准格尔旗,为 2.68 倍,差距最小的是额尔古纳市,为 1.23 倍。

二、基　本　评　价

(一)整体水平

2014 年,我区农村居民人均可支配收入是全国平均水平的 0.95 倍,占人均 GDP 的比重低于全国人均水平 8.5 个百分点,城乡居民人均可支配收入相差水平较全国平均水平高 1 个百分点。呼和浩特市农村居民人均可支配收入为全国平均水平的 84.7%。农村居民人均可支配收入占人均 GDP 的比重低于 31 个省会城市平均值 6.94 个百分点,城乡居民人均可支配收入相差水平高于 31 个省会城市平均值 8.5 个百分点。

(二)盟市差距

2014 年,12 个盟市农村居民人均可支配收入最高为阿拉善盟,是全区人均水平的 1.45 倍,最低为兴安盟,是全区人均水平的 72.92%,与最高水平相差 1.99 倍。农村居民人均可支配收入占人均 GDP 的比重平均水平为 15.51%,低于全国人均水平 7.03 个百分点,高于全区人均水平 1.47 个百分点,城乡居民人均可支配收入分别低于全国及全区人均水平 28 和 37 个百分点。

(三)市辖区差距

2014 年,全区 22 个市辖区中,农村居民人均可支配收入最高为呼伦贝尔市海拉尔区,是全区平均水平的 2.05 倍、80 个旗县平均水平的 1.89 倍、22 个市辖区平均水平的 1.39 倍;最低为包头市石拐区,是全区平均水平的 105.55%、80 个旗县平均水平的 96.91%、22 个市辖区平均水平的 71.44%,与最高水平相差 1.99 倍。2014 年,22 个市辖区农村居民人均可支配收入占人均 GDP 的比重平均水平为 25.18%,高于全区及 80 个旗县平均水平 11.14 及 13.75 个百分点,城乡居民人均可支配收入分别低于全区及 80 个旗县平均水平 69 和 10 个百分点。

(四)旗县差距

2014 年,全区除市辖区外的 80 个旗县中,农村居民人均可支配收入最高为东乌珠穆沁旗,是全区人均水平的 2.2 倍、80 个旗县人均水平的 2.02 倍;最低为化德县,是全区人均水平的 53.84%,80 个旗县人均水平的 49.43%,与最高水平相差 4.08 倍。2014 年,80 个旗县农村居民人均可支配收入占人均 GDP 的比重平均水平为 30.22%,分别高于全国及全区人均水平 11.11 和 2.61 个百分点,城乡居民人均可支配收入分别低于全区及盟市平均水平 59 和 22 个百分点。

三、简 要 结 论

内蒙古要实现 2020 年居民收入较 2010 年翻一番的目标,农村居民人均可支配收入将达到 11060 元,而要达到届时全国的平均水平,则要达到 11839 元。截至 2014 年,我区农村居民自身翻一番的实现程度为 90.2%,距达到全国平均水平的实现程度为 84.26%。如果我区农村居民人均可支配收入占人均 GDP 的比重平均水平达到目前全国的平均水平,将达到 16013 元,已经提前 6 年实现翻番的目标。但问题是在 12 个盟市、22 个市辖区、80 个旗县的数据平均背景下,贫富不均的现实被掩盖了。2014 年,全区仍有 2 个盟市、36 个旗县的农村居民人均可支配收入低于全区平均水平,分别占其总数的 16.67% 和 48.65%。因此,我区欠发达部分地区居民仍然贫困的区情显而易见。

四、路 径 选 择

随着需求结构升级、农牧业技术进步、产业结构优化和经营规模逐步扩大,现代农牧业的内涵已经大大拓展,既包括农林牧渔等产业,也涵盖生态环境保护、观光旅游休闲、文化传承等多重功能,农牧业边界的拓展将创造更多的就业机会和收入来源。

（一）把握农牧民增收的动力源

随着经济发展新常态的不断深入,农牧业发展和农牧民增收日益受到国际国内两种资源、两个市场的影响,农牧民收入增长进入"多轮驱动"的时期。2014年,农牧民工资性收入占其可支配收入的比重达到20.76%,远远高于2000年8.36%的水平。因此,当前和今后一个时期促进农牧民收入增长,必须内外结合,充分释放各方面积极因素,努力拓展新的动力源和增长源,明确农牧民增收的主渠道和着力点。呼、包、鄂地区要更加注重挖掘财产性收入、转移性收入的增长潜力;传统农牧区和中部地区应更加注重拓展农牧业内部增收空间,提高农牧业产业效益,同时吸引发达地区产业转移,鼓励农牧民创业,增加农牧民工资性收入。

（二）实现农牧民增收新突破

一是农村牧区土地草场制度创新。农牧业适度规模经营发展要与农村牧区劳动力转移规模相适应,要与农牧业科技进步相适应,要与社会化服务水平提高相适应,以此提高土地草场资源的配置效率,同时增加农牧民的财产性收入。二是农牧业经营制度创新。政府要继续加大扶持力度,以联合产销等方式发展多元化新型农牧业经营主体,完善不同主体间的利益分配机制,发展现代农牧业,增加农牧民收入。三是人力资本创新。核心是要让职业化的农牧民获得人力资本溢出的收入效应。从政府补贴、项目扶持、金融服务、土地草场流转、职称评定等方面创新制度和政策,以稳定的收入保障吸引有志青年投身农牧业。四是农村牧区集体产权制度创新。改革的目标是边界清晰、权责明确、运转流畅;改革的范围是资产、资源、资金,包括经营性资产、公益性资产和资源性资产。通过重构集体经济积累新机制,发展壮大集体经济,增加农牧民从集体经济发展中获得的红利收入。

（三）加大政策设计创新

要适应新型城镇化背景下农村牧区劳动力非农非牧就业和分工分业的发展趋势,对已经转移到非农非牧就业领域的农牧民,重点解决好农牧业转移人口的市民化问题,完善农牧民工工资增长与保障机制,把农牧民工的住房、教育、卫生、养老等需求纳入城镇化发展规划统筹考虑。对于农牧业领域的各类从业人员,要在推动生产环节专业化的同时,促进农牧业"接二连三"与二三产业深度融合,引导农牧业生产向加工、仓储、物流、营销等环节延伸,不断创造相关就业岗位,在产业提质增效的过程中促进农牧民增收。

（毕力格）

专题二十四

告别马铃薯的"穷人产业"时代

2015 年 7 月 30 日,国务院办公厅《关于加快转变农业发展方式的意见》中提出:深入实施主食加工提升行动,推动马铃薯等主食产品开发。日前,由农业部、国家发改委等 8 部委联合下发的"促进西北旱区农牧业可持续发展的指导意见"中,明确要求内蒙古建设包括马铃薯在内的优势特色产品生产基地,延长产业链,做大做强优势特色产业。内蒙古是我国马铃薯的生产大区,种植面积和产量均排在全国前列,但同时马铃薯的主产区大多与贫困地区分布高度重合,因此,马铃薯主粮化是贫困地区脱贫致富的有效途径。内蒙古应当抓住机遇,率先将马铃薯主粮化纳入未来自治区农业发展及扶贫攻坚规划,使其成为精准扶贫的突破口。

一、马铃薯生产与贫困相伴

2013 年,全区 27 个马铃薯产量超过 3 万吨的旗县马铃薯播种面积占全区的 86%,产量占全区总产量的 89%,是我区马铃薯核心种植区和主产区,同时也是经济不发达地区。从发展水平来看,27 个旗县中,有 24 个为贫困旗县,占 88.9%;其中:国贫旗县 15 个,占 55.6%;区贫旗县 9 个,占 33.3%;公共财政收入占生产总值的比重平均为 4.36%,低于全区平均水平 5.86 个百分点;从产业结构来看,27 个旗县生产总值中,第一产业平均占 19.1%,高出全区水平近 10 个百分点,最高的达到 48.6%,薯类产量占其粮食总产量的 21.93%,高出全区水平近 15 个百分点;从就业来看,27 个旗县就业人数占全区就业人数的 25.46%,第一产业就业人数占全部就业人数的 56.02%,高于全区水平 14.77 个百分点;从居民收入来看,27 个旗县农村居民人均可支配收入平均为 7558 元,是全区平均水平的 84%,其中:低于全区平均水平的有 18 个,占 69.2%,人均可支配收入最低的地区平均收入仅为全区平均水平的 59.9%。上述分析表明,马铃薯产业在我区呈现出明显的"穷人产业"的特征。

二、加快发展的措施建议

(一)明确发展目标和原则

在发展目标上,力争通过几年的不懈努力,使马铃薯的种植面积、单产水平、总产量和主粮化产品在马铃薯总消费量中的比重有显著提升;在推进原则上,坚持主粮化与综合利用相兼顾、坚持政府引导与市场决定相结合、坚持整体推进与重点突破相统一,不与小麦、玉米抢水争地。

(二)强化主粮化发展措施

做好马铃薯主粮化系统研究,尽快编制自治区马铃薯主粮化专项规划,明确主粮化的准确定位、指导思想、发展目标与工作重点;引导资金、技术、人才等要素向马铃薯主粮化集聚,使马铃薯加工业逐步由粗放加工、数量扩张的初级阶段,转向精深加工、质量提升的发展阶段;解决因市场波动对马铃薯产业的冲击,提高产品附加值,实现转化增值。

(三)营造主粮化消费的社会氛围

树立"营养引导消费"的现代理念,满足小康社会人们吃饱吃好吃健康的普遍需求;政府部门、营养学家、农学家等共同行动,宣传马铃薯主粮化的必然趋势、产品的营养价值、经济和社会效益;普及科学健康的膳食知识,引导消费者,让马铃薯逐渐成为百姓餐桌上的主食。

(四)加强主粮化产品研发与关键技术创新

要加快选育具有自主知识产权的专用型优良品种。不断地选育适合加工面条、馒头等主食产品的马铃薯粉的专用型品种,满足马铃薯主粮食品加工业发展的需要;研发添加马铃薯全粉的面条、馒头、米粉等主食加工工艺和装备;继承和创新马铃薯传统菜用烹饪技术,开发马铃薯淀粉主食产品;促进马铃薯鲜食和菜用向多样化、优质化、特色风味化发展。

（五）创新销售机制

扩大、规范营销队伍，提高市场应对能力。大力扶持和规范专业经营马铃薯的协会、公司和个体民营组织，使其发挥销售主力军作用；借助"互联网+"信息化发展机遇，采取线上线下结合，产销无缝对接，拓展市场空间，提高市场占有率。

（六）强化主粮化政策扶持

扩大适合主粮化的种薯良种补贴力度和覆盖面，将马铃薯的生产纳入粮食作物生产补贴范畴；出台马铃薯主粮化产品加工、贮运等环节的扶持政策，从政策性信贷、税收优惠、设备补贴等方面予以重点扶持；建立和加大马铃薯的生产保险支持力度，将主粮化马铃薯列入各级财政对主要粮食作物的保险补贴目录；大力支持马铃薯规模化生产和龙头企业的发展，加快形成全区性产业化开发的新格局，成为我国马铃薯生产、加工、销售大区、强区。

（毕力格）

专题二十五

内蒙古公共服务均等化的
影响因素及对策建议

公共服务均等化的实质是不同地区、不同身份的居民获得大体相当的公共服务。近年来,内蒙古积极调整财政支出结构,把更多财政资金投向公共服务领域,全区基本公共服务的整体水平不断提高。但是城乡之间和区域之间在公共服务资源配置及服务的可获得性、质量和数量方面仍然处于非均衡状态;需要认真研究并从源头上加以解决。

一、内蒙古基本公共服务均等化存在的问题

(一)各盟市间基本公共服务投入差距明显

2014 年内蒙古 12 个盟市中,民生支出占公共财政预算支出比重最高的包头市为 82.5%,最低的通辽市为 60%,二者相差 20 多个百分点。从人均水平看,人均民生支出最高的阿拉善盟为 29602 元/人,而最低的通辽市为 6085元/人,最高者是最低者的 4.9 倍。从教育支出占公共财政预算支出的比重看,赤峰市达到 19.9%,而阿拉善盟为 7.5%,两者相差 12.4 个百分点;从医疗卫生支出占公共财政预算支出的比重看,赤峰市为 8.61%,而包头市为4.7%,两者相差近 4 个百分点;从社会保障和就业支出占公共财政预算支出的比重看,包头市为 16.5%,而鄂尔多斯市为 8.1%,两者相差 8.4 个百分点。

(二)各盟市间基本公共服务水平参差不齐

从义务教育资源配置情况看,2014 年呼伦贝尔市小学和中学每位在校生

拥有专任教师数分别为 0.112 人和 0.113 人,而呼和浩特市分别为 0.059 人和 0.064 人,前者是后者的 2 倍左右。

从人均拥有卫生资源看,每万人拥有卫生机构床位数最高者乌海市为 67.73 张,最低者乌兰察布市为 35.85 张;每万人拥有卫生技术人员数最高者阿拉善盟为 81.09 人,最低者乌兰察布市为 40.22 人,最高者均是最低者的 2 倍。

从公共文化资源分布情况看,拥有艺术表演团体、艺术表演场所最多地区分别是最少地区的 14 和 3 倍;拥有文化馆、公共图书馆、博物馆最多地区分别是最少地区的 4.7、3.8 和 19 倍。

从就业、社会保障完成计划情况看,2014 年全年新增就业完成计划比例最高地区比最低地区高 42 个百分点;基本医疗保险、城乡居民社会养老保险完成计划比例最高地区比最低地区分别高 3 和 31.8 个百分点;失业、工伤、生育保险完成计划比例最高地区比最低地区分别高 9、6.4 和 4.6 个百分点。

(三)城乡间基本公共服务差别较大

教育方面。义务教育的突出矛盾是教育资源发展不均衡,城区学校投入比例大,而乡村学校投入比例小,形成了好的学校越来越好、薄弱的学校越来越差的"马太效应"。尤其在城乡结合处,同类中小学校重点与非重点、城市与农村学校差距较大。

医疗卫生方面。医疗卫生资源过度集中在城市,农村牧区卫生资源相对不足。2013 年全区城市每万人医疗机构床位数为 92.95 张,而农村每万人医疗机构床位数为 33.79 张,城市是农村的 2.8 倍;全区共有卫生人员 19.6 万人,其中乡村医生和卫生员共 1.95 万人,仅占卫生人员总数的十分之一。

公共文化方面。农村牧区文化事业在经费投入、设施数量及规模等方面均远远低于城市,普遍存在档次低、规模小、功能和技术装备落后等问题。农村牧区文化生活仍然比较贫乏,农村牧区群众看书难、看电影难、看戏难的问题还较突出。

社会保障方面。与城市相比,农村牧区社会保障事业保障面较窄,保障水平低,现有保障制度存在不完善和不规范现象。新型农村牧区社会养老保险处于试点阶段;新型农村牧区合作医疗制度统筹层次低,抗风险能力弱;失地农民和农牧民工社会保障正在推进中;工伤、生育和失业保险制度至今尚未在农村牧区建立。

公共就业服务方面。由于城乡分割的就业制度,农牧民工与城镇常住居民之间获得的就业服务差距仍然较大。农牧民工的合法权益得不到保障,工资待遇偏低,劳动保障差,子女上学难,其中相当一部分人长期处于无序的流动状态,难以享受与城镇职工一样的就业培训机会。

二、影响基本公共服务均等化的因素分析

(一)政府在公共产品供给方面实行城乡有别的二元体制

长期以来,受"城市偏向、工业先行"的非均衡发展模式和城乡分割的二元经济结构的影响,基本公共服务的供给也呈现出明显的二元特征:城市公共产品由政府提供,资金主要由财政预算安排,农村牧区公共产品为制度外提供,主要由农牧民自我承担,各级政府对农村牧区公共产品的投入相对较少,使农村牧区的公共产品和公共服务供给不足,特别是在教育、社会保障和医疗卫生等方面十分突出。

(二)各级政府间用于基本公共服务的财政责任划分不明确

我国基本公共服务的提供和维护主要靠政府的投入,而地方政府又过多依靠中央政府的转移支付。从1994年开始的分税制,对于财政投入和上级政府的转移支付如何运用于公共服务并没有明确的规定,各级政府在基本公共服务提供方面没有清晰的财政责任划分,财权逐渐向上集中,而事权却逐级下放,县乡两级政府承担着义务教育、基层医疗卫生事业、农牧业基础设施等刚性很强的事权,却并不拥有与其义务相对称的财权,使得基层政府所掌握的财力与所承担的公共服务职责严重不匹配,严重削弱了基层政府的基本公共服务供给能力。

(三)地区经济发展差距大

目前我国政府设立专项转移支付资金,通过专款专用解决地区间基本公共服务供给问题,但是在专项转移支付过程中,同时要求地方政府提供配套资金,这就对地区的经济状况提出考验。由于我区盟市间经济基础、自然条件等

差异,导致地区间经济发展水平存在较大差距。经济发展水平高的地区,一般税源稳定,财力充足,政府提供基本公共服务的能力较强;而对于一些仅能维持"吃饭财政"的地区,基本公共服务供给能力相对较弱,财力不均将持续影响地区间基本公共服务的均等化程度。

(四)特殊的自然、地理条件加大成本支出

我区地域辽阔,自然条件差异大,人居分散,如果提供同样人口和同样水平的公共服务,那么提供服务所覆盖的空间范围要大于除新疆、西藏以外的其他省份。同时,由于农村牧区人口分布不集中,且牧区人口具有流动性的特点,在公共服务提供的过程中,难以发挥由人口集中带来的聚集效应和规模效应,也会带来基本公共服务供给成本的提高。

三、推进基本公共服务均等化的对策建议

(一)加快建设公共服务型政府

各级政府都要按照其事权范围,承担起应尽的责任,完成好各自的任务。自治区级政府要做好规划和统筹,盟市级政府要强化协调和指导,旗县级政府要注重组织和实施。同时,要深化行政管理体制改革,强化政府履行社会管理和公共服务的职能。深化事业单位改革,对监督管理类、公益类事业单位,加大公共预算投入,强化绩效监管,确保其提供公共服务的能力。

(二)健全财政民生投入长效机制

建立财政投入长效保障机制,是实现基本公共服务均等化的根本保证。一是调整和优化财政支出结构,逐步提高基本公共服务支出所占比重,确保基本公共服务预算支出增长幅度高于财政经常性支出增长幅度。二是提高一般性转移支付规模和比例,规范专项转移支付,加大对欠发达地区和农村牧区的转移支付力度。与主体功能区建设、生态补偿制度等相结合,建立实施转移支付的长效机制。三是完善自治区、盟市、旗县三级的事权财权划分,合理界定各级政府的基本公共服务支出责任、管理责任和监督责任,调整和理顺各级政府的财政分配关系。

（三）促进基本公共服务供给方式多样化和供给主体多元化

通过实行政府购买、管理合同外包、特许经营、优惠政策等方式,逐步建立政府主导、市场引导、社会充分参与的基本公共服务供给机制。一是要整合现有的政府公共服务网络,同时按照政事分开、管办分开的要求,加快推进事业单位管理体制和运行机制改革。二是社会组织管理部门要制定有关政策和标准,把社区服务、养老、就业培训、科普教育等公共服务通过政府购买服务的形式转移给社会组织去做。三是按照"谁投资、谁受益"的原则,允许和鼓励私营企业生产和经营公共产品,积极引进民间资金和外资为公共产品生产服务,以改善公共服务质量,降低管理成本,强化公共产品生产和供给的竞争性,提高公共服务的运作效率和专业化水平。

（四）加强考评和行政问责

强化对各级政府和部门的公共服务行政问责,是推进基本公共服务均等化的关键。一是把公共服务数量和质量指标纳入干部政绩考核体系中,并逐步增加其权重。二是针对公共服务的决策、执行、监督等各个环节,建立符合公众公共服务需求的表达机制,将公众满意度纳入干部政绩考核体系,使广大群众的评价成为影响干部升迁的重要因素。三是健全公共服务重大事项报告制度,推行质询制度和民主评议制度,充分发挥群众监督、媒体监督对促进政府改善公共服务职能的积极作用。

（五）建立城乡统一的公共服务体制

推进城乡基本公共服务均等化,必须打破城乡分割的二元公共服务结构,完善城乡一体均衡发展的制度环境,尽快建立城乡统一的公共服务体制。具体包括:建立城乡统一的义务教育体制;协调城乡公共医疗卫生事业的发展;逐步建立城乡可衔接的农村牧区社会保障体系;统筹城乡劳动力就业,促进农村牧区剩余劳动力转移;统筹城乡基础设施建设,改善农牧民的生产生活条件和农村牧区面貌。同时,在合理划分财权与事权、明晰各级政府的农村牧区公共产品供给责任的基础上,改革现行的农村牧区公共产品供给决策程序,建立公共产品的需求表达机制,使农牧民群众对公共产品的需求意愿得以体现。

（六）促进各盟市间公共服务政策相协调

形成区域间相互促进、优势互补的互动机制,逐步缩小区域间公共服务差距。一是逐渐探索区域合作的途径和方式,规划协调好区域政策,在引导产业在区域间有序转移的同时,探索将对本地居民提供的公共服务项目和资金等一并转移给异地政府;二是鼓励区域间互助,鼓励发达地区带动后发地区的对口支援、社会援助等帮扶方式;三是加强政府间协调,互免额外收取公共服务费用,互享同等公共服务待遇。在公共安全、环境保护等领域政府之间相互协作等。

（赵云平　曹永萍）

专题二十六

内蒙古人口变动趋势对经济社会发展的
影响与对策建议

人口问题是影响经济社会可持续发展的首要因素,人口结构问题也是21世纪中国人口的核心问题。人口及其结构对一个区域的发展有至关重要的作用,了解人口结构变动的规律及趋势,对于进行人口预测,制订经济与社会发展规划以及人口政策和社会经济政策等,有着重要的意义。

一、内蒙古人口变动趋势及对经济社会发展的影响

(一)人口规模增长趋缓,地区分布与变化差异较大

2013年内蒙古总人口为2497.6万人,虽然比2000年增加了125.4万人,但增长速度逐年减缓,人口自然增长率由2000年的6.1‰下降到2013年的3.4‰,人口总量的增长已得到有效控制。

从人口的地区分布看,2013年人口占全区总人口比例较高的盟市分别为赤峰、通辽、呼和浩特、包头和呼伦贝尔,五市合计人口占全区总人口的62.98%。从各盟市人口的变化情况看,2000年至2013年,鄂尔多斯、呼和浩特、包头、乌海和阿拉善盟常住人口增加较多,而赤峰、呼伦贝尔、乌兰察布、巴彦淖尔和兴安盟常住人口则有不同程度的减少,其中赤峰、呼伦贝尔和乌兰察布十三年间常住人口分别减少了21.18万人、20.46万人和20.33万人。

（二）人口年龄结构"头重脚轻"，未来劳动力短缺和老龄化社会带来的压力将日益显现

2013年全区人口年龄构成中，0—14岁人口占总人口的13.73%，15—64岁人口占总人口的77.72%，65岁以上人口占总人口的8.55%，少年儿童和老年人人口占比均低于全国平均水平。

从2000年至2013年全区人口年龄结构变化情况看，少年组人口下降速度较快，从2000年的21.33%下降到2013年的13.73%，十三年间下降了7.5个百分点，少年组人口的快速减少将直接影响未来劳动力市场的供求关系。

老年组人口占比虽然始终低于全国平均水平，但老年组人口占比增长较快，十三年间上升了3.04个百分点，比全国平均水平快了0.46个百分点。到2030年左右，1962—1973年人口生育高峰期出生的人口将进入老年，我区老龄化将达到顶峰，预计至少持续10年，老龄社会加剧将会降低社会总需求以及居民储蓄率的提升，同时也会提高社会保障的成本。

（三）人口性别比失衡，将给社会发展带来严重的负面影响

2013年全区人口男女性别比为107.58∶100，略高于全国平均水平，比2000年有小幅增长，增长了0.42个百分点。2000年至2013年，大部分盟市人口性别结构都向趋于平衡的态势发展，鄂尔多斯、阿拉善盟、巴彦淖尔和乌海则有不同程度的上升，其中鄂尔多斯上升到了131.6∶100，人口性别结构严重失衡。

人口比例失衡会带来婚姻挤压问题，同时还会产生就业性别挤压问题，影响家庭的稳定和社会的安宁。在当前农村以家庭赡养为主的养老保障体制下，乡村人口性别比例失衡将造成大量终身未婚者没有子女养老的情况，这无疑会增加社会保障问题的复杂性和艰巨性。

（四）城镇化进程加快，但存在着质量不高、发展不平衡、承载力不强等问题

2013年我区常住人口城镇化率为58.71%，比全国平均水平高4.98个百分点。与2000年相比提升了16.51个百分点，平均每年提升1.27个百分点，略低于全国平均水平。

虽然我区城镇化率较高，但仍存在许多问题。一是城镇化质量不高，距离全体城镇常住人口"市民化"差距较大。二是区域发展不平衡，蒙西地区城镇化率为 66%,蒙东地区却只有 51%;三是产业支撑能力不足,部分城镇产业集聚层次低,技术创新能力严重不足,城镇化建设缺乏后劲;四是基础设施和公共服务功能不完善,在市政公用产品和服务、社会保障体系、义务教育、公共医疗卫生建设等方面还有较大差距。

(五)人口文化素质偏低,影响我区现代产业发展和创新能力的提升

2013 年全区 6 岁以上人口未上过学、小学、初中、高中和大专以上人口分别占总人口的 4.93%、25.22%、42.94%、16.83% 和 10.08%,其中大专以上受教育程度人口低于全国平均水平 1.24 个百分点,与东部沿海地区相比,差距更为悬殊。

人口文化素质对经济社会的发展具有重要的影响,是现代化生产中最重要的决定因素之一。我区高素质人口占比相对较低,导致我区产业层次较低,农牧业现代化、工业化步伐缓慢,现代服务业发育不足,影响我区经济转型升级的步伐和创新能力的提高。

二、对 策 建 议

(一)完善促进人口长期均衡发展的政策和调控机制

在稳定低生育水平的基础上,开展完善生育政策的前瞻性研究,适时修订《内蒙古自治区人口与计划生育条例》,制定和完善配套的规范性文件。加快人口发展监测高速评估体系建设,研究制定涵盖人口数量、结构、分布、素质等综合指标体系,监测人口发展动态,为人口宏观调控提供信息和技术支撑。

(二)建立完善全社会养老保障体系

抓紧完善以养老保险、失业保险、医疗保险、工伤保险和优抚社会救济等福利为内容的社会保障体系。一是扩大养老保障覆盖面,逐步拆除城乡二元养老保障机制的体制屏障,建立覆盖城镇居民和广大农牧民的社会养老保障制度体系。二是提高养老保障水平,根据经济发展和人均收入增加情况,适时适度提高养老金水平。三是完善法律保障制度,建立养老金个人账户,以法律的效力保证社会各部门按时足额发放养老金。通过完善的社会养老保障体系确保老有所养,老有所归。

（三）推进以人为核心的城镇化

城镇化建设应以"人"字当先,注重城镇质量提升,走可持续发展之路。一是坚定不移地推动城镇化战略,促进城市群的发展,充分发挥呼包鄂在内蒙古经济社会发展中的核心增长极作用,带动周边盟市进而促进全区的城镇化发展。二是科学规划,合理布局,做到五个结合,即城镇化与现代交通网络、产业园区、资源集散中心、房地产业发展和保障房建设、新农村建设相结合。三是加快配套改革,通过加快户籍制度配套改革,实现就业方式、居住环境、社会保障等一系列由乡到城的重要转变。四是重视生态文明。在发展城镇的同时提升城镇资源承载力,注重民生,走集约、智能、绿色、低碳的新型城镇化道路。

（四）着力解决农村牧区"空心化"问题

一是加大力度培育农村牧区新型经营主体,通过政策扶持和资金引导,把农牧民尤其是青年农牧民培育成为新型职业农牧民,使其经营收入多于或至少等于外出打工收入。二是要加大力度推广现代农牧业技术,鼓励规模化农牧业生产,同时拓展农牧民增收渠道,发展休闲观光农牧业和生态旅游农牧业。三是要健全农牧业社会化服务体系,加大投入改善水利、交通、信息网络等公共基础设施,为农牧户的农牧业生产和生活提供便利。四是保护和发展农村牧区传统文化,创新农村牧区文化生活的载体和手段,满足农牧民群众多层次、多方面的精神文化需求。

（五）全面提升国民素质

以本土培养为切入点,全面提高人口受教育年限,结合区域产业发展,科学合理地设置高校课程。大力发展私立学校和民办学校,加强在职人员尤其是农村牧区转移人口职业技能教育和成人继续教育,提高职业技能和文化素质。实行"工学结合"培养模式,按照企业的需求开展个性化技能培训,突出应用能力培养,推行教学要求与岗位需求相结合、学校教学与企业实习相结合等成人高等教育模式。切实加强对农牧民的文化和科技培训,提高农村牧区劳动力的就业能力。采用多手段鼓励、吸引外来技术和管理人才来我区定居,出台优惠政策吸引外地上学的本土人才回区创业和就业。

（李文杰　曹永萍　苏　和　宝智红）

专题二十七

内蒙古人口年龄结构变化及对
经济社会发展的影响

人口结构是人口存在和运动的形式,是一个国家或地区的总人口中,年龄、性别、婚姻、教育程度、产业、职业、文化、民族等人口特征的分布状况和关系状况。人口结构与经济之间的关系是研究所有人口问题中最基本的出发点之一,稳定的人口数量和合理的人口结构是经济持续发展的必要保证。人口结构可以从各种角度来考察,如职业、教育、城乡、民族结构等,但最根本的是年龄性别结构。近年来出现的"少子化""老龄化"和性别失衡等问题都是年龄性别失衡的具体体现,并将随着时间推移对经济社会的发展起到越来越显著的影响。

一、人口年龄金字塔呈纺锤形,
属于成年型的人口金字塔

反映人口年龄性别结构的最生动直观的方式就是"人口金字塔"。以年龄为纵轴,以人口数为横轴,左男右女绘制图形,人口金字塔可以形象直观地反映人口年龄状况的特征、类型和未来发展趋势,以及过去各时期出生、死亡和迁移对人口构成的影响。人口金字塔可分为三种类型:年轻型、成年型和年老型。它们的形状各不相同。年轻型:塔顶尖、塔底宽;成年型:塔顶、塔底宽度基本一致,在塔尖处才逐渐收缩;年老型:塔顶宽,塔底窄。图1即为根据第六次人口普查数据所绘制的内蒙古自治区人口金字塔。

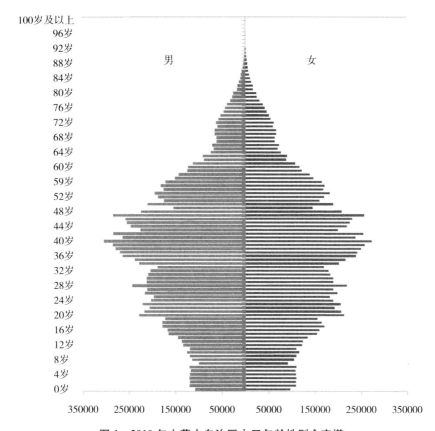

图1 2010年内蒙古自治区人口年龄性别金字塔

从图1可以看出,塔形下端少儿人口和塔尖老年人口呈明显缩减趋势,塔腰成年人口则向外扩张,呈典型的纺锤形,塔顶、塔底宽度基本一致,在塔尖处才逐渐收缩,属于成年型的人口金字塔。40岁左右的人口形成一个波峰,这是1962—1970年新中国成立后持续时间长、出生率高的第2个生育高峰期所出生的人口,这一波峰人口所形成的劳动力对我区经济高速增长起到了重要的支撑作用。而随着时间的推移,到2030年,这一年龄段人口相继步入老年,同样会对我区经济社会发展产生深远的影响。从图中可以看到,14岁以下人口呈现收缩趋势,在全面放开二胎政策的效果还没有显现的情况下,如果保持目前的趋势发展下去,将影响未来我区劳动力资源的供给,并进一步加重老龄化程度。

二、主要劳动力资源逐年递减,对产业
发展和社会消费产生深刻影响

2013 年,内蒙古常住人口中 15—64 岁劳动年龄人口比重为 77.72%,比 2000 年提高 4.46 个百分点,劳动年龄人口的增长速度超过人口总量的增长速度,劳动力资源较为丰富,仍将助推经济健康稳定发展。但当前经济进入新常态,经济转为中高速增长,一定程度上增加了就业压力。

从长远来看,劳动力资源将呈逐年递减的态势。18—45 岁年龄段人口是全社会劳动力资源的中坚力量,同时也是拉动消费的主要群体。从图 2 可以看出,全区 18—45 岁人口从 2000 年逐年上升,到 2008 年达到 1266.95 万人的峰值,这也和我区经济高速发展期相重叠。2009 年这一主要劳动力人口总量逐年下滑,到 2028 年下降到 842 万人,比 2008 年峰值减少了 1/3。

主要年龄段劳动力的逐年减少,将会推动劳动力成本上升,我区正处于工业化的关键时期,劳动力成本的上升将影响我区工业化进程,但同时也倒逼我区加快产业转型升级,提高资源利用效率,提高产品附加价值,提高核心竞争力。

（单位：人）

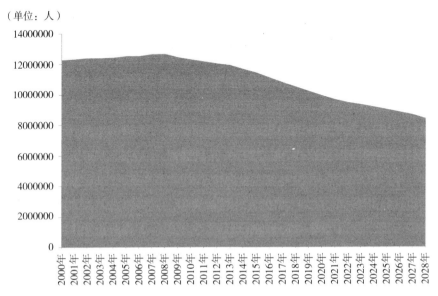

图 2　全区 18—45 岁人口变化趋势

三、乡镇转移人口逐年减少,城市化步伐将逐渐放慢

2013 年我区常住人口城镇化率为 58.71%,比全国平均水平高近 5 个百分点,大量农村牧区剩余劳动力为提高我区城市化水平提供了人力资源保障,也为我区经济和各项社会事业的发展作出了巨大贡献,同时,农村牧区劳动力转移也切实增加了农牧民收入,提高农牧民的生活水平和文明程度,确保社会和谐稳定。

乡镇 16—45 岁人口是推动我区城市化的主要力量,除一部分人通过高考、参军、征地转为城市户口外,大部分人是进城务工,为我区建筑业、制造业和服务业的发展提供了丰富的人力资源。从图 3 中可以看到,2000—2008 年我区乡镇 16—45 岁人口总量始终保持在 875 万—885 万,从 2008 年开始逐年减少,到 2026 年,减少到 2008 年的 70%。虽然当前我区大力推进农牧业现代化,在一定时期内,第一产业向二、三产业转移人口会保持增长,但大的趋势不可逆转,乡镇 16—45 岁人口的减少会使我区城市化的步伐放慢,同时,低端劳动力的短缺将极大地打击依赖简单劳动力的行业,包括简单制造业和快递、鲜花、餐饮、零售、电商等所有依赖劳动力绝对数量的服务业。

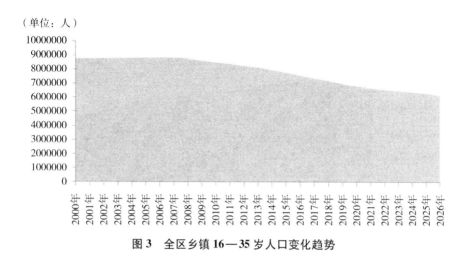

（单位：人）

图 3　全区乡镇 16—35 岁人口变化趋势

四、消费主力人群减少，影响未来消费对经济增长的拉动

人是财富的创造者，同时也是财富的消费者，人们共同的生产和消费行为构成了总体的市场需求。从生产的角度来看，形成地区劳动力的有效供给，必须有一定数量、质量的人口；从消费的角度来看，消费市场的繁荣也要求有一定规模的、消费能力旺盛的人群。

25—40 岁人口构成社会消费主力，这部分人大部分已成家立业，是劳动力的主力军，有比较稳定的收入来源和相对较高的收入水平，他们的消费方式和消费观念也有别于中老年人群，更乐于为提高生活质量而消费，如住房投资、社交支出、交通通信工具的购买等，同时，这部分人也有更强烈的投资意愿。2000—2008 年我区城市 25—40 岁人口总量保持在 253 万—263 万人，这一年龄段的人口为我区住房、汽车消费及教育投资、金融投资作出了巨大贡献。从 2009 年开始，这一年龄段人口总量逐年下滑，到 2028 年下降到 2008 年的 65% 左右，消费主力人群的减少将影响消费对经济增长的拉动，但也迫使我区各级政府以提高居民收入、促进消费升级来抵消主要消费人群减少带来的影响。

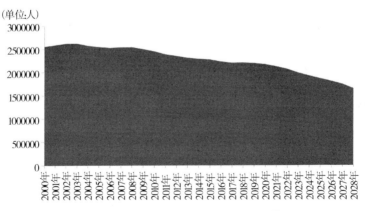

图 4　全区城市 25—40 岁人口变化趋势

五、老龄化加速，养老服务需求剧增

2002 年，我区 65 岁以上人口占总人口比重即达到了国际公认的 7% 的标准，此后老年人口比重逐年增长，到 2013 年，我区 65 岁以上人口比重达到 8.55%，2030 年左右，60—70 年代初人口生育高峰期出生的人口进入老年，我区老龄化将达到顶峰，且至少持续 10 年。

（单位：万人）

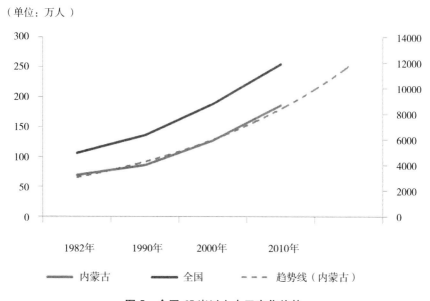

图5　全区65岁以上人口变化趋势

老龄社会加剧带来的突出问题，一是会对社会总需求产生压制，这是由于老年人的消费能力、边际消费倾向和消费习惯的特殊性所致；二是居民储蓄率降低影响社会资本的积累；三是劳动人口养老负担加剧，社会保障成本大幅升高。

解决老年化问题的根本出路在于加快完善社会保障制度和养老服务支持体系。与此同时，要主动进行经济发展方式的转变，促进产业升级换代，提高劳动生产率，以应对劳动力的减少。

（李文杰　宝智红）

专题二十八

防范电商冲击传统商贸业引发的
结构性失业问题

　　随着信息技术的普及和应用日益广泛,人们的生产生活方式正在发生着革命性变化,可谓一机在手,购物、买票、缴费、约车、娱乐等多种活动都能在网上完成。但是就像硬币总有正反面一样,电子商务的发展也有两个方面效应,在人们享受网络给生产生活带来方便快捷的同时,应该提早防范信息技术引发商业模式变革冲击传统行业而引发的结构性失业问题,并做到早预警,早应对,防患于未然。

一、电商蓬勃发展与传统商贸业日渐萧条

　　近几年来,基于现代信息网络技术的电子商务蓬勃兴起,正在引发着传统商业模式的重大变革。与传统商业模式相比,网络销售不仅更具灵活性、便捷性和不受时空制约等特点,而且由于省去了中间环节,在价格竞争上也比传统批发零售业更具优势,由此使越来越多的消费者倾向于网络购物,淘宝、亚马逊、当当网、京东商城等各类专属电子商务平台如雨后春笋般发展起来,且销售额呈现爆炸式增长趋势。据商务部电子商务和信息化司统计,2014年电子商务交易总额已经突破16万亿元,10年增长超过了10倍,特别是网络零售额达2.8万亿元,10年增长超170倍。

　　与电商的火爆形成鲜明对比,实体批发零售业却在电商的冲击下遭遇寒冬。全国许多城市的百货、超市、便利店等实体门店在销售收入锐减、利润下

滑的情况下,出现了大量的减员节支甚至关门停业潮。联商网调查发现,2014年,全国主要零售企业(包括百货、超市)共计关闭201家门店,比上年增长474.3%,创历年之最,其中百货类、超市类门店各关23家和178家。据了解,在这种大背景下,内蒙古的商贸流通业也出现了实体店经营日下的局面,首府呼和浩特最繁华的中山西路的维多利购物中心、民族商场、天元商厦等传统百货业的经营也在网购冲击下举步维艰。

二、高度关注商贸流通业萎缩引发的结构性失业问题

传统商贸流通业萎缩引发的最直接问题,首先就是会出现大量的结构性失业。据统计,2014年在中国连锁经营百强企业中,有23家企业关店数超过新开店数,百强企业正式用工人数比2013年下降0.3%,减少用工的企业数已超过增加用工的企业数。其次是引发商业地产业萧条。商贸流通业萎缩使得与之唇齿相依的商业物业、城市综合体等出现供大于求、招商难、租金下降甚至退租的新挑战。

对于电商冲击传统商贸流通业会引发的问题,目前从理论研究到政府决策层面都没有引起足够的重视。许多人认为技术变迁引发产业变革是必然的,变革有"阵痛"也是难免的,社会是能够自行消化和愈合的。诚然,在过去的几十年中,技术进步也曾引发过许多行业萎缩甚至消亡,如由于电子邮件的诞生导致邮件数量以每年2%的速度递减,传统邮政业渐渐没落;手机短信的普及使传呼业彻底消亡,并没有引起什么问题。但是,这些行业都是规模较小、从业人员有限的小行业,产业衰败后的失业人员很快就会被其他行业吸纳。商贸流通业却是个大行业,从其目前对就业和创业的社会贡献来说,实在是一个"伤不起"的行业。

由于商贸流通业具有劳动密集、资本投入少、资金流通性强、人力资源专业性要求低等特点,对解决城乡就业始终起着主渠道作用。首先,商贸业是就业量最大的行业,2013年我区批发零售业就业人员占私营企业就业人员的30%。其次,商贸业也是大众创业的主阵地。据统计,2013年我区批

发零售业个体就业人员占全部个体就业者的 53.5%。如果商贸流通业大幅度萎缩引发失业问题,带来的社会震荡绝非过去那些小行业可以相提并论的。

从我区目前及"十三五"的就业形势来看,劳动力就业总量需求处于高峰阶段,且高校毕业生、农牧业富余劳动力转移和城镇困难人员就业问题相互交织。2015 年我区需要安置就业的高校毕业生仍达 16 万人,中职院校毕业生近 7 万人,有近 20 万城镇下岗失业人员、军队退伍人员需要安排就业,还有近 20 万机械增长劳动力需要就业岗位。粗略估算,全年需要就业的人员总数约 63 万人,可以安排的就业人数约 40 万人,就业岗位供求缺口达 23 万个左右。然而当前经济面临较大的下行压力,部分企业特别是中小微企业生产经营面临困难,经济效益下滑,吸纳就业能力减弱。未来随着我区经济结构调整和转型升级的深入,绝对性失业和结构性失业都会呈现扩大趋势。如果商贸流通业这个就业"蓄水池"再出现问题,多问题叠加共振,必定会给社会稳定和谐带来重大影响。

三、政府应提早预警并采取应对措施

就业是民生之本,是社会和谐稳定之基,充分就业是调控宏观经济运行的首要目标。在信息化的大趋势下,电子商务引发传统商贸业模式变革势不可挡,由此引发的结构性失业等"阵痛"也在所难免,但鉴于商贸流通业在就业、创业方面的特殊地位,政府绝不能任由"阵痛"变成"剧痛"或"长痛",从而影响到社会和谐稳定,而应该提早预警并采取积极有效的应对措施。

(一)积极引导传统商贸业与电子商务融合发展,在转型升级中再造新优势

面对电子商务迅速发展带来的巨大冲击,与其哀叹昔日风光不再,不如果断拥抱新未来,用 O2O 模式改造提升传统商贸业,实现二者优势整合,重塑竞争力。为此,要强化政策导向和政策扶持,推进 O2O 新商业模式应用。一是要在规划引领、设施建设、资金扶持、人才支持等方面积极研究制定促进 O2O 发展的政策和工作措施,鼓励和支持传统商贸企业和电商企业深度融合发展;

二是大力发展区域性 O2O 应用平台建设，围绕大型商圈、专业生活消费市场等传统实体商业的 O2O 应用，以市场化手段为主、政策性扶持为辅组织网络运营商、第三方平台运营电商、传统商贸企业协同打造"智慧商圈""智慧市场"建设。通过建设泛在、高效的公共 WiFi 设施、搭建本土化的移动终端 O2O 运营平台，使传统商贸企业低成本、低风险发展 O2O 线上业务，同时满足消费者即时、便利的消费需求。

（二）帮助传统商贸企业节本增效，通过稳定经营实现稳定就业

针对当前商贸企业经济效益下滑、就业岗位不稳定等问题，需要进一步出台援助企业稳定就业的政策。一是在普遍减税降赋、提升传统商贸企业竞争力的基础上，实施与用工数量挂钩的税收优惠政策。对于用工数量较多且稳定就业的商贸企业给予更大幅度的税费减免。二是引导商业地产企业与商贸流通企业抱团取暖。针对当前商业地产租金高企的实际，鼓励引导地产开发商转变经营模式，客观认识二者之间唇齿相依的相互关系，本着"放水养鱼"的原则，从租金等多方面给予与其合作的商家更多的支持，实现双方互利共赢并共渡难关。

（三）针对传统商贸业就业人员特点，实施更具针对性的创业就业措施

传统商贸流通业中的就业人员，具有群体规模庞大、文化素质相对偏低、年龄层次跨度较大、创新创业能力不足等特点，对于这一群体的再就业问题各级政府要采取更具针对性的就业创业扶持政策。一是开展就业援助活动。通过开发公益性岗位、落实税费减免、培训补贴、小额贷款、社保补贴等政策手段，帮助下岗人员实现再就业。同时，各级公共就业服务机构还应提供及时的政策咨询、社会保险关系接续和生活保障救助。二是努力增加适应性就业岗位。大力发展家政服务、物业管理、托老托幼等便民的社区服务业，发展非全日制、临时性、季节性、弹性工作等灵活多样的就业方式，促进下岗失业人员灵活就业。三是着力优化创业环境。强化创业园等综合服务平台建设，加大创业政策落实力度，完善创业培训和小额贷款的联动机制，促进有创业能力的人员二次创业。四是强化就业服务。努力完善五级公共就业服务体系，加快推进人力资源市场整合，尽快形成资源共享的就业信息网络。五是强化特色化的职业技能培训。针对传统商贸业下岗人员，要充分利用社会各类教育资源，开展旨在提高其再就业能力、创业能力和适应职业变化能力的培训。如结合自治区产业结构调整方向,深入推进特色品牌和精品专业培训;结合自治区重大工程项目实施的用工需求,及时与相关企业做好岗位需求和培训服务对接,抓好适用技能培训和人力资源储备。

(赵云平　曹永萍)

发展评价篇

2014年内蒙古社会发展水平综合评价报告

为客观衡量和反映我区社会发展的基本状况,我们应用社会评价指标体系对2010—2014年我区社会发展水平进行综合评价分析。

一、2014年内蒙古社会发展水平评价分析

(一)社会发展总体水平评价

通过对人口结构、生活质量、公共服务、环境保护、社会和谐5个领域32个指标的统计、测算表明,我区社会发展总指数呈提升态势,以2010年为基期100计算,全区社会发展总指数2014年分别达到104.59、107.28、117.4和122.72,4年平均增速为5.25%。从社会发展五大领域看,以各领域2010年为基期100计算,2014年公共服务指数和生活质量指数分别达到151.01和128.48,年均增速分别达到10.8%和6.47%,增长速度高于社会发展总指数的增速;环境保护指数、社会和谐指数和人口发展指数分别达到117.15、114.82和102.14,年均增速分别为4.04%、3.52%、和0.53%,指数水平和增长速度均低于社会发展总指数及其增长速度。

表1　2010—2014年全区社会发展总指数及各领域指数表

年份＼领域	总指数	人口发展指数	生活质量指数	公共服务指数	环境保护指数	社会和谐指数
2010年	100	100	100	100	100	100
2011年	104.59	105.27	108.31	102.63	104.47	102.3

续表

年份 \ 领域	总指数	人口发展指数	生活质量指数	公共服务指数	环境保护指数	社会和谐指数
2012 年	107.28	102.52	110.08	109.23	111.73	102.85
2013 年	117.4	102.2	121.97	118.91	134.71	109.23
2014 年	122.72	102.14	128.48	151.01	117.15	114.82
增长速度(%)	5.25	0.53	6.47	10.85	4.04	3.52

(二)社会发展各评价指标变化情况分析

从列入此次评价的 32 个指标看,绝大部分指标呈良好发展态势。2014 年与 2010 年相比,有 29 个指标指数呈上升态势,其中提升幅度较大的 5 个指标分别是农村牧区居民人均纯收入、城镇居民人均可支配收入、人均生活用电量、人均公园绿地面积、每万人口社会服务床位数,以上指标指数增长幅度均超过 50%(详见附表)。指数增幅较大指标主要集中在生活质量领域和公共服务领域,说明近年来民生改善成效明显。

但是有 3 个指标出现后退现象,分别是:总抚养比、城镇居民人均娱乐教育文化服务支出占消费性支出的比重、社区服务设施覆盖率,说明在居民生活质量改善、公共服务提供和人口发展中还存在薄弱环节,今后需引起高度重视。

二、2010—2014 年全区社会发展特点变化评价

(一)人口发展取得新进展,但人口负担加重

2010—2014 年,我区的人口发展呈现以下特征:一是城镇化进程加速推进。城镇化率由 55.5% 提高到 59.51%,2014 年比全国平均水平高近 5 个百分点,在全国 31 个省市区中居第 10 位。二是人口文化素质持续提高。6 岁及以上人口平均受教育年数由 8.93 年上升为 9 年,与同期全国平均水平相当。三是人口负担加重。人口总抚养比 27.6% 上升为 29.69%,但低于全国同期水平。总体看,我区人口发展呈现增速低、素质高的趋势,但人口老龄

化进程加快,劳动年龄人口减少,对未来经济社会发展的影响凸显。

(二)居民生活质量不断提高,但居民收入低于全国水平,消费层次亟待升级

2010—2014 年,我区居民的生活质量总体水平显著提高,呈现以下特征:一是居民收入快速增长,但始终低于全国水平。城镇居民人均可支配收入从 17698 元提高到 28349.6 元,在全国 31 个省市自治区中排第 10 位;农牧民人均纯收入从 5530 元提高到 9976.3 元,在全国的位次为第 15 位。2014 年城镇居民人均可支配收入和农牧民人均纯收入分别低于全国平均水平 494.3 元和 512.6 元。二是居住条件显著改善。城镇居民人均住房建筑面积由 29.84 平方米提高到 30.7 平方米;农村牧区人均居住面积从 22.1 平方米提高到 25.8 平方米。三是农村居民消费层次逐步提高,而城镇居民消费升级缓慢。农村牧区家庭人均文教娱乐用品及服务支出占消费性支出的比重由 9.5% 上升为 13.2%。而城镇居民人均娱乐教育文化服务支出占消费性支出的比重则从 11.7% 逐年下降为 10.42%,并且城镇居民家庭恩格尔系数呈上升趋势。

综上分析,随着国家和自治区一系列改革措施、优惠政策、保障制度的成效显现,人民的生活质量不断提高。但是当前居民收入水平相对偏低,居民总体消费能力还比较有限。社会保障制度及其他制度改革滞后使居民支出预期上升,收入预期下降,导致居民消费升级相对较慢。今后应进一步增加居民收入,提高社会保障水平,促进消费结构多元化,切实提高居民的生存质量。

(三)公共服务能力不断增强,但社会事业发展水平还需进一步提高

2010—2014 年,我区以保障民生为重点,不断加大对民生和社会事业的投入力度,公共服务的重点领域和薄弱环节得到进一步加强,呈现以下特征:一是公共服务领域的投入力度不断加大,教育卫生文化支出占地方一般公共预算支出的比重由 20.4% 上升为 20.55%,但低于同期全国平均水平 6.03 个百分点,其中:2014 年我区教育支出占比为 12.31%,居全国第 29 位,低于同期全国平均水平 4.55 个百分点;医疗卫生与计生支出占 5.87%,居全国第 27 位,低于同期全国平均水平近 2 个百分点;文化体育与传媒支出占 2.37%,比全国平均水平高 0.46 个百分点。二是各项社会事业取得长足进步,但个别领域还存在薄弱环节。教育方面,每十万人口大学生数由 1884 人上升为 2156

人,2014 比全国平均水平低 332 人。医疗卫生方面,各项卫生工作取得重大进展,2014 年每万人拥有卫生机构床位数达到 51.5 张,比 2010 年增加了 11 张,在全国排第 10 位;每万人口医生数达到 24.8 人,比 2010 年增加了 2.8 人,比全国同期平均水平高 3.6 人。文化事业方面,通过完善公共文化服务体系,实施重点文化惠民工程,每万人口拥有公共文化设施数由 2010 年的 0.49 个增加到 2014 年的 0.61 个。社会服务方面,福利事业蓬勃发展,每万人口社会服务床位数由 2010 年的 19 张快速增加到 2014 年的 75.5 张,比全国平均水平高 30.6 张。同时,社区服务机构覆盖率由 2010 年的 19.8% 下降为 2014 年的 15.8%,并且远低于同期全国 36.9% 的平均水平。随着城市化进程的加快,社区作用将愈来愈重要,今后应加速社区建设,使社区在加强社会管理,维护社会稳定中发挥更大作用。

综上分析,虽然我区社会事业取得了较快发展,但部分领域与全国相比仍然相对落后。今后应进一步加强社会建设,为提高和谐内蒙古建设助力。

(四)环境保护工作取得进展,人居环境质量不断提高

2014 年我区切实强化主要污染物总量减排和生态环境保护,整体生态环境呈现明显好转。一是在 26 个旗县开展了基本草原划定工作,草原建设总规模达到 5106 万亩。完成林业生态建设面积 1008 万亩,重点区域绿化 209 万亩,水土流失治理面积 650 万亩。森林覆盖率达到 21.03%。二是在保持地区生产总值平稳增长的同时,采取有效节能措施,单位生产总值能耗和二氧化碳排放量分别下降 3.9% 和 5%,提前完成"十二五"节能降碳目标。三是各城市对环境保护工作的重视程度进一步提高,城市环境管理与综合整治工作取得较大进展。城市生态环境进一步优化,城市人均公园绿地面积从 2010 年的 12.4 平方米提高到 2014 年的 18.8 平方米,在全国排第 5 位;城市垃圾无害化处理能力不断提高,城市生活垃圾无害化处理率从 82.8% 提高到 96.1%。

总之,我区今后将进一步加快推进发展方式的转变,走生产发展、生活富裕、生态良好的文明发展道路。把改善人居环境作为增进民生福祉的重要任务来抓,推进美丽内蒙古建设。

(五)社会治理体系趋于完善,但社会安全隐患仍然存在

近年来我区社会治理工作逐步加强,同时不断加大社会保障力度,团结稳定得到基本保障,人民群众的安全感进一步提升。一是着力推进创业就业工程,通过实施增加城镇就业、推进农牧民转移就业和落实应往届高校毕业生就业等措施,城镇登记失业率由2010年的3.9%降为2014年的3.6%,二是大力推进扶贫攻坚工程,创新扶贫工作机制,2014年40万贫困人口稳定脱贫。社会救助力度不断加大,城乡贫富差距扩大化的趋势得到有效缓解,城乡居民收入比由2010年的3.2∶1(农村牧区居民收入为1)降为2014年的3.02∶1,但低于全国2.75∶1的水平。与此同时,城镇居民内部贫富差距也逐步缩小。三是社会安全和秩序进一步好转,保持和谐稳定的局面。通过深入实施"平安内蒙古"建设工程,2014年刑事立案数下降29.2%。深入开展"打非治违"和各类专项整治,及时发现和处理风险隐患。每万人交通死亡人口比例由2010年的0.56人/万人下降为2014年的0.4人/万人。

我区的社会治理工作在取得成就的同时,仍然存在诸多问题和不足,成为全面建成小康社会的障碍因素。今后要从内蒙古实际出发,适应经济社会转型发展的阶段性特征,以创新社会治理为动力,以促进公平正义为保障,以组织动员全社会参与为基础,为建设平安幸福内蒙古营造安全稳定的社会环境。

三、促进我区社会健康发展的几点建议

(一)完善各项公共服务制度,着力增进人民福祉

结合我区实际,将共享理念有机融入基本公共服务体系建设中,提升基本公共服务的共建能力和共享水平,促进基本公共服务均等化。一是加快户籍制度改革,从根本上改变城乡二元结构。切实落实《内蒙古自治区人民政府关于进一步推进户籍制度改革的实施意见》精神,抓紧出台本地区具体的户籍制度改革办法。同时按照职责分工,抓紧制定落实教育、就业、医疗、计划生育、养老、住房保障等方面的配套政策。二是优化财政支出结构,向农村牧区及其重点领域倾斜。财政资金要重点向农村牧区教育、医疗、社会保障、就业和生态等领域倾斜。新增教育、医疗、住房、社会保障等事业经费应主要用于农村牧区。财政支农的支出增长幅度要继续高于财政经常性收入的增长幅度。三是完善城乡基本公共服务的决策参与机制。建立和拓宽城乡公民参与

政府公共服务决策的渠道,使公共服务的受益方能够把自身的公共产品需求偏好得以充分表达,监督政府进行有效供给和高效服务。四是强化公共服务中的政府责任意识和服务意识。政府职能应该逐步实现从"管理"向"治理"和"服务"转变。政府工作人员、特别是服务于城乡基本公共产品供给一线的人员,应该树立强烈的责任意识和服务意识,通过意识的引导实现服务的自觉。

(二)多渠道增加城乡居民收入,有效扩大消费需求

进一步创新体制机制,努力增加城乡居民收入,为扩大居民消费奠定基础。一是深化收入分配制度改革,增加城乡居民收入。首先,要完善机关事业单位工资制度,调整基本工资标准,实施旗县以下机关公务员职务与职级并行制度,落实职工带薪休假制度。推动企业工资集体协商,完善最低工资标准调整机制。其次,要进一步拓宽农牧民增收渠道,引导农村牧区劳动力转移就业,落实各项惠农惠牧补贴政策。建立健全资源开发、征地拆迁补偿机制,依法保障农牧民对土地、宅基地和集体资产的权益。二是多措并举,有效扩大消费需求。实施鼓励居民消费的财税、信贷和信用政策,调动市场力量增加有效供给,激活商务消费,扩大住房消费,升级教育文体消费,增加旅游休闲消费,刺激信息服务消费,提升养老健康家政消费,构建多元支撑的消费体系。要以居民的实际需求为出发点,加强产品质量安全监管,整顿和规范市场秩序,保持物价总水平基本稳定,改善消费环境,为消费提供便利。加强流通体系建设,大力开拓农村牧区消费市场。创新流通方式和流通业态,大力发展电子商务等商业模式,适应个性化、多样化消费需求。推动旅游、文化等与相关产业的融合发展,培育新的消费增长点。

(三)积极应对人口老龄化,共建养老服务体系

目前我区虽处于"人口红利期",但老龄化步伐加快,将对经济社会的发展起到越来越显著的影响,应未雨绸缪,采取有效措施积极应对。一是建立健全老年人保障机制。进一步完善和落实老年养老、医疗、出行等优待政策,建立与经济社会发展相适应的老龄事业经费稳定增长机制。二是加大政府财政支持投入力度。加大养老机构、医疗机构、学习娱乐场所等老年福利服务设施建设力度。把居家养老和社会养老相结合,在以家庭养老为主的基础上,试行社区居家养老服务,充分发挥社区为老年人提供服务的功能。在资金和项目安排上,要重点向农村牧区倾斜,让农村牧区老年人共享经济社会发展的成果。三是引导社会力量加强养老服务。要采取公益事业社会化运作的方法,积极引导社会力量和民营资本兴办老年产业,特别要在资金扶持、土地使用、贷款融资、税费减免等方面制定更加优惠的政策。四是培育专门人才,努力提高为老年人服务水平。

(四)加强和创新社会治理,全力维护社会和谐稳定

不断推进社会治理体制创新、举措创新,努力提高社会治理的能力和水平,加快形成稳定工作常态化、长效化机制。一是完善维护群众切身利益的相关制度。严格执行重大决策社会稳定风险评估机制,积极探索在法律和政策范围内解决群众诉求的有效方法和有效途径,切实用制度规范维稳工作的有序开展。健全劳动关系协调机制,规范企业用工秩序,认真解决拖欠农牧民工工资问题,维护劳动者合法权益。构建社区服务体系,提高社区治理服务水平,依法做好嘎查村村民委员会换届工作。二是把信访纳入法治化轨道。健全依法维权和化解纠纷机制,解决好征地拆迁、劳动社保、资源开发、环境保护等重点领域的信访问题。改革信访工作制度,畅通社情民意表达渠道,健全解决信访突出问题工作机制,及时就地解决群众合法合理诉求。三是加强社会综合治理。加快完善立体化社会治安防控体系,依法严厉打击各类违法犯罪活动,强化消防安全管理,加大隐患排查和专项整治力度,坚决防止各类重特大事故发生。强化食品药品安全监管,依法从重从快打击食品药品违法犯罪行为。加强应急管理,提高防灾减灾能力。

(五)推进精准脱贫,确保贫困人口应保尽保

深入推进扶贫攻坚工程,认真落实领导干部联系贫困点制度,扎实做好"三到村三到户"帮扶工作,切实抓好金融、教育和社会扶贫,逐步减少贫困人口数量。一是因人因地施策,提高扶贫实效。对有劳动能力的支持发展特色产业和转移就业,对生产生活条件极差的实施扶贫搬迁,对生态特别重要和脆弱的实行生态保护扶贫,对丧失劳动能力的实施兜底性保障政策,对因病致贫的提供医疗救助保障。二是对贫困情况建档立卡,实施动态管理。借助扶贫信息网络系统和逐村逐户调查摸底,对每个贫困嘎查村、贫困户建档立卡,建

立完善新体系下对贫困户、贫困村的动态监管。三是创新脱贫方式。采取"一村一策、一户一法"的方式,确保产业发展扶贫到村到户、生产生活条件改善到村到户、致富能力提升到村到户,从而实现贫困人口自主脱贫。四是继续做好部门对口定点扶贫工作。做到分工明确、责任到人,强化组织和制度保障,把对口定点扶贫与干部驻村和干部直接联系服务有机结合。

(中心"形势分析"课题组　曹永萍)

附表：2010—2014 年内蒙古社会发展水平综合评价表

指标名称	单位	属性	权重	基期（2010年=100）	2011 年		2012 年		2013 年		2014 年	
					统计数	指数	统计数	指数	统计数	指数	统计数	指数
社会发展总指数						104.59		107.28		117.40		122.72
一、人口结构			1/5			105.27		102.52		102.20		102.14
1. 人口自然增长率	‰	逆	1/5	3.76	3.5	107.43	3.65	103.01	3.36	111.90	3.56	105.62
2. 人口性别比	以女性为100	逆	1/5	108.17	98.85	109.43	104.44	103.57	107.91	100.24	103.9	104.11
3. 6岁及以上人口平均受教育年数	年		1/5	8.93	9.01	100.90	9.16	102.58	9.18	102.80	9	100.78
4. 城镇人口所占比重	%		1/5	55.5	56.6	101.98	57.74	104.04	58.7	105.77	59.51	107.23
5. 总抚养比	%	逆	1/5	27.6	25.89	106.60	27.76	99.42	28.67	90.30	29.69	92.96
二、生活质量			1/5			108.31		110.08		121.97		128.48
6. 城镇居民人均可支配收入	元		1/9	17698	20408	115.31	23150	130.81	25497	144.07	28349.6	160.19
7. 农村牧区居民人均纯收入	元		1/9	5530	6642	120.11	7611.3	137.64	8984.9	162.48	9976.3	180.40
8. 城镇人均住房建筑面积	平方米		1/9	29.84	29.37	98.42	29.89	100.17	29.6	99.20	30.7	102.88
9. 农村居民人均居住面积	平方米		1/9	22.1	24.3	109.95	24.94	112.85	26.01	117.69	25.8	116.74
10. 恩格尔系数	%	逆	1/9	34	33.3	102.10	33.56	101.31	33.31	99.97	29.43	115.53
11. 人均生活用电量	千瓦时		1/9	322	373	115.84	408	126.71	468	145.34	483	150.00
12. 广播电视综合覆盖率	%		1/9	96	96.8	100.83	97.38	101.44	97.97	102.05	98.5	102.60

指标名称	单位	属性	权重	基期(2010年=100)	2011年		2012年		2013年		2014年	
					统计数	指数	统计数	指数	统计数	指数	统计数	指数
13. 城镇居民人均娱乐教育文化服务支出占消费性支出的比重	%		1/9	11.7	11.4	97.44	11.12	95.04	10.6	90.60	10.42	89.06
14. 农村牧区家庭人均文教娱乐用品及服务支出占消费性支出的比重	%		1/9	9.5	10.9	114.74	8.05	84.74	12.95	136.32	13.2	138.95
三、公共服务			1/5			**102.63**		**109.23**		**118.91**		**151.01**
15. 教育卫生文化体育支出占地方一般公共预算支出的比重	%		1/7	20.4	19.4	95.10	18.9	92.65	20.09	98.48	20.55	100.74
16. 每十万人口高等学校在校生数	人		1/7	1884	1920	101.91	2253	119.59	2137	113.43	2156	114.44
17. 每万人口医生数			1/7	22	23.3	105.91	23.9	108.64	24.8	112.73	24.8	112.73
18. 每万人口拥有卫生机构床位数	张		1/7	40.38	43.11	106.76	44.5	110.20	48.1	119.12	51.5	127.54
19. 每千人口拥有公共文化设施数	个		1/7	0.49	0.52	106.12	0.53	108.16	0.59	120.41	0.61	124.49
20. 每万人口社会服务床位数	张		1/7	19	24	126.32	29.1	153.16	35.8	188.42	75.5	397.37
21. 社区服务机构覆盖率	%		1/7	19.8	15.1	76.26	14.3	72.22	15.8	79.80	15.8	79.80

续表

指标名称	单位	属性	权重	基期(2010年=100)	2011 年		2012 年		2013 年		2014 年	
					统计数	指数	统计数	指数	统计数	指数	统计数	指数
四、环境保护			**1/5**			**104.47**		**111.73**		**134.71**		**117.15**
22. 森林覆盖率	%		1/6	20	20	100.00	20	100.00	21.03	105.15	21.03	105.15
23. 人均公园绿地面积	平方米		1/6	12.4	14.5	116.94	15.5	125.00	16.81	135.56	18.8	151.61
24. 城市燃气普及率	%		1/6	80	82.2	102.75	84.4	105.50	87.93	109.91	92.28	115.35
25. 人均水资源量	立方米/人		1/6	1576.1	1691.59	107.33	2052.7	130.24	3848.6	244.19	2149.9	136.41
26. 城市生活垃圾无害化处理率	%		1/6	82.8	83.5	100.85	91.2	110.14	93.56	113.00	96.1	116.06
27. 人均用水量	立方米/人	逆	1/6	737.89	745.7	98.95	741.63	99.50	734.68	100.44	727.6	101.41
五、社会和谐		逆	**1/5**			**102.30**		**102.85**		**109.23**		**114.82**
28. 城镇登记失业率	%	逆	1/5	3.9	3.8	102.63	3.73	104.56	3.66	106.56	3.59	108.64
29. 城镇居民人均可支配收入最高最低收入户差异倍数	倍	逆	1/5	22.43	24	93.46	26.05	86.10	22.43	100.00	20.87	107.47
30. 城乡居民收入比		逆	1/5	3.2	3.07	104.23	3.04	105.26	2.97	107.74	2.84	112.68
31. 新农合参合率	%		1/5	92.76	94.03	101.37	94.3	101.66	97	104.57	97.71	105.34
32. 交通死亡人口比例	人/万人	逆	1/5	0.56	0.51	109.80	0.48	116.67	0.44	127.27	0.4	140.00

2015 年全国各省、区、市主要经济指标及排序

表 1　地区生产总值及增速　　（单位：亿元,%）

增速位次	省　份	绝对值	增　速
1	重　庆	15719.72	11
1	西　藏	1026.39	11
3	贵　州	10502.56	10.7
4	天　津	16538.19	9.3
5	江　西	16723.78	9.1
6	福　建	25979.82	9
7	湖　北	29550.19	8.9
8	新　疆	9324.8	8.8
9	安　徽	22005.6	8.7
9	云　南	13717.88	8.7
11	湖　南	29047.21	8.6
12	江　苏	70116.38	8.5
13	河　南	37010.25	8.3
14	青　海	2417.05	8.2
15	广　西	16803.12	8.1
15	甘　肃	6790.32	8.1
17	浙　江	42886.49	8
17	山　东	63002.33	8
17	广　东	72812.55	8
17	陕　西	18171.86	8
17	宁　夏	2911.77	8

增速位次	省　份	绝对值	增　速
22	四　川	30103.1	7.9
23	海　南	3702.76	7.8
24	内蒙古	18032.79	7.7
25	北　京	22968.59	6.9
25	上　海	24964.99	6.9
27	河　北	29806.11	6.8
28	吉　林	14274.11	6.5
29	黑龙江	15083.67	5.7
30	山　西	12802.58	3.1
31	辽　宁	28743.39	3
	全　国	676708	6.9

表 2　规模以上工业增加值增速　　　　　　　（单位:%）

增　速	省　份	增　速
1	西　藏	14.6
2	重　庆	10.8
3	贵　州	9.9
4	天　津	9.3
5	江　西	9.2
6	福　建	8.7
7	内蒙古	8.6
7	安　徽	8.6
7	河　南	8.6
7	湖　北	8.6
11	江　苏	8.3
12	广　西	7.9
12	四　川	7.9
14	湖　南	7.8
14	宁　夏	7.8

续表

增　速	省　份	增　速
16	青　海	7.6
17	山　东	7.5
18	广　东	7.2
19	陕　西	7.0
20	甘　肃	6.8
21	云　南	6.7
22	吉　林	5.3
23	新　疆	5.2
24	海　南	5.1
25	河　北	4.4
25	浙　江	4.4
27	北　京	1.0
28	黑龙江	0.4
29	上　海	0.2
30	山　西	-2.8
31	辽　宁	-4.8
	全　国	6.1

表 3　固定资产投资及增速　　　　（单位：亿元,%）

增速位次	省　份	绝对值	增　速
1	贵　州	10676.70	21.6
2	西　藏	1295.68	21.2
3	湖　南	24324.17	18.4
4	云　南	13069.39	18.0
5	广　西	15654.95	17.8
6	福　建	20973.98	17.4
7	重　庆	14208.15	17.0
8	河　南	34951.28	16.5
9	湖　北	26086.42	16.2

增速位次	省　份	绝对值	增　速
10	江　西	16993.90	16.0
11	广　东	29950.48	15.9
12	山　西	13744.59	14.5
12	内蒙古	13651.69	14.5
14	山　东	47381.46	13.9
15	浙　江	26664.72	13.2
16	青　海	3144.17	12.7
17	天　津	11814.57	12.6
17	吉　林	12508.59	12.6
19	安　徽	23803.93	12.0
20	甘　肃	8626.60	11.2
21	宁　夏	3426.42	10.7
22	河　北	28905.74	10.6
23	江　苏	45905.17	10.5
24	海　南	3355.40	10.4
25	四　川	24965.56	10.2
26	新　疆	10525.42	10.1
27	北　京	7446.02	8.3
27	陕　西	18231.03	8.3
29	上　海	6349.39	5.6
30	黑龙江	9884.28	3.6
31	辽　宁	17640.37	−27.8
	全　国	551590.04	10.0

表 4　社会消费品零售总额增速　　　　（单位:%）

增速位次	省　份	增　速
1	重　庆	12.5
2	福　建	12.4
2	河　南	12.4

续表

增速位次	省　份	增　速
4	湖　北	12.3
5	湖　南	12.1
6	安　徽	12.0
6	四　川	12.0
6	西　藏	12.0
9	贵　州	11.8
10	江　西	11.4
11	青　海	11.3
12	陕　西	10.8
13	天　津	10.7
14	山　东	10.6
15	江　苏	10.3
16	云　南	10.2
17	广　东	10.1
18	广　西	10.0
19	河　北	9.4
20	吉　林	9.3
21	甘　肃	9.0
22	黑龙江	8.9
23	浙　江	8.8
24	海　南	8.2
25	上　海	8.1
26	内蒙古	8.0
27	辽　宁	7.7
28	北　京	7.3
29	宁　夏	7.1
30	新　疆	7.0
31	山　西	5.5
	全　国	10.7

表 5　全体居民人均可支配收入　　　　　（单位：元，%）

增速位次	省　份	绝对值	增　速
1	西　藏	12254	14.2
2	新　疆	16859	11.7
3	贵　州	13697	10.7
4	云　南	15223	10.5
4	甘　肃	13467	10.5
6	江　西	18437	10.2
7	青　海	15813	10.0
8	陕　西	17395	9.8
9	湖　南	19317	9.6
9	重　庆	20110	9.6
11	湖　北	20026	9.5
12	安　徽	18363	9.3
12	四　川	17221	9.3
14	河　南	17125	9.1
15	北　京	48458	8.9
15	福　建	25404	8.9
15	宁　夏	17329	8.9
18	河　北	18118	8.8
18	浙　江	35537	8.8
18	山　东	22703	8.8
21	江　苏	29539	8.7
22	海　南	18979	8.6
23	上　海	49867	8.5
23	天　津	31291	8.5
23	广　东	27859	8.5
23	内蒙古	22310	8.5
23	广　西	16873	8.5
28	山　西	17854	8.0
29	辽　宁	24576	7.7
30	黑龙江	18593	6.8
31	吉　林	18684	6.6
	全　国	21966	8.9

表6 城镇常住居民人均可支配收入 （单位:元,%）

增速位次	省　份	绝对值	增　速
1	西　藏	25457	15.6
2	新　疆	26275	13.2
3	青　海	24542	10.0
4	江　西	26500	9.0
4	贵　州	24580	9.0
4	甘　肃	23767	9.0
7	北　京	52859	8.9
8	湖　北	27051	8.8
9	湖　南	28838	8.5
9	云　南	26373	8.5
11	上　海	52962	8.4
11	安　徽	26936	8.4
11	陕　西	26420	8.4
14	河　北	26152	8.3
14	福　建	33275	8.3
14	重　庆	27239	8.3
17	天　津	34101	8.2
17	江　苏	37173	8.2
17	浙　江	43714	8.2
17	宁　夏	25186	8.2
21	广　东	34757	8.1
21	四　川	26205	8.1
23	山　东	31545	8.0
23	河　南	25576	8.0
25	内蒙古	30594	7.9
26	海　南	26356	7.6
27	山　西	25828	7.3
28	吉　林	24901	7.2
29	广　西	26416	7.1
30	辽　宁	31126	7.0
30	黑龙江	24203	7.0
	全　国	31195	8.2

表7 农村常住居民人均可支配收入 （单位:元,%）

增速位次	省　份	绝对值	增　速
1	西　藏	8244	12.0
2	重　庆	10505	10.7
2	贵　州	7387	10.7
4	云　南	8242	10.5
4	甘　肃	6936	10.5
6	江　西	11139	10.1
7	四　川	10247	9.6
8	上　海	23205	9.5
8	海　南	10858	9.5
8	陕　西	8689	9.5
11	湖　南	10993	9.3
12	湖　北	11844	9.2
13	安　徽	10821	9.1
14	广　东	13360	9.1
15	北　京	20569	9.0
15	浙　江	21125	9.0
15	福　建	13793	9.0
15	广　西	9467	9.0
19	河　南	10853	8.9
19	青　海	7933	8.9
21	山　东	12930	8.8
22	江　苏	16257	8.7
23	天　津	18482	8.6
24	河　北	11051	8.5
25	宁　夏	9119	8.4
26	内蒙古	10776	8.0
26	新　疆	9425	8.0
28	辽　宁	12057	7.7
29	山　西	9454	7.3
30	黑龙江	11095	6.1
31	吉　林	11326	5.1
	全　国	11422	8.9

表8 一般公共预算收入　　　　（单位:亿元,%）

增速位次	省 份	绝对值	增 速
1	西 藏	124	31
2	湖 北	3005	17.1
3	广 东	9364.76	16.2
4	新 疆	1282.6	13.7
5	河 南	2738.5	13.4
6	上 海	5519.5	13.3
7	江 西	3021.5	12.7
8	北 京	4723.9	12.3
9	陕 西	2059.87	12.1
10	天 津	2667	11.6
11	江 苏	8028.59	11
12	甘 肃	743.9	10.6
13	重 庆	2155	10.5
14	湖 南	4008.1	10.2
15	山 东	5529.3	10
15	宁 夏	373.7	10
15	贵 州	1503.35	10
18	安 徽	4012.1	9.5
19	四 川	3329.1	8.8
20	河 北	2648.5	8.3
21	福 建	4143.71	8.2
22	广 西	2333	7.9
23	浙 江	4810	7.8
24	海 南	1010	7.3
25	内蒙古	1963.5	6.5
25	云 南	1808.14	6.5
27	青 海	267	6.1
28	吉 林	1229.3	2.2
29	山 西	1642.2	-9.8
30	黑龙江	1165.2	-10.4
31	辽 宁	2125.6	-33.4
	全 国	152217	8.4

表 9　进出口总值及增速　　　　（单位：亿元，%）

增速位次	省　份	绝对值	增　速
1	广　西	3190.3	28.1
2	河　南	4600.2	15.3
3	贵　州	761.2	14.9
4	青　海	119.9	13.6
5	陕　西	1895.7	12.8
6	湖　北	2838.4	7.3
7	江　西	2632.8	0.3
8	浙　江	21562.2	-1.1
9	安　徽	2983.2	-1.3
10	江　苏	33870.5	-2.2
11	上　海	27907.5	-2.6
12	福　建	10511.0	-3.5
13	湖　南	1823.3	-3.8
14	广　东	63554.5	-3.9
15	甘　肃	496.8	-6.3
16	山　西	914.0	-8.4
17	海　南	868.6	-10.8
18	内蒙古	790.4	-11.6
19	山　东	15018.6	-11.7
20	河　北	3192.4	-13.2
21	天　津	7097.4	-13.7
22	辽　宁	5951.3	-15.1
23	云　南	1522.3	-16.3
24	重　庆	4615.5	-21.3
25	北　京	19839.8	-22.2
26	四　川	3190.2	-26.0
27	吉　林	1176.2	-27.6
28	新　疆	1225.3	-27.9
29	宁　夏	234.4	-29.8
30	黑龙江	1300.2	-45.6
31	西　藏	56.6	-59.2
	全　国	245740.5	-7.0

表 10 出口总值及增速 （单位：亿元,%）

增速位次	省 份	绝对值	增 速
1	青 海	101.8	46.8
2	广 西	1739.9	16.4
3	河 南	2684.0	11.0
3	湖 北	1816.8	11.0
5	甘 肃	361.3	10.5
6	陕 西	918.5	7.4
7	贵 州	618.6	7.0
8	江 西	2052.2	4.3
9	安 徽	2008.3	3.8
10	浙 江	17170.2	2.3
11	山 东	8953.0	0.7
11	广 东	39979.9	0.7
13	福 建	7013.2	0.6
14	江 苏	21022.0	0.1
15	天 津	3175.2	-1.7
16	湖 南	1187.9	-3.1
17	山 西	523.3	-4.7
18	上 海	12165.6	-5.7
19	河 北	2042.1	-6.9
20	云 南	1030.7	-10.7
21	内蒙古	350.3	-10.8
22	北 京	3395.5	-11.3
23	重 庆	3417.0	-12.3
24	辽 宁	3143.5	-13.0
25	海 南	232.4	-14.4
26	吉 林	288.6	-18.7
27	新 疆	1090.5	-24.4
28	四 川	2056.5	-25.3
29	宁 夏	184.1	-30.3
30	黑龙江	496.3	-53.4
31	西 藏	36.2	-71.9
	全 国	141255.2	-1.8

表 11　进口总值及增速　　　（单位：亿元，%）

增速位次	省　份	绝对值	增　速
1	西　藏	20.3	114.4
2	贵　州	142.7	69.0
3	广　西	1450.4	45.6
3	河　南	1916.2	21.9
5	陕　西	977.1	18.4
6	湖　北	1021.7	1.4
7	上　海	15741.9	0.0
8	湖　南	635.5	−5.1
9	江　苏	12848.5	−5.7
10	海　南	636.3	−9.5
11	安　徽	974.8	−10.3
11	广　东	23574.6	−10.8
13	福　建	3497.8	−11.0
14	江　西	580.6	−11.7
15	内蒙古	440.1	−12.2
16	浙　江	4392.0	−12.5
17	山　西	390.7	−12.8
18	辽　宁	2807.8	−17.3
19	天　津	3922.2	−21.5
20	河　北	1150.3	−22.5
21	北　京	16444.3	−24.2
22	山　东	6065.6	−25.3
23	云　南	491.6	−26.0
24	四　川	1133.8	−27.2
25	宁　夏	50.3	−27.9
26	吉　林	887.5	−30.1
27	甘　肃	135.5	−33.3
28	重　庆	1198.5	−39.1
29	黑龙江	803.8	−39.3
30	新　疆	134.7	−47.7
31	青　海	18.1	−50.0
	全　国	104485.3	−13.2

2015 年内蒙古各盟市主要经济指标及排序

表1 地区生产总值及增速 （单位:亿元,%）

增速位次	地 区	绝对值	增 速
1	兴安盟	502.3	9
2	呼和浩特市	3090.5	8.3
3	包头市	3781.9	8.1
3	呼伦贝尔市	1596	8.1
3	赤峰市	1861.3	8.1
6	乌兰察布市	913.8	8
7	通辽市	1877.3	7.8
8	锡林郭勒盟	1002.6	7.7
8	鄂尔多斯市	4226.1	7.7
10	巴彦淖尔市	887.4	7.5
10	乌海市	609.8	7.5
10	阿拉善盟	322.6	7.5
	全 区	18032.8	7.7

表2 规模以上工业增加值增速 （单位:%）

增速位次	地 区	增 速
1	兴安盟	11
2	呼和浩特市	10
2	包头市	10
4	锡林郭勒盟	9.6

增速位次	地　区	增　速
4	乌兰察布市	9.6
4	鄂尔多斯市	9.6
7	通辽市	9.1
7	赤峰市	9.1
7	巴彦淖尔市	9.1
10	呼伦贝尔市	9
11	阿拉善盟	8.2
12	乌海市	7.3
	全　区	8.6

表3　固定资产投资总额及增速　　　　　（单位:亿元,%）

增速位次	地　区	绝对值	增　速
1	兴安盟	425.3	18.1
2	锡林郭勒盟	625.7	15.9
2	阿拉善盟	348.2	15.9
4	呼和浩特市	1618.6	15.8
4	通辽市	1288.7	15.8
6	乌兰察布市	658.8	15.6
7	赤峰市	1272.1	15.5
8	包头市	2582.9	15.3
8	呼伦贝尔市	925.8	15.3
10	鄂尔多斯市	2737.2	14.5
11	巴彦淖尔市	664.5	14.4
12	乌海市	398.6	13.2
	全　区	13651.7	14.5

注:固定资产投资为城乡500万元以上项目完成固定资产投资。

表4　社会消费品零售总额及增速　　　（单位:亿元,%）

增速位次	地　区	绝对值	增　速
1	兴安盟	209.7	8.5
1	巴彦淖尔市	234.5	8.5
3	呼伦贝尔市	545.9	8.3
3	赤峰市	637.1	8.3
3	鄂尔多斯市	660.3	8.3
6	乌兰察布市	290.4	7.9
7	呼和浩特市	1353.5	7.8
7	包头市	1276.6	7.8
7	通辽市	469.3	7.8
10	锡林郭勒盟	223.3	7.4
10	乌海市	139.1	7.4
10	阿拉善盟	68.1	7.4
	全　区	6107.7	8.0

表5　全体居民人均可支配收入及增速　　　（单位:元,%）

增速位次	地　区	绝对值	增　速
1	兴安盟	14230	9.9
2	通辽市	16989	9.7
3	赤峰市	16302	9.1
4	锡林郭勒盟	23574	8.9
5	呼伦贝尔市	22461	8.6
6	乌兰察布市	16042	8.5
7	呼和浩特市	28263	8.3
8	巴彦淖尔市	19435	8.2
9	包头市	33184	8.1
10	阿拉善盟	28323	8
11	鄂尔多斯市	30511	7.7
11	乌海市	33023	7.7
	全　区	22310	8.5

表 6　城镇常住居民人均可支配收入及增速　　（单位：元，%）

增速位次	地　区	绝对值	增　速
1	兴安盟	22397	8.7
2	赤峰市	25195	8.6
3	通辽市	25364	8.5
4	锡林郭勒盟	30409	8.4
5	呼伦贝尔市	26844	8.3
6	乌兰察布市	24597	7.9
6	乌海市	33968	7.9
8	阿拉善盟	32253	7.8
9	呼和浩特市	37362	7.6
10	巴彦淖尔市	24314	7.5
11	包头市	38098	7.3
12	鄂尔多斯市	37432	7
	全　区	30594	7.9

表 7　农村常住居民人均可支配收入及增速　　（单位：元，%）

增速位次	地　区	绝对值	增　速
1	赤峰市	8812	8.6
2	兴安盟	7894	8.5
3	通辽市	10757	8.3
4	呼伦贝尔市	11632	8.2
5	锡林郭勒盟	12222	8.1
6	乌兰察布市	8428	8
6	巴彦淖尔市	13479	8
8	呼和浩特市	13491	7.6
9	包头市	13667	7.5
9	阿拉善盟	15563	7.5
11	鄂尔多斯市	14420	7.3
11	乌海市	14402	7.3
	全　区	10776	8

表8 一般公共预算收入总额及增速　　　　（单位:亿元,%）

增速位次	地　区	绝对值	增　速
1	兴安盟	26.66	21.9
2	呼和浩特市	247.40	17.0
3	锡林郭勒盟	93.84	13.8
4	乌兰察布市	55.15	8.1
5	包头市	252.30	7.7
6	呼伦贝尔市	103.33	7.6
7	乌海市	80.48	7.1
8	赤峰市	104.58	6.7
9	通辽市	120.48	6.6
10	巴彦淖尔市	65.76	6.0
11	鄂尔多斯市	445.90	3.7
12	阿拉善盟	32.73	-18.0
	全　区	1963.48	6.5

表9 一般公共预算支出总额及增速　　　　（单位:亿元,%）

增速位次	地　区	绝对值	增　速
1	兴安盟	235.63	31.9
2	乌海市	123.09	30.2
3	巴彦淖尔市	236.47	22.0
4	呼和浩特市	367.67	18.3
5	赤峰市	425.30	18.0
6	通辽市	369.85	16.2
7	包头市	399.98	12.8
8	锡林郭勒盟	232.19	12.2
9	呼伦贝尔市	380.77	9.3
10	乌兰察布市	318.40	7.9
11	鄂尔多斯市	578.39	6.8
12	阿拉善盟	86.86	1.9
	全　区	4351.96	12.2

责任编辑:阮宏波

图书在版编目(CIP)数据

2016 内蒙古经济形势与展望/内蒙古自治区发展研究中心,内蒙古自治区
　经济信息中心 著. —北京:人民出版社,2016.8
ISBN 978 - 7 - 01 - 016490 - 8

Ⅰ.①2… Ⅱ.①内…②内… Ⅲ.①地区经济-经济分析-内蒙古- 2015
　②地区经济-经济预测-内蒙古- 2016 Ⅳ.①F127. 26

中国版本图书馆 CIP 数据核字(2016)第 169340 号

2016 内蒙古经济形势与展望

2016 NEIMENGGU JINGJI XINGSHI YU ZHANWANG

内蒙古自治区发展研究中心　内蒙古自治区经济信息中心　著

人民出版社 出版发行
(100706　北京市东城区隆福寺街 99 号)

北京明恒达印务有限公司印刷　新华书店经销

2016 年 8 月第 1 版　2016 年 8 月北京第 1 次印刷
开本:710 毫米×1000 毫米 1/16　印张:23. 5
字数:350 千字

ISBN 978 - 7 - 01 - 016490 - 8　定价:50.00 元

邮购地址 100706　北京市东城区隆福寺街 99 号
人民东方图书销售中心　电话 (010)65250042　65289539